Glennon Doyle Melton

Aufstehen, Krone richten, weitermachen

Über die Autorin

Glennon Doyle Melton hatte seit ihrer Kindheit mit Essstörungen, Alkohol- und Drogensucht zu kämpfen, bis eine ungeplante Schwangerschaft und eine noch ungeplantere Hochzeit alles veränderte. Ihren Blog (www.momastery. com) begann sie als eine Art Selbsttherapie und war überrascht, wie gut ihre einmalige Mischung aus brutaler Offenheit, herrlichem Humor und großem Tiefgang ankam. Rasch fand Momastery eine riesige Anhängerschaft, und das daraus entstandene Buch wurde zu einem *New York Times*-Bestseller. Glennon lebt mit ihrem Mann Craig und den drei gemeinsamen Kindern sowie zwei Hunden in Florida.

GLENNON DOYLE MELTON

AUFSTEHEN KRONE RICHTEN WEITERMACHEN

Entwaffnend ehrliche Gedanken, die helfen, das Leben zu meistern

Aus dem Amerikanischen
übersetzt von Antje Balters

Verlagsgruppe Random House FSC® N001967
Das für dieses Buch verwendete FSC®-zertifizierte Papier
Enso Classic 95 liefert Stora Enso, Finnland.

Die amerikanische Originalausgabe
erschien im Verlag Scribner, A Division of Simon & Schuster, Inc., New York,
unter dem Titel „Carry on, Warrior: Thoughts On Life Unarmed".
© 2013 by Glennon Doyle Melton
© der deutschen Ausgabe 2014 by Gerth Medien GmbH, Asslar,
in der Verlagsgruppe Random House GmbH, München

Die Bibelzitate wurden, sofern nicht anders angegeben,
der folgenden Bibelübersetzung entnommen:
- Gute Nachricht Bibel, revidierte Fassung, durchgesehene Ausgabe in
neuer Rechtschreibung, © 2000 Deutsche Bibelgesellschaft, Stuttgart (GN)

2. Auflage 2015
Bestell-Nr. 816754
ISBN 978-3-86591-754-6
Umschlaggestaltung: Yannick Schneider
Umschlagfoto: Shutterstock
Satz: DTP Verlagsservice Apel, Wietze
Druck und Verarbeitung: GGP Media GmbH, Pößneck
Printed in Germany

Inhalt

Widmung

Eines Abends kam meine Mutter Tisha zu Besuch und fragte mich, ob wir unter vier Augen miteinander reden könnten. Sie wirkte nervös. Wir gingen also in mein Schlafzimmer und setzten uns aufs Bett, beide mit dem Rücken ans Betthaupt gelehnt, und redeten sehr vorsichtig und behutsam über mein Schreiben. Meine Mutter sagte mir, wie schön sie die Sachen fände, die ich schreibe, aber auch, wie schwer es für sie sei, das alles zu lesen. Sie beschrieb, dass es ihr wehtat, von meinem geheimen Leben zu lesen, und wie irritiert sie immer wieder darüber sei, dass all das damals passiert sei, wo wir uns doch alle nach besten Kräften bemüht hätten, einander lieb zu haben. Wir sprachen auch darüber, wie beängstigend es ist, diese Geschichten Fremden zu erzählen.

Wir weinten ein bisschen und lachten auch ein bisschen, aber das Lachen war mit Tränen vermischt. Wir redeten sehr lange, und irgendwann fühlte es sich dann an, als wären wir fertig. Ich war traurig, weil ich am liebsten ewig mit meiner Mutter dort auf dem Bett sitzen geblieben wäre. Und dann sah sie mich an und sagte mit bebenden Lippen und sichtlich voller Angst: „Ich bin so stolz auf dich. Ich bewundere das, was du und Gott zusammen geschafft habt. Du musst deine Geschichten erzählen. Dazu bist du gedacht. Hör nicht auf damit, mein Schatz."

Es war wie damals, als ich ihr erzählte, dass ich schwanger war und sie auch so große Angst hatte. Aber auch damals hatte sie mich direkt angeschaut und gesagt: „Glennon, du musst ihn nicht heiraten, wenn du nicht willst. Wir können das Kind auch gemeinsam großziehen. Wir schaffen das."

Es war wie damals, als meine kleine Schwester Amanda verkündete, dass sie nach Afrika gehen würde, um kleine Mädchen zu retten, weil es dort eine Welle von Kindervergewaltigungen gab. Und obwohl meine Mutter schreckliche Angst um Schwester hatte, sagte sie schließlich: „Du musst es tun, also geh."

Die Leute bezeichnen meine Mutter oft als Engel, aber ich glaube, sie ist eine Kriegerin. Und ich möchte, dass sie eines weiß: Dieses Buch und jedes einzelne Wort, das ich schreibe, ist für sie.

Seid freundlich, denn jeder Mensch, den ihr trefft, hat schwer zu kämpfen.
Rev. John Watson

Dich eingeschlossen.
Glennon

Die Besetzung

Genauso wie Ihre Geschichte ist auch meine nur schwer einer bestimmten Gattung zuzuordnen. Mein Leben ist Tragödie, Komödie, Liebesgeschichte, Abenteuer oder auch die Geschichte einer Rettung, je nachdem, in welchem Jahrzehnt man es anschaut, welche Tageszeit gerade ist oder wie viel Schlaf ich bekommen habe. Die einzige Konstante in meiner Geschichte – sozusagen der rote Faden – ist die Besetzung der Rollen.

Da ist mein Mann Craig, der sich schon bereit erklärt, Freunden beim Umzug zu helfen, bevor er gefragt worden ist. Er tanzt in der Küche, im Bad und im Supermarkt. Er spielt mit unserem Hund Verstecken, wenn die Kinder keine Lust mehr dazu haben. Er behält immer die Ruhe. Wenn die Kinder krank sind, steht er nachts alle zwei Stunden auf, um ihnen Fieber zu messen. Er hält den Mund und die schreienden Babys meiner Freundinnen. Er hat einfach ein goldenes Gemüt.

Durch Chase, meinen Ältesten, hat sich alles verändert, einfach, weil er auf die Welt kam. Meine Töchter Tish und Amma machen mir in erster Linie Angst. Wie soll ich denn kleine Mädchen erziehen, bevor ich mit meinem eigenen Kleine-Mädchen-Ich fertig bin?

Meine Schwester Amanda ist mein rechter Lungenflügel. Wie ich die ersten drei Jahre meines Lebens ohne sie geatmet habe, bleibt mir für alle Zeit ein Rätsel. John, der Mann meiner Schwester, ist mein Bankschließfach. Ich verlasse mich darauf, dass er meinen kostbarsten Schatz bewacht und beschützt.

Bubba, mein Vater, drückt seine Liebe in Worten aus, so wie ich. Meine Mutter Tisha drückt ihre Liebe durch ihr Handeln aus, so wie Craig.

Und dann steht auf meiner Besetzungsliste noch Gott. Ich kann ihn oder sie absolut nicht erklären, weil ich seine/ihre Wege nicht begreife. Ich weiß nur, dass er es ist, der all diese Menschen in mein Leben gestellt hat, und dafür bin ich dankbar.

Aufstehen, Krone richten, weitermachen

Vor ein paar Jahren passierten mir seltsame Dinge. Ich war mitten in einem angeregten Gespräch mit einer Frau, die ich vor Kurzem kennengelernt hatte, da sagte sie in mühsam-scherzhaftem Ton (der aber gar nicht scherzhaft klang), dass unsere Familie ja so „perfekt" sei, und dass sie sich deshalb selbst immer so schlecht vorkäme. So etwas passierte mir dann in relativ kurzer Zeit noch dreimal mit drei verschiedenen Frauen. Einmal sagte eine: „Du bist so auf dem Punkt, kriegst alles so toll auf die Reihe. Dadurch fühle ich mich immer total unstrukturiert und chaotisch."

Ich sah meinen Mann Craig, der in dem Moment neben mir stand, irritiert an, und er schaute ebenso irritiert zurück – eine für uns typische Interaktion. Ich stotterte mich irgendwie mehr schlecht als recht durch den Rest des Gesprächs, und auf dem Heimweg redeten Craig und ich dann noch mal über das Ganze.

Wir waren verwirrt. Craig und ich lieben uns wirklich über alles, aber keiner von uns würde den jeweils anderen als jemanden bezeichnen, der „auf dem Punkt" ist oder „alles so gut auf die Reihe kriegt". Die besagten Frauen hätten ebenso gut zu mir sagen können: „Meine Güte, bin ich neidisch, dass du *so groß* bist und so genial kochst." (Ich bin stolze 1,60 Meter „groß" und „Essen auf den Tisch bringen" bedeutet für mich, einen Anruf zu tätigen, der zur Lieferung einer Mahlzeit führt). Jedenfalls stellten Craig und ich die Theorie auf, dass die Leute offenbar glauben, man hätte die Lösung aller Rätsel des Universums und keine Probleme, wenn man dünn ist und oft lächelt. Wenn man dann außerdem noch trendige Jeans trägt ... ja, *dann* ist es ganz vorbei!

Diese Sache machte mir schwer zu schaffen. Ich möchte nicht, dass andere sich wegen mir schlecht fühlen. Und ich wollte, dass mein Innenleben und das, was ich nach außen zeige, zueinander passen. Gleichzeitig hatte ich ein bisschen Angst, dass ich dann wie Courtney Love rüberkommen würde[1]. Sie müssen wissen, dass ich eine lange Geschichte mit Bulimie und Alkoholismus habe. 20 Jahre lang habe ich mich mit einem gestörten Verhältnis zum Essen, zu Alkohol, zur Liebe und zu Drogen herumgequält. Ich habe gelitten. Meine Familie hat gelitten.

Ich hatte eine relativ zauberhafte Kindheit, was meine Schuldgefühle noch verstärkte: *Glennon, warum bist du so verkorkst, wenn du nicht mal einen Grund dazu hast?* **Meine Vermutung ist, dass ich schon ein bisschen verbogen auf die Welt gekommen bin und vielleicht auch eine Extradosis Empfindsamkeit mitbekommen habe. Als ich heranwuchs, hatte ich immer das Gefühl, dass mir eine Schutzschicht gegen die Risiken des Lebens fehlte – Risiken wie Freundschaft, Liebe und mögliche Zurückweisung.** Ich fühlte mich unwohl, unwürdig und verletzlich. Und ich wollte nicht über das große Schlachtfeld des Lebens gehen, ohne irgendeine Art der Rüstung gegen diese Gefühle zu haben. Ich dachte einfach, dass ich das nicht überleben würde. Deshalb habe ich mir meine eigene kleine Welt der Süchte erschaffen und versteckte mich darin. Dort fühlte ich mich sicher. Nichts und niemand konnte mich berühren.

Dann änderte sich alles. Am Muttertag des Jahres 2002 bemerkte ich, dass ich schwanger war. Süchtig, solo und

---

[1] Die Witwe des berühmten Nirvana-Sängers Kurt Cobain, der sich 1994 selbst erschoss. Die Ex-Stripperin und Sängerin der Rockband Hole sorgt immer wieder für Skandale rund um Drogen, Alkohol und Obszönitäten.

schwanger. Abwechselnd starrte ich auf den Schwangerschaftstest in meiner Hand und meine blutunterlaufenen Augen im Spiegel, während ich versuchte, diese Wahrheiten übereinander zu kriegen: *Ich bin eine Säuferin. Ich bin allein. Ich bin schwanger.*

Und weil ich keine Ahnung hatte, was ich sonst tun sollte, betete ich. Und zwar auf die einzige Art, die ich kenne: Unter Klagen und Anschuldigungen und Ausreden und Tränen und wilden Versprechungen. Als ich mich endlich wieder vom Badezimmerboden erhob, beschloss ich, von nun an Mutter zu werden. Ich ging durch die Tür und schwor mir, nie wieder einen Drink, eine Zigarette, eine andere Droge, eine ungesunde Beziehung oder einen Fressdurchbruch auch nur in Erwägung zu ziehen. Dieser Schwur war sehr schwer zu halten.

In einem wahren Wirbelsturm der Ereignisse heiratete ich einen Mann, den ich (in nüchternem Zustand) keine zehn Mal gesehen hatte. Das sollte sich als die beste Entscheidung herausstellen, die ich jemals nicht bewusst getroffen habe.

In dieser Zeit damals habe ich entdeckt, dass ich stark bin. Das war die erste Wahrheit, die ich jemals über mich herausgefunden habe. Außerdem fand ich heraus, dass Mutter zu sein und ohne Süchte zu leben sehr schwierig ist. Ich fragte mich immer, ob das wohl anderen Frauen auch so schwerfällt wie mir.

Eines Tages war ich dann mit Tess, einer neuen Freundin aus der Gemeinde, und unseren Kindern auf dem Spielplatz. Ich hatte den Verdacht, dass Tess ernsthafte Eheprobleme hatte, auch wenn wir darüber noch nie gesprochen hatten. Schließlich gab es sehr viel wichtigere Themen – wie beispielsweise das Fußballtraining der Kinder oder mögliche neue Strähnchenfarben. Ich fand es schrecklich, dass unsere Gespräche so oberflächlich blieben. Offenbar waren wir nicht in der Lage, über die wirklich wichtigen Dinge zu reden.

Völlig frustriert dachte ich an all die Zeit und Mühe, die ich investiert hatte, um Schutzschichten zwischen meinem gebrochenen Herzen und einer zerbrochenen Welt aufzubauen. Ich dachte daran, wie ich zu anderen Menschen auf Abstand gehe – weil ich Angst habe, dass sie mich noch mehr verletzen könnten, als ich es ohnehin schon bin. Die es vielleicht abstoßend fänden, wenn sie wüssten, wie ich wirklich bin. **Meine Angst davor, erkannt und durchschaut zu werden, hatte mich dazu getrieben, mich jahrzehntelang im Bunker der Drogen zu verschanzen, und als ich schließlich wieder daraus hervorgekrochen kam, trug ich meine Geheimnisse und meine Scham und meine Unverwundbarkeit wie eine Rüstung.** Ich hatte das Leben schon immer als Überlebenskampf empfunden.

Doch dort auf dem Spielplatz wurde mir plötzlich klar, dass mir das nackte Überleben nicht mehr genügte. Als ich dort mit Tess saß, wurde mir klar, *dass ich eigentlich nicht mit Tess dort saß.* Es waren so viele Schichten von ihrer Rüstung und von meiner Rüstung zwischen uns, dass wir einander gar nicht mehr berühren konnten. Und selbst wenn wir es gewollt hätten, wären wir einander nicht nah genug gekommen, weil wir uns gegenseitig mit Geschichten von unserem „perfekten" Leben bombardierten.

Plötzlich kam mir das alles völlig absurd vor. Ja, ich war mittlerweile clean und aus dem Bunker gekommen, aber indem ich meine Vergangenheit vor anderen verbarg und mich mit einem Schild aus Geheimnissen und Scham schützte, isolierte ich mich selbst. **Ich war einsam und ein bisschen gelangweilt, denn ein Leben, in dem man nicht mit anderen in Berührung kommt, ist schrecklich öde. Mir wurde klar, dass die Schlachten des Lebens am besten *ohne* Schild und *ohne* Waffen geschlagen werden; dass das Leben erst dann echt, gut und interessant wird, wenn wir all die Schutzschichten, die wir um unser Herz herum gebildet haben, entfernen und *nackt* hinausgehen.**

Ich fragte mich: *Ob Tess ihre Waffen wohl auch niederlegt, wenn ich es als Erste tue?*, und kam zu dem Schluss, dass es einen Versuch wert war. Ich legte also meine Rüstung ab und hisste die weiße Flagge. Und plötzlich hörte ich mich zu Tess sagen: „Du solltest wissen, dass ich viele Jahre lang alkohol- und drogensüchtig war und eine Essstörung hatte. Ich bin wegen dieser Sachen sogar schon verhaftet worden. Craig und ich haben ziemlich überstürzt geheiratet, nachdem ich ungewollt schwanger geworden war. Wir lieben uns sehr, aber ich habe schreckliche Angst davor, dass meine Probleme mit dem Sex und meine Wut irgendwann alles kaputt machen. Manchmal bin ich traurig und neidisch, wenn anderen Leuten etwas Gutes passiert. Ich schnauze regelmäßig fremde Menschen, meine Kinder und meinen Mann an. Unter der Oberfläche bin ich eigentlich ständig wütend, und zurzeit macht mir eine postnatale Depression zu schaffen. Den größten Teil des Tages wünschte ich, meine Kinder würden mich auch mal in Ruhe lassen. Chase hat mir neulich einen Zettel gegeben, auf dem stand: ‚Ich hoffe, Mama ist heute nett.‘ Das ist deprimierend und erschreckend, weil ich mich ständig frage, was passiert, wenn dieses Gefühl nie wieder weggeht. Vielleicht komme ich einfach nicht klar mit dem Muttersein. Ich wollte, dass du das alles weißt."

Tess starrte mich danach so lange an, dass ich mich fragte, ob sie jetzt unseren Pastor oder den Notruf alarmieren würde. Dann sah ich, dass ihr Tränen übers Gesicht liefen. Und dann ließ auch sie die Deckung fallen. Um die Beziehung zu ihrem Mann stand es offenbar richtig, richtig schlecht. Tess hatte furchtbare Angst und fühlte sich einsam, aber an jenem Tag auf dem Spielplatz kam sie zu dem Schluss, dass sie lieber Hilfe suchen wollte, als von mir für perfekt gehalten zu werden.

Wir kannten uns kaum, aber uns war klar, dass wir das zusammen durchstehen würden. In den darauffolgenden Monaten durchlebten wir gemeinsam eine sehr schwere Zeit

– Therapie, Trennung, Wut, Angst und viele Tränen. Aber eine kleine Armee der Liebe bildete eine Wagenburg um Tess und ihre Familie und verhinderte, dass jemand zu weit hinein- oder hinausgelangte. Und irgendwann wurde es dann besser. Tess, ihr Mann und ihre Kinder sind immer noch zusammen, und ihre Familie wird langsam heil und gedeiht. Und ich habe das alles miterleben dürfen. Ich habe wirklich gesehen, wie die Wahrheit eine Familie frei gemacht hat.

Zu diesem Zeitpunkt wollte ich unbedingt zusätzlich zu meiner Arbeit in der Familie ehrenamtlich etwas Sinnvolles und Hilfreiches tun, aber niemand wollte mich haben. Immer wieder wurde ich abgelehnt. Als Erstes, als wir einen Adoptionsantrag stellten und wieder und wieder einen negativen Bescheid bekamen. Dann versuchte ich es als ehrenamtliche Helferin in einem Seniorenheim vor Ort. Man schien dort begeistert von mir – bis mein Hintergrund überprüft wurde. Danach hörte ich nichts mehr von der Einrichtung. Vielleicht glaubte die Pflegeheimleitung, ich wollte die alten Leute heimlich zu Sauforgien verführen. Dann versuchte ich es in einem Frauenhaus in unserem Wohnort. Es sah ganz so aus, als ob sie mich dort haben wollten – bis zum letzten Bewerbungsgespräch, in dem die Dame sagte: „Es ist nur eine Formalität, aber ich muss Sie fragen, ob Sie schon einmal verhaftet worden sind." Es war ein bisschen schwer zu erklären, dass das nur fünf Mal passiert war. Auch von dieser Einrichtung hörte ich nie wieder etwas.

Ich war deprimiert.

Aber dann passierte die Sache mit Tess, und ich dachte, dass es das ja vielleicht für mich wäre. Vielleicht konnte mein Dienst für die Allgemeinheit darin bestehen, dass ich den Leuten die Wahrheit über das sagte, was in mir los war. Dabei wurde mir klar, dass für diese spezielle ehrenamtliche Arbeit meine Polizeiakte sogar von Vorteil sein könnte, denn das machte mich wohl irgendwie glaubwürdiger. Und ich überlegte, ob mein Talent fürs Geschichtenerzählen und meine Schamlosigkeit vielleicht die Begabungen sind, die Gott in mich hineingelegt hat. Ich bin nämlich wirklich schamlos. Ich schäme mich beinahe schon dafür, wie wenig ich mich schäme. Aber nur beinahe.

Ich kam also zu dem Schluss, dass es das ist, was Gott von mir will: dass ich mein Leben lebe und den Leuten die Wahrheit sage – ohne Maske, ohne Verstecken, ohne So-tun-als-ob. Genau das würde *mein Ding* sein. Ich würde dafür sorgen, dass sich die Leute in Bezug auf ihr Inneres besser fühlten, indem ich ihnen meines zeigte. Indem ich ganz ich selbst war.

Bei meinen trendigen Jeans bin ich allerdings geblieben, weil ich finde, dass sie untrennbar zu meinem wahren Ich gehören.

Ein paar Tage nachdem ich Craig gesagt hatte, dass ich ehrenamtlich als „radikale Wahrheitsagerin" tätig werden würde, rief mich der Pastor meiner Gemeinde an. Mein erster Gedanke war, dass Tess mich verpetzt hatte, aber das war nicht der Fall. Er war von ganz allein darauf gekommen und sagte: „Ich weiß, dass du gerade eine schwere Zeit durchmachst mit deinem Baby, und vielleicht findest du meine Idee auch nicht gut, aber ich möchte dich bitten, dass du deine Geschichte der ganzen Gemeinde erzählst. Der ganzen Gemeinde. Von vorne. Live und in Farbe."

Craig kam ins Schwitzen und schaute sicherheitshalber noch einmal in seinen Arbeitsvertrag, ob er dafür gefeuert werden konnte, dass er mit einer Ex-Straffälligen verheiratet war.

Ich schrieb meine Geschichte auf, ohne etwas auszulassen. Das las ich dann meiner Gemeinde vor, und es lief richtig, richtig gut. Die Leute waren geschockt. Es macht so viel Spaß, Leute zu schockieren. Viele wollten hinterher mit mir zusammen weinen und mir ihre Geschichten erzählen, und ich dachte: *Nimm das, Altersheimleitung! Ich wollte sowieso nicht*

eure blöde Limonade verteilen. Bekommt man etwa Standing Ova-
tions und Freudentränen fürs Getränkeausschenken? Wohl kaum.
Ich hatte mein Ding gefunden: Offenheit.

Aufgrund meiner persönlichen Erfahrungen kam ich zu
dem Schluss, dass es viel mehr Spaß macht, Sachen zu erzäh-
len, durch die andere Frauen neue Hoffnung für sich selbst
und in Bezug auf Gott schöpfen, als Dinge zu sagen (oder
eben nicht zu sagen), die bei anderen Leuten Neid oder Min-
derwertigkeitsgefühle auslösen. Und außerdem ist es viel ein-
facher. Man muss nicht ständig aufpassen, dass man immer
dasselbe erzählt und dass alles stimmig ist.

Ein paar Monate später fing ich an zu schreiben, damit ich
noch mehr Menschen hemmungslos meine Wahrheit erzählen konnte. Nachdem mein Vater ein paar von meinen Texten
gelesen hatte, rief er mich an und sagte: „Glennon, findest
du nicht, dass du ein paar Sachen lieber einfach mit ins Grab
nehmen solltest?"

Ich dachte einen Moment lang intensiv nach und antwortete dann: „Nein. Eigentlich nicht. Das klingt ja furchtbar.
Ich möchte gar nichts mit ins Grab nehmen. Ich möchte ver-
braucht und leer sterben. Ich möchte nichts mit mir herum-
schleppen, was nicht unbedingt sein muss. Ich möchte mit
leichtem Gepäck reisen."

Als ich nüchtern wurde, wachte ich auf und trat zum ersten
Mal hinaus ins wirkliche Leben. Ich war 26 Jahre alt, aber weil
ich seit meinem achten Lebensjahr versteckt gewesen war, sah
ich die Welt mit den Augen eines Kindes. Ich war voller Stau-
nen und Angst. Mein Herz öffnete sich für die Schönheit und
die Brutalität der Welt. Ich schaute mir die Menschheit und
ihre ganze Zerbrochenheit aus der Nähe an und beschloss,
ihr und auch mir selbst zu vergeben. Weil Menschen nun mal
zerbrochen sind, schien mir die einzige Möglichkeit, in Frieden zu leben, darin zu bestehen, jedem Menschen – auch mir
selbst – permanent zu vergeben. Ich entschied, dass ich mich

für nichts zu schämen brauchte. Mit den Möglichkeiten, die ich gehabt hatte, hatte ich es so gut gemacht, wie ich konnte. Von jetzt an würde ich es besser machen. Meistens wenigstens.

Dieses neue Lebensgefühl der Vergebungsbereitschaft und Hoffnung machte es mir zum ersten Mal möglich, einem anderen Menschen von ganzem Herzen zu vertrauen, und deshalb heiratete ich. Wie sich bald herausstellte, ist die Ehe schwere und heilige Arbeit. Aber ich erlebte auch, dass ich schwere Dinge schaffen kann. Ich machte die Erfahrung, dass ich würdig und fähig dazu war, die Konstante im Leben eines anderen Menschen zu sein. Und dieses Selbstvertrauen half mir dabei, größere Kreise zu ziehen. Ich bekam Chase, Tish und Amma. Ich wurde ein aktiver Teil der Gemeinschaft. Und ich wandte mich an Gott: den größten, den ultimativen Kreis – den Einen, der uns alle zusammenhält.

Ich begriff, dass diese konzentrischen Kreise – mich selbst zu akzeptieren, dann meinen Partner, meine Kinder, meine Gemeinschaft und meinen Glauben – die einzigen Schutzschichten waren, die ich brauchte. Diese Kreise waren mein Leben, und ich befand mich in der Mitte: nackt und ehrlich und nüchtern und zerbrochen und unvollkommen vollkommen. Ein Kunstwerk im ständigen Entstehen.

Je mehr ich mich den Menschen innerhalb meiner Kreise öffnete, desto mehr wuchs meine Überzeugung, dass das Leben zu gleichen Teilen brutal und schön ist. Beides. Das Leben ist *brutal schön*. Wie die Sterne an einem schwarzen Nachthimmel funkelt das Schöne erst vor einem dunklen Hintergrund. Wenn wir das Brutal-Schöne des Lebens miteinander teilen, dann fühlen wir uns nicht mehr so allein und haben auch nicht mehr so viel Angst.

Die Wahrheit lässt sich weder mit Essen noch mit Alkohol oder Sport oder Arbeit oder Ritzen oder Shoppen lange wegdrücken. Der Versuch, sich vor der Wahrheit zu verstecken führt zu einer ganz eigenen Form von Leid, und es ist ein

einsamer Schmerz. Das Leben ist schwer – und zwar nicht, weil wir es falsch anpacken, sondern weil es eben einfach schwer ist.

Dieses Buch ist meine Geschichte, und ich hoffe, dass es auch Ihre ist. Es handelt davon, wie ich meine Kreise gebildet habe, wie ich ein Leben aufgebaut habe – und was es für mich bedeutet, immer wieder aufzustehen, meine Krone zu richten und weiterzumachen.

AUFWACHEN

Schwestern

Meine Entscheidung, nüchtern zu werden, war eher eine Kapitulation aus Erschöpfung als ein mutiger Aufbruch in die Schlacht. Nachdem ich zum tausendsten Mal zugelassen hatte, dass mein Leben in tausend Teile zerbrach, hatten meine Mutter Tisha und mein Vater Bubba eigentlich eine liebevolle Intervention geplant. Aber dann fand ich heraus, dass ich mit Chase schwanger war, und mir wurde klar, dass mir die Menschen und die Alternativen ausgingen. Zum besagten Zeitpunkt schien es der Weg des geringsten Widerstands zu sein, nüchtern zu werden.

Ich rief meine Schwester an und sagte: „Schwester, tu, was du immer tust" – nämlich herauszufinden, was jetzt zu tun ist, und dann dafür zu sorgen, dass es auch passiert. Ein paar Stunden später sammelte sie mich kaputtes Etwas ein und fuhr mit mir zu meinem ersten Treffen der Anonymen Alkoholiker (AA).

Schwester hielt mich an meiner zitternden, schwitzenden Hand und ging voraus, um nachzuschauen, ob es Probleme oder Menschen gab, vor denen sie mich schützen musste. Das macht sie immer so. Während wir auf den Beginn des Treffens warteten, nahm sie eine Broschüre über die Arbeit der Anonymen Alkoholiker vom Tisch, damit wir etwas hatten, woran wir uns festhalten konnten.

Vorn auf der Broschüre waren die typischen Hinweise dafür aufgeführt, dass möglicherweise eine Alkoholsucht vorliegt:

- Trinken Sie mehr als vier Gläser hintereinander? *Einmal habe ich das nicht gemacht.*
- Trinken Sie schon morgens? *Nur am Wochenende.*
- Haben Sie manchmal „Filmrisse"? *Ich kann mich nicht erinnern.*
- Hat Ihr Trinken schon negative Folgen für Sie gehabt? *Dass ich hier bin, scheint mir doch eine ziemlich negative Folge zu sein.*

Wir sagten beide kein Wort, bis sich Schwester zu mir herüberbeugte und flüsterte: „Ich weiß nicht, ob AA für dich ausreicht. Wir brauchen vielleicht doch eher AAA."

Als wir nach dem Treffen wieder zu Hause waren, setzten wir uns auf mein Bett, und ich schaute mir das Chaos auf dem Schlafzimmerboden an. In den Jahrzehnten, in denen ich Alkoholikerin war, habe ich wie ein Schwein gehaust. Mein Zimmer war ein Bermudadreieck aus Stilettos, Tops, Weinflaschen, Aschenbechern und alten Zeitschriften. Ich hatte die ultimative Wegwerfmentalität. Alles, was irgendwie in mein Leben gelangte, war für mich austauschbar: Kleider, Chancen und auch Menschen. Mein Schlafzimmer sah aus, als ob sich mein Inneres über den Boden ergossen hätte.

Nachdem wir eine Weile einfach schweigend dagesessen hatten, stand Schwester auf und fing an, die Sachen ein Teil nach dem anderen vom Boden aufzusammeln. Sie entsorgte die Weinflaschen und die Zigaretten, sie legte die Tops zusammen und warf die alten Zeitschriften weg. Erst schaute ich ihr eine Zeit lang nur zu, und dann machte ich mit. Wir hängten jedes Kleidungsstück auf einen Bügel, wischten jede verstaubte Fläche sauber und leerten jede versteckte Schnapsflasche aus.

Zwei Stunden arbeiteten wir so Seite an Seite, bis alles geschafft war. Dann setzten wir uns wieder auf das Bett und hielten uns bei der Hand. Mein Zimmer sah jetzt völlig anders aus. Es sah aus wie ein Ort, an dem vielleicht jemand gern wohnen würde. Ich fragte mich, ob wohl auch mein Kopf und mein Herz eines Tages Orte sein würden, wo ich gerne war.

Das war der Beginn.

Heilige Löcher

Das Leben ist die Suche nach etwas, was nicht zu finden ist.

Das ist das Problem. Das Leben ist irgendwie eine Mogelpackung. Wir werden in die Welt hineingeschubst, brauchen aber etwas, das es hier gar nicht gibt. Und das ist, wie meine Freundin Adrianne sagen würde, *ganz schön scheiße.* Die Schriftstellerin Anne Lamott, die ich auch die „heilige Anne" nenne, bezeichnet diesen unstillbaren Durst als inneres „Loch, das genau die Größe Gottes hat".

Fromme Menschen glauben, dass Gott uns hier in diese Welt gestellt hat und wir uns die ganze Zeit nach etwas sehnen, das es nur im Himmel gibt: nämlich nach ihm. Das kapiere ich ja irgendwie, aber es kommt mir trotzdem ein bisschen pervers vor. Das ist doch so, als wenn ich meine Tochter Amma in ihr Laufställchen setze und dann ihren Schnuller so hinlege, dass sie ihn sehen, aber nicht erreichen kann.

Was *soll* dieses ganze Leben, wenn wir nicht das bekommen können, was wir brauchen? Was sollen wir denn bis zu unserem Tod machen mit unseren inneren „gottförmigen Löchern"? Wie sollen wir denn mit so einem blöden großen Loch in unserem Inneren hier unten jemals einigermaßen zurechtkommen?

Weil ich sehr langsam lerne, habe ich 20 Jahre lang versucht, mein gottförmiges Loch mit schädlichen Dingen zu stopfen. Als ich noch sehr, sehr jung war, habe ich versucht, es mit Essen zu füllen. Essen war mein Trost, meine Zuflucht und meine Freude. Essen war mein Gott. Aber da war auch mein Wunsch, schön zu sein. Und schön zu sein bedeutete nach meiner Überzeugung, dünn zu sein und die richtigen Klamotten zu tragen. Natürlich hat beides nicht viel mit wirklicher Schönheit zu tun, aber wie gesagt, ich war noch sehr jung.

Da ich nach meinem eigenen Maßstab nicht schön war, wollte ich mich am liebsten verstecken. Aber als Kind oder Jugendliche gibt es kein Versteck, denn man muss dort hingehen, wohin einen die Erwachsenen schicken, und zwar so, wie man aussieht und in den Klamotten, die man gekauft bekommt. Ich wurde also jeden Tag so unvollkommen und speckig losgeschickt, wie ich war, und alle konnten mich so sehen. Sich so zu geben, wie man ist, ist für jemand so Junges schlicht unmöglich. Also beschloss ich, dass ich, wenn ich schon so sichtbar sein musste, auf jeden Fall dünner werden musste.

Aber wie soll man seine innere Leere mit Dünnsein füllen, wenn man sich gleichzeitig mit Essen vollstopfen muss?

Die Antwort darauf bekam ich mit acht Jahren, als ich im Fernsehen einen Film über Bulimie sah. Der Film war eigentlich als Warnung gedacht, aber für mich war er ein Himmelsgeschenk. Es gab also doch eine Methode, wie man weiterhin Essen als Trost und Flucht benutzen konnte, ohne mit den gewichtigen Folgen leben zu müssen! Nach dem Film futterte ich den Kühlschrank leer und erbrach mich dann zum ersten Mal absichtlich. Die Bulimie war wunderbar, denn wenn ich einen Fressanfall hatte, spürte ich mein Unbehagen und meine innere Leere nicht so. Doch wenn ich dann fertig war mit dem Kotzen und völlig erschöpft im Bad auf dem Boden lag, dann fühlte sich das Loch in meinem Inneren noch viel größer an.

Daran merkt man, dass man sich mit den falschen Dingen vollstopft: Man verbraucht eine Menge Energie, und am Ende fühlt man sich leerer und unwohler denn je.

Die Bulimie war unschön, aber immer noch einfacher als das wirkliche Leben. In meiner eigenen kleinen dramatischen

Welt des Essens und Kotzens fühlte ich mich sicher. Also stieg ich aus dem Leben aus und in die Bulimie ein. Fast 20 Jahre lang habe ich mich mehrmals täglich vollgestopft und mich danach erbrochen. Ich füllte das innere Loch und leerte es wieder. Erst als ich 26 war, kehrte ich wieder ins Leben zurück. Aber das Leben ging trotzdem weiter, wie es das immer tut.

Ich war in der siebten Klasse, als ich bei meiner Freundin Susie übernachten durfte und wir uns abends heimlich aus dem Haus schlichen, um auf eine Highschool-Party zu gehen. Es war das erste Mal in meinem Leben, dass ich Bier trank, aber dafür gleich so viel, dass ich einen totalen Filmriss hatte. Ich kann mich nicht mehr erinnern, dass ich überhaupt auf dieser Party war, aber man erzählte mir später, dass ein paar Oberstufenschüler versucht hätten, meine Hände in der Mikrowelle zu erhitzen. Nach der Party musste ich mich bei Susie zu Hause die ganze Nacht übergeben, und am nächsten Tag rief ich meine Mutter an und sagte ihr, ich hätte die Grippe und sie müsse mich abholen. Sie war verständnisvoll ... und ich war süchtig. Alkohol war eine weitere Möglichkeit, nicht mehr alles mitzubekommen, sich noch ein Stückchen mehr aus dem Leben zurückzuziehen. Ich wurde schnell Alkoholikerin, und zwar zum einen wegen einer gewissen familiären Vorbelastung und zum anderen, weil man von etwas, was man nicht braucht, nie genug kriegt.

In meinem Abschlussjahr auf der Highschool verbrachte ich eine Zeit lang in der Psychiatrie. Ich hatte mittlerweile seit neun Jahren Bulimie, und die Gesprächstherapie half nicht, wahrscheinlich in erster Linie, weil ich in den Sitzungen darüber sprach, wie gut es mir ginge und dass das Wetter doch toll sei.

Und dann aß ich eines Tages, es war ein stinknormaler Mittwoch, mittags in der Schule zu viel und hatte das Gefühl, sterben zu müssen. Das Gefühl, satt zu sein, war für mich nämlich gleichbedeutend mit dem Tod. Ich geriet in Panik, weil ich keinen Ort fand, wo ich mich übergeben konnte, und so kam ich dort mitten auf dem Gang in der Highschool zu dem Schluss, dass es mir *nicht gut* ging, ganz und gar nicht gut. Ich marschierte schnurstracks ins Büro meines Vertrauenslehrers und sagte: „Rufen Sie bitte meine Eltern an. Ich muss in eine Klinik. Ich kriege das nicht hin. Ich brauche Hilfe."

Ich war in der Schülervertretung für fast tausend Schüler, ich war eine gute Sportlerin, ich war recht hübsch, ich war klug und scheinbar auch selbstbewusst. Mein Status in der Schule war super, ich hatte schon Schulveranstaltungen organisiert und war beliebt bei Lehrern und Mitschülern.

Menschen, die Hilfe brauchen, sehen manchmal kein bisschen hilfsbedürftig aus.

Mein Vertrauenslehrer rief also meine Eltern an, die auch sofort kamen und einen Platz für mich fanden, wo mir geholfen werden sollte. Ich denke oft daran, wie dieser Tag wohl für sie gewesen sein muss. Vielleicht hätten sie am liebsten gesagt: „Nein, nein, es wird schon wieder! Keine Klinik! Wir sind doch deine Eltern! Wir bekommen das auch so wieder hin!" Aber das taten sie nicht. In dem Augenblick, als ich den Mut hatte, mir einzugestehen, dass ich Hilfe brauchte, glaubten sie mir, und trotz des Schocks, des Schmerzes und des Stigmas, das damit verbunden war, kümmerten sie sich darum, dass ich genau die Hilfe bekam, um die ich gebeten hatte.

Damals gab es noch kaum Therapien speziell für Essstörungen, also kam ich auf eine ganz normale psychiatrische Station. Dort gab es außer mir nur noch zwei weitere Patientinnen mit Essstörungen. **Die anderen Patienten waren schizophren, drogensüchtig, depressiv oder suizidgefährdet, und viele von ihnen waren auch gewalttätig. Ich kann mich nicht erinnern, dass ich vor einem von ihnen Angst gehabt hätte, aber ich erinnere mich sehr wohl daran, dass ich vor so ziemlich jedem auf meiner Highschool Angst hatte.**

Wir machten Kunsttherapie, Tanztherapie und Gruppentherapie, und alles, was dort lief, leuchtete mir ein. Das, was meine Mitpatienten erzählten, leuchtete mir ebenfalls ein, auch wenn es Dinge waren, die die Gleichaltrigen in meinem „normalen" Leben nie, nie gesagt hätten. Jeder war verpflichtet, den anderen ausreden zu lassen, und es gab Regeln, wie man richtig zuhört und wie man auf Äußerungen von Mitpatienten reagiert. Wir lernten, wie man sich in jemanden hineinversetzen kann und wie man den Mut findet, selbst etwas zu sagen. Alles, was ich dort lernte, fand ich besser als den Schulunterricht, und es kam mir auch viel sinnvoller vor. Wir lernten, wie man sich um sich selbst und um andere kümmert.

Am Morgen meiner Entlassung zitterte ich vor Angst. Ich wusste, dass ich noch nicht so weit war, aber dass ich trotzdem gehen musste, weil ich niemals so weit sein würde. In der Klinik war das Leben so viel einfacher und sicherer als draußen. Ich fand das Leben da drinnen machbar. Draußen kam es mir so vor, als ob jeder für sich allein kämpfte.

Ich wurde trotzdem entlassen und musste gehen – das mussten alle dort. Ich machte meinen Schulabschluss und ging dann aufs College, wo ich meinen Strategien zum Umgang mit dem „inneren Loch" noch Haschisch und Marihuana hinzufügte. Aber auch das funktionierte nicht besonders gut. Meine Freunde und ich setzten uns hin, rauchten Haschisch oder Marihuana, und die anderen fingen an zu kichern und zu chillen – nur ich nicht. Ich geriet sofort in Panik. Meine Blicke schossen hektisch durch den Raum, und ich schaute ständig zur Tür, weil ich sicher war, dass jeden Moment die Polizei oder meine Eltern auftauchen würden. Die anderen lachten nur und sagten: „Was ist denn bloß los mit dir?", und ich weinte, weil alle über mich lachten und ich nicht wusste, weshalb.

Meine Fressattacken, Alkoholexzesse und der Drogenkonsum dienten eigentlich dem Zweck, mein Denken abzuschalten, aber das Kiffen bewirkte lediglich, dass ich noch viel schneller und mehr und verrückteres Zeug dachte. Außerdem ist es für einen Menschen, der von Natur aus paranoid ist und sich ständig selbst beobachtet, absolut qualvoll, sich mit anderen zusammen zu bekiffen. Ich bin jemand, der anderen gefallen und es ihnen recht machen will, und ich frage mich permanent, wie die anderen mich wohl finden. Aber wenn ich bekifft war, konnte ich nicht mehr schauspielern. Vielleicht machen Leute das ja genau deshalb – um nicht mehr zu schauspielern, sondern einfach nur sie selbst zu sein und das gut zu finden. Doch für mich war das unmöglich. Ich war absolut besessen davon, wie ich bei anderen ankam. Daher nervte ich meine Freunde mit meinen ständigen Bitten um Rückmeldung, was ich so machte und wie ich wirkte, wenn ich high war. *Zupf dir am Ohrläppchen, wenn ich zu laut rede. Kontrollier alle zehn Minuten, ob ich mir in die Hose gemacht habe. Muss ich die Person da begrüßen? Was würde ich jetzt normalerweise machen? Würde ich aufstehen? Würde ich ihr die Hand geben? Würde ich sie umarmen? Oder einfach sitzen bleiben? Mag ich diese Person? Mag sie mich? Von diesen Brezeln krieg ich Durst.*

Auch Haschisch und Marihuana füllten das innere Loch also nicht, im Gegenteil, sie weiteten es aus und ich war unsicherer als je zuvor. Es war an der Zeit, zu den Halluzinogenen überzugehen und mit „Zauberpilzen" weiterzumachen.

Haschisch und Marihuana hatten mich paranoid gemacht, aber von den Pilzen wurde ich komplett wahnsinnig. Als ich einmal abends zu Hause Pilze konsumiert hatte, unterhielt ich mich den ganzen Abend mit der Popsängerin Carmen Electra. Sie kam aus dem Poster herausgesprungen, das in der Wohnung meines Freundes hing, bei dem ich gerade wohnte, und setzte sich in ihren schicken Hotpants zu mir, ebenfalls in Hotpants, um mir Gesellschaft zu leisten. Wir waren beide besorgt wegen etlicher Entscheidungen, die wir in unserem Leben getroffen hatten, aber mit unserem Modestil waren wir d'accord. Es entwickelte sich eine richtige Kameradschaft zwischen uns – ein echt nettes Mädchen, diese Carmen. Aber auch wenn ich ihren Besuch wirklich schätzte, war (am nächsten Tag) klar, dass sie nicht real war.

Und eines Tages kam dann wie ein finsterer Prinz auf einem Schimmel das Kokain in mein „Nicht-Leben" getrabt. Kokain war genau das, worauf ich gewartet hatte. Kokain war ein *Traum*. Es kam ziemlich nah an eine Lochfüllung heran. Ein paar Stunden lang löschte es meine Unsicherheit komplett aus. Es machte mich lustig, energiegeladen, faszinierend und charmant, und es gab mir das Gefühl, ein tolles Geheimnis zu kennen. Wenn es Kokain gab, was eigentlich immer der Fall war, dann kamen ein paar von uns im Hinterzimmer irgendeiner Party zusammen und konsumierten es, und wir kamen erst wieder zum Vorschein, wenn kein Stoff mehr da war. Manchmal schlichen ein Freund und ich uns in sein Zimmer, zermörserten seine rezeptpflichtigen ADHS-Tabletten und sniffften das Pulver. Ich habe keine Ahnung, was das in unserem Körper anrichtete, außer dass es uns mit der Nase darauf stieß, wie fertig und überdreht und unglaublich dumm wir waren.

Wenn die Wirkung nachließ, hätte ich alles gegeben, um high zu bleiben, denn dann erinnerte ich mich wieder an das Loch, das dann größer denn je war.

Aber so panisch ich mich auch mit allem zudröhnte, was gerade zur Verfügung stand – Alkohol, Drogen, Sex –, irgendwann ging die Sonne wieder auf. Wie ich den verdammten Sonnenaufgang hasste! Der Sonnenaufgang war Gott, der jeden Morgen vorbeikam, um sein Licht auf mein Leben scheinen zu lassen, und Licht war wirklich das Allerletzte, was ich wollte.

Also ließ ich alle Rollläden herunter und versuchte, den Tagesanbruch zu verschlafen. Ich legte mich hin mit Herzrasen von all den Drogen, das Bett drehte sich vom Alkohol, und ich starrte an die Decke und konnte meine Gedanken nicht abstellen. Ich dachte daran, wie meine Eltern jetzt aufstanden und zur Arbeit gingen, um Geld für meine Seminare und Vorlesungen am College zu verdienen, die ich nicht besuchte. Ich dachte an meine Freundschaften, die eine nach der anderen kaputt gingen. Ich dachte an meine Schwester, mit der ich nicht mehr redete, weil ich auf ihre simple Frage „Wie geht es dir?" keine Antwort wusste. Ich dachte daran, dass ich kein Geld hatte, keine Zukunftspläne und einen Körper, der genau wie mein Geist und meine Seele langsam aufgab. Mein Hirn quälte mich stundenlang, während draußen diese Sonne aufging und alle anderen ihren Tag begannen. *Ihren Tag.* Ich hatte keinen Tag. Ich hatte nur Nacht. Das waren die schlimmsten Augenblicke meines Lebens – diese Sonnenaufgänge im Bett meines College-Freundes.

Während eines dieser Sonnenaufgänge saß ich allein auf dem Klappsofa und sah mich in dem versifften dunklen Zimmer um. Ich lebte dort mit ihm, weil alle meine anderen Freunde inzwischen ihr Studium abgeschlossen hatten. Sie hatten den nächsten Schritt in ihrem Leben vollzogen und standen jetzt im Berufsleben. Sie führten ihr Leben im Hellen, bei Licht, und ich saß immer noch im dunklen Keller.

An diesem Morgen dachte ich ernsthaft daran, mich umzubringen. Selbstmordgedanken sind ein blinkendes Neonschild, das einem sagt, dass man das innere Loch mit den falschen Dingen zu stopfen versucht.

Ich vergleiche Gottes Liebe gern mit dem Sonnenaufgang. Die Sonne geht jeden Morgen wieder auf, egal wie schlimm man sich in der Nacht aufgeführt hat. Sie scheint, ohne zu verurteilen. Sie hält sich nicht zurück. Sie wärmt die Guten und die Bösen, die Junkies und die Cheerleader, die Heiligen und die Heiden gleichermaßen. Man kann sich vor der Sonne verstecken, aber das nimmt sie nicht persönlich. Sie bestraft einen niemals dafür, dass man sich vor ihr verbirgt. Man kann Jahre oder sogar Jahrzehnte lang im Dunkeln bleiben, und wenn

man dann irgendwann hervorkriecht, ist sie immer noch da. Sie ist die ganze Zeit da gewesen und hat geschienen.

Sie ist immer noch da – hell und beständig – und wartet darauf, dass du es bemerkst und herauskommst, um dich von ihr wärmen zu lassen. All die Jahre habe ich gedacht, dass Gott und sein Licht mich verurteilen würden, aber das stimmte gar nicht. Der Sonnenaufgang war meine tägliche Einladung von Gott, wieder ins Leben zurückzukommen.

Dazu war ich aber nicht bereit. Noch nicht. Also setzten Gott und die Sonne ihre Nachtwachen fort, während ich mich noch fast zehn weitere Jahre mit Essen, Alkohol und Drogen zudröhnte. Ich machte meinen Collegeabschluss – was mich in Bezug auf diese Bildungsstätte ebenso dankbar wie misstrauisch macht – und wurde Lehrerin. Meine Liebe zu den Schülern füllte mich acht Stunden am Tag aus, und ich bekam sogar Auszeichnungen für meinen Unterricht. Ich war das, was man als „funktionstüchtige Süchtige" bezeichnet. Vielleicht sollte ich an dieser Stelle noch einmal wiederholen, dass Menschen, die Hilfe brauchen, manchmal kein bisschen hilfsbedürftig aussehen.

Außerhalb der Schule machte ich mit meiner Selbstzerstörung weiter. Ich reizte meinen Dispokredit bis zum Anschlag aus, um durch Einkaufen Erfüllung zu finden. Ich verwechselte Sex mit Liebe und wurde schwanger. Nach einem verstörenden Tag in einer Abtreibungsklinik war ich allein zu Hause. Das Loch in meinem Innern wurde so groß, dass ich ganz darin verschwand. Ich lernte Craig kennen, aber bald schon wurde deutlich, dass wir uns gegenseitig herunterzogen. Wir nahmen ständig Drogen und tranken wie Goldfische.

Und dann, eines Tages, wachte ich auf und mir war speiübel. Es war der Muttertag des Jahres 2002 und ich war 25 Jahre alt. Wieder einmal torkelte ich zur Apotheke und kaufte mir einen Schwangerschaftstest, kam wieder nach Hause, pinkelte auf das Teststäbchen, starrte drei Minuten lang auf meine zitternden Hände und dachte ... *nichts*. Ich dachte absolut gar nichts.

Ich schaute auf den Test hinunter und sah, dass er positiv war. Positiv. Ich war schwanger. Ich war eine hoffnungslos bulimische, alkoholkranke Drogensüchtige, die bald Mutter werden würde. Und ich betete. Ich saß einfach dort auf dem Boden und schrie lautlos: *Hilf mir, Gott, bitte hilf mir.*

Das Loch in meinem Inneren war immer größer geworden, immer größer, so lange, bis Gott genau hineinpasste. Und dann kam er tatsächlich hinein. Wenn man nur noch aus einem Loch besteht, dann passt Gott perfekt.

Am Nachmittag des besagten Tages hörte ich auf zu rauchen, Drogen zu nehmen, zu trinken und zu fressen. Ich wachte auf. Ich heiratete Craig. Ich bekam ein Baby und dann noch eins und dann ein drittes. Ich wurde Lehrerin. Ich wurde Autorin. Ich wurde eine gute Schwester und Tochter und Freundin. Ohne all das Fressen und Kotzen hatte ich irgendwann Normalgewicht und begann mich schön zu fühlen. So eine Verschwendung von Zeit und Zahnschmelz! Ich wurde eine Frau des Glaubens. Es war ein schwankender, zweifelnder, verwirrter Glaube, aber es war ein Glaube.

Ich habe in meinem Inneren immer noch ein gottförmiges Loch. Aber ich fülle es jetzt mit weniger schädlichen Dingen, die allerdings auch nicht wirklich effektiv sind. Zum Beispiel kaufe ich noch immer zu viel. Mein Vater Bubba bezeichnet das als „Shopping-Bulimie". Ich werde innerlich ganz kribbelig und fühle mich unwohl, und statt mich einfach hinzusetzen mit diesem Gefühl und mich zu fragen, was es mir sagen will, und es zu nutzen, um mich weiterzuentwickeln, mache ich mich auf den Weg ins nächste Einkaufszentrum und genieße den Adrenalinkick eines Kaufrauschs. Wenn ich wieder zu Hause bin, habe ich dann solche Schuldgefühle, dass ich wieder ins Einkaufszentrum fahre und im übertragenen Sinne kotze, indem ich all die gekauften Sachen wieder zurückgebe. Am Ende des Tages bin ich müde und frustriert und leer, weil ich jede Menge Energie verbraucht, aber null bleibende Befriedigung erlangt habe.

Ich ziehe auch gern mal um. Ich fange an, mich rastlos und leer zu fühlen, und statt daran zu denken, dass das Leben eben manchmal unbehaglich und rastlos und leer ist, egal, wo man ist, meine ich, dass ein neues Haus oder ein neuer Bundesstaat möglichst ganz weit weg das Tor zur Glückseligkeit ist. Ist es aber nicht. Wohin man auch geht, man ist ja selbst dabei. Die innere Leere kommt mit. Nervtötend!

Shoppen und Umziehen bringt also nichts, aber ein paar Dinge habe ich entdeckt, die wirklich helfen: Schreiben, Lesen, Wasser, Spaziergänge, mir alle zwei Minuten selbst vergeben, einfache Yoga-Übungen, tief durchatmen und meine Hunde kraulen.

Diese Dinge erfüllen mich nicht ganz und gar, aber sie erinnern mich daran, dass es gar nicht meine Aufgabe ist, mir selbst Erfüllung zu verschaffen. Meine Aufgabe besteht lediglich darin, meine Leere zu bemerken und annehmbare Möglichkeiten zu finden, als gebrochener, unerfüllter Mensch zu leben – und vielleicht mir selbst und anderen dabei zu helfen, uns ein ganz klein wenig besser zu fühlen.

Manche frommen Menschen schwören, dass ihr inneres Loch in dem Moment gefüllt wurde, als sie Gott begegnet sind. Ich glaube ihnen, aber meine Erfahrung ist eine andere. Meine Erfahrung ist, dass das Leben auch mit Gott schwer ist. Es ist schwer, weil es schwer ist, löchrig zu sein.

Damit müssen wir leben.

Wenn es einen Silberstreifen am Horizont dieses inneren Lochs gibt, dann folgenden: Dieses gottförmige Loch, das man selbst durch nichts füllen kann, bringt Menschen zusammen.

Ich habe noch nie erlebt, dass jemand mein Freund geworden ist, weil ich mit meinen Stärken geprahlt hätte, aber unzählige Freundschaften sind dadurch entstanden, dass ich

über meine Schwächen, meine Leere und mein Leben auf der Jagd nach dem Unauffindbaren gesprochen habe.

Löcher helfen dabei, Freundschaften zu schließen, und Freunde sind die besten Löcherfüller, die ich bis jetzt gefunden habe. Vielleicht weil andere Menschen das sind, was auf dieser Welt Gott am Nächsten kommt. Wenn wir in unseren Freundschaften gegenseitig versuchen, Gott in uns zu entdecken, dann werden wir heilig.

Schreiben und Tanzen

Kürzlich erzählte mir eine Freundin, dass sie schrecklich gern schreiben würde, es aber nicht wage, weil sie nicht gut genug sei. Ich habe dazu ein paar Gedanken.

Als ich nüchtern wurde, hatte ich solche Panik vor Hochzeiten, dass ich schon weinen musste, wenn nur eine Einladung eintrudelte. Auf den Hochzeiten, bei denen ich nicht absagen konnte, saß ich stocksteif auf meinem Stuhl, lächelte gekünstelt in Richtung der tanzenden Paare und betete, dass mich bitte, bitte niemand zum Tanzen auffordern möge. Ich versuchte, möglichst beschäftigt zu wirken, indem ich Kaugummi kaute oder ständig mein Lipgloss erneuerte, und ich ging sehr, sehr häufig ohne Grund zur Toilette. Die Tanzfläche sah nüchtern betrachtet wie ein Ort des Grauens aus, den es unbedingt und um jeden Preis zu meiden galt.

In meinen wilden Partyzeiten war ich immer die Erste und die Letzte auf der Tanzfläche gewesen. Dreizehn Gläser Chardonnay machen ein Mädchen ganz sicher nicht selbstbewusst und sexy, aber sie geben ihr das *Gefühl*, selbstbewusst und sexy zu sein. In nüchternem Zustand war ich jedoch viel zu gehemmt, um zu tanzen. Auf einer Hochzeit zu tanzen ist so, als würde man vor allen anderen nackt herumlaufen. Es ist wie ein Selbstbewusstseinstest. Und weil auf Hochzeiten Leute auch immer gern in Gruppen tanzen, ist es zusätzlich auch noch ein Zugehörigkeitstest, und machen wir uns doch nichts vor, es ist auch ein Test, ob man *tanzen* kann.

Ich war noch nie gut in Sachen Selbstsicherheit, Zugehörigkeit und Tanzen. Und wenn ich zuschaute, wie andere Paare ihre Hemmungen verloren und sich einfach aufeinander und aufs Tanzen einließen, taten Craig und ich mir richtig leid. Ich hatte das Gefühl, dass wir als Paar etwas ganz Wichtiges verpassten, dass wir vielleicht gar nicht fähig waren, zusammen Spaß zu haben. All das bewirkte, dass ich mir wie ein Loser vorkam und so etwas wie Platzangst in meiner eigenen Haut bekam.

Als vor ein paar Jahren meine Cousine Natalia heiratete, saß ich allein an meinem Tisch und lächelte krampfhaft die Paare an, die miteinander flirteten und sich gegenseitig auf die Tanzfläche zogen. Ich tat mir selbst leid und dachte daran, wie sehr mir das Trinken fehlte. Doch als ich mich dann zwang, die Sache etwas genauer anzusehen, wurde mir klar, dass es eigentlich gar nicht das Trinken war, das ich so vermisste, sondern das Tanzen. Und eigentlich hinderte mich niemand daran zu tanzen. Also stand ich auf und gesellte mich zu meiner Schwester, ihrem Mann und meinen Cousins und Cousinen auf die Tanzfläche.

An diesem Abend tanzte ich, wie ich noch nie zuvor getanzt hatte, wild und furchtbar und peinlich und unermüdlich. Meine Schwester und ihr Mann erkannten, dass das ein Durchbruch für mich war und eine geistliche Erfahrung, und deshalb blieben sie in meiner Nähe, was mir eine große Hilfe war. Ich tanzte drei Stunden ohne Pause. Meine Haare sahen aus wie ein Vogelnest, ich hatte riesige Schweißflecke unter den Achseln und auf dem Kleid, und zweimal hätte ich mir beinah den Knöchel gebrochen, weil ich auf keinen Fall meine Stilettos ausziehen wollte. Trotz der Bemühungen meiner Schwester gab es immer noch diese furchtbaren Augenblicke, in denen ich mich ganz und gar allein fühlte, weil sich ein Kreis aus Tanzenden schloss und ich nicht mit einbezogen worden war. Ich musste mich also entweder ungeschickt wieder in den Kreis hineindrängen oder einfach die Augen schließen und mich zur Musik wiegen, als wäre ich so selbstvergessen, dass es mir nichts ausmachte, nicht in der Gruppe zu sein. Als ob ich allein sein *wollte,* weil ich gerade den Moment voll genoss. Manchmal muss man so etwas tun, aber ich tanzte weiter, als Geschenk, das ich mir selbst machte.

Ich tanzte nicht, weil ich es gut konnte, sondern ich tanzte, weil ich tanzen wollte. Das kann nämlich niemand für mich tun, egal, wie „gut" er/sie es kann. Wenn ich den Wunsch habe zu tanzen, dann tanze ich. Es geht nicht darum, ob ich toll dabei aussehe, ob ich mich dabei sicher fühle oder ob ich dazugehöre. Folgendes vermute ich:

Niemand ist sich ganz und gar seiner selbst sicher und niemand fühlt sich immer dazugehörig. Diese Unsicherheiten gehören zum Berufsrisiko des Menschseins einfach dazu. Aber manche Leute tanzen trotzdem, und diese Leute haben einfach mehr Spaß. Auf dem Sterbebett werde ich mir einmal nicht wünschen, dass ich hätte tanzen können wie JLo, sondern einfach nur, dass ich viel mehr getanzt hätte.

Der Abend, an dem ich zum ersten Mal nüchtern getanzt habe, war einer der wichtigsten Abende meines Lebens. Und nüchtern zu tanzen ist das, was ich jetzt jeden Tag versuche. Nüchtern tanzen tue ich auch, wenn ich schreibe. Ich versuche einfach nur, ich selbst zu sein – chaotisch, tollpatschig und ohne Krücken. Nüchtern tanzen ist ehrliches, leidenschaftliches Leben.

Wenn Sie irgendwo in der Tiefe Ihrer Seele den Wunsch und die Sehnsucht haben zu schreiben, dann schreiben Sie. Schreiben Sie als Geschenk an sich selbst und andere. Jeder hat eine Geschichte zu erzählen. Beim Schreiben geht es nicht darum, hübsche kleine Sätze zu produzieren, die schön klingen, und es geht auch nicht darum, die „richtigen" Worte zu finden, sondern es geht darum zu merken, wer man ist. Es geht darum, das Leben wirklich zu spüren und dann mitzuteilen, was man empfindet. Wenn Sie Ihre Wahrheit aufschreiben, dann ist das eine Liebesgabe an die Welt, weil es uns allen dabei hilft, dass wir uns mutiger fühlen und nicht so allein. Und wenn Sie wirklich schlecht schreiben, dann könnte es sogar *besonders* wichtig sein, dass Sie es tun, weil Ihr Geschreibsel vielleicht andere richtig schlechte Schreiber dazu bewegen könnte, es trotz allem zu versuchen. Etwa so, wie mich das verwirrende Herumgezappel meiner Schwester auf der Tanzfläche bei der Hochzeit meiner Cousine schließlich dazu gebracht hat, aufzustehen und ebenfalls zu tanzen. Weil ich dachte: *Also, wenn man ihr gestattet, so zu tanzen, dann wird mich wohl auch niemand von der Tanzfläche holen.*

Wenn Sie das Gefühl haben, dass irgendetwas Sie zum Tanzen auffordert oder zum Schreiben oder zum Malen oder zum Singen, dann hören Sie bitte auf, sich Sorgen darüber zu machen, ob Sie es gut genug können. Tun Sie es einfach. Seien Sie großzügig. Bieten Sie der Welt ein Geschenk an, das *niemand sonst* zu bieten hat: *Sie selbst.*

Der erste Tag

An meine Freundin an ihrem ersten Morgen, an dem sie nüchtern ist.

Ich bin auch an dem Punkt gewesen, an dem du jetzt bist, und ich habe diesen Tag überlebt. Diesen Tag, an dem du entsetzt aufwachst, die Augen aufmachst und es dich trifft wie ein Schlag: *Das Spiel ist aus.* Du liegst wie gelähmt im Bett und zitterst bei der grässlichen Erkenntnis: *Das Leben so, wie du es kennst, ist vorbei.* Und dann denkst du, dass das wahrscheinlich auch ganz in Ordnung ist, weil das Leben, so wie du es kennst, absolut schrecklich ist. Trotzdem kommst du nicht aus dem Bett, *weil du nicht weißt, wie.* Du weißt nicht, wie du leben sollst, wie du mit anderen umgehen sollst, wie du mit allem fertig werden sollst, wie du ohne einen Drink mit all dem zurechtkommen sollst. Das hast du nämlich nie gelernt, denn du bist schon ausgestiegen, bevor es auf dem Lehrplan stand. Wer soll dir also beibringen, wie man lebt?

Hör zu. Du zitterst an diesem Morgen wegen des Entzugs und vor lauter Angst, und deshalb kannst du nicht klar sehen. Du glaubst, dass dies der schlimmste Tag deines Lebens ist, aber da irrst du dich. *Dies ist der beste Tag deines Lebens, meine Freundin.* Die Dinge stehen richtig gut – besser als je zuvor. Die Engel tanzen, weil du das Angebot bekommen hast, aus dem Gefängnis deiner Geheimnisse freizukommen. Du hast das *Geschenk einer Krise* bekommen.

Die Autorin Kathleen Norris erinnert uns daran, dass die Wurzel des griechischen Wortes *crisis* „sieben" bedeutet, also, dass man alles Überflüssige aussiebt und nur noch das behält, was wichtig ist.

Genau das geschieht nämlich durch Krisen. Sie rütteln alles auf und durch, sodass wir gezwungen sind, alles loszulassen, bis auf die Dinge, die wirklich wichtig sind. Der Rest fällt weg.

Und im Moment ist das Allerwichtigste, dass du nüchtern bist, damit du dir keine Sorgen mehr darüber zu machen brauchst, ob dein wahres Ich mutig oder klug oder lustig oder schön oder verantwortungsbewusst genug ist. Denn das Einzige, was du jetzt zu sein brauchst, ist nüchtern. Du bist der Welt *absolut nichts* schuldig außer Nüchternheit. Wenn du nüchtern bist, dann ist das genug und du bist genug. Selbst wenn du zitterst und fluchst und langweilig bist und du Angst hast. Du bist genug.

Aber nüchtern zu werden, *echt zu werden*, das wird schwer und schmerzhaft sein.

Genau wie eine Menge anderer guter Dinge schwer und schmerzhaft sind.

Wenn man nüchtern wird, fühlt sich das so ähnlich an, als ob in halb erfrorenen Gliedmaßen wieder das Blut zu zirkulieren beginnt. Aufzutauen ist extrem schmerzhaft. Man hat dieses Taubheitsgefühl so lange gehabt, und wenn die Seele jetzt langsam wieder anfängt zu fühlen, beginnt es zu kribbeln, und das ist unangenehm und fremd. Und dann fühlt sich dieses Kribbeln plötzlich an wie Messerstiche. Traurigkeit, Verlust, Angst, Wut, Sorge – all das, was du bisher die ganze Zeit betäubt hast, fühlst du jetzt zum ersten Mal wirklich. Und um die verdammte Wahrheit zu sagen: Zuerst ist das wirklich furchtbar.

Aber der einzige Weg, um heil und gesund zu werden, besteht darin, sich auf den Schmerz einzulassen. *Du kannst nicht um ihn herumgehen und du kannst nicht über ihn hinweggehen, sondern du musst mitten hindurch.* **Es gibt keine Alternative – außer Amputation. Wenn du den Auftauprozess zulässt, wenn du dich dazu entschließt, die Schmerzen auszuhalten, dann wirst du eines Tages deine Seele zurückbekommen. Wenn du noch etwas fühlst, ist noch nicht**

amputiert worden. Wenn du noch etwas fühlst, ist es noch nicht zu spät.

Wir brauchen dich, liebe Freundin. Die Welt hat darunter gelitten, dass du dich versteckt hattest und nicht da warst. Dir ist bereits vergeben worden. Du bist geliebt. Jetzt brauchst du nur noch in dein Leben hineinzutreten. Aber was bedeutet das? *Was um Himmels willen heißt das?*

Es heißt, dass du folgende Schritte machst, die klar sind wie Kloßbrühe: Steh aus deinem Bett auf. Lieg nicht da und grüble – Grübeln ist für uns der Todeskuss. *Beweg dich.* Geh unter die Dusche und sing dabei. *Zwing dich zu singen.* Je blöder du dir dabei vorkommst, desto besser. Kicher über dich. Freu dich einfach um der Freude willen. Freude, die du selbst hervorgebracht hast, ist die beste. Amüsier dich herzlich über dich selbst.

Dann schmink dich und föhn dir die Haare. Zieh etwas Nettes an, etwas, worin du dich erwachsen fühlst. Wenn du nichts hast, geh los und kauf dir was. Heute ist nicht der Tag, an dem du dir allzu viele Gedanken über Geld machen solltest. Investiere auch ein bisschen Geld in guten Kaffee. Lies deiner Tochter eine Geschichte vor. Denk beim Vorlesen nicht an andere Dinge, sondern achte ganz bewusst auf die Worte, die du vorliest. Dann flechte deiner Tochter Zöpfe. Mach das Waschbecken sauber. Hab immer ein gutes Buch griffbereit. Wenn du zu Hause keine guten Bücher hast, geh in die Bibliothek und leih dir welche aus. Wenn du keine Ausleihkarte hast, beantrage eine. Das wird dir Stress machen, denn du befürchtest bestimmt, dass die Bibliothekarin merkt, wie fertig du bist, und dich deshalb zurückweist. Hör zu: Sie merkt es nicht, und es ist ihr auch egal. Ich habe schließlich auch eine Ausleihkarte bekommen, und ich habe ein Vorstrafenregister, das so lang ist wie dein Arm. Wenn du in die Gesellschaft zurückkehrst und das Risiko eingehst, abgelehnt zu werden, dann ist die Bibliothek ein guter Anfang. Da haben sie nämlich keine hohen Erwartungen an dich. Ich mag die Bibliothek. Und auch die Kirche. *Beide müssen einen aufnehmen.*

Anne Lamott behauptet, dass nur drei Gebete nötig sind. Meine drei Gebete sind eingedampft etwa: „Bitte!", „Danke!" und „Verdammt, was soll das???" Mehr Spiritualität brauchst du erst mal nicht. *Geh zu den Treffen der Anonymen Alkoholiker.* Es ist eigentlich egal, ob du zu einem Treffen für Alkoholiker, Angehörige, Essgestörte oder sonstwie Gestörte gehst ... Mach dir keine Sorgen darüber, ob die anderen Süchtigen so sind wie du. Mach dir nichts vor: Wir sind alle gleich. Immer demütig bleiben.

Geh aus dem Haus. Wenn du nicht weißt, wohin du gehen sollst, mach einfach einen Spaziergang. Dass es draußen zu kalt ist, ist keine gültige Ausrede. Pack dich dick ein. Der Himmel draußen wird dich daran erinnern, wie groß Gott ist, und wenn du es mit Gott nicht so hast, dann wird dir auf jeden Fall die frische Luft guttun.

Ruf jeden Tag eine Freundin oder einen Freund an. Beginne das Gespräch nicht damit, wie es *dir* geht, sondern frag als Erstes, wie es *ihr/ihm* geht. Hör bei der Antwort wirklich zu und biete ihr/ihm deine Liebe an. Du wirst merken, dass du einer Freundin schon allein dadurch helfen kannst, dass du zuhörst, und diese Entdeckung wird dich daran erinnern, dass du stark bist und etwas wert.

Besorg dir ein Yoga-Video und eine schöne Matte. Übe, wenn deine Tochter im Bett ist. Die Abende sind die gefährlichste Zeit, also plane voraus. Yoga ist eine gute Sache, weil man dadurch lernt zu atmen und mit sich selbst allein zu sein. Lerne, dir selbst eine gute Gesellschaft zu sein.

Wenn du anfängst, etwas zu *fühlen*, dann *lass es zu.*

Wenn du Angst kriegst, weil du nicht genug Geld hast, dann finde jemanden, dem du ein bisschen Geld geben kannst. Wenn du das Gefühl hast, dass du nicht genug Liebe bekommst, finde jemanden, dem/der du Liebe geben kannst. Wenn du das Gefühl hast, du wirst nicht wertgeschätzt und

anerkannt, dann zeige jemandem deine Wertschätzung und Anerkennung auf ganz konkrete Weise. Wenn du findest, dass du nie Glück hast, ruf dir ein, zwei Segnungen in Erinnerung, die dir zuteilgeworden sind.

Und dann finde eine praktische Möglichkeit, den heutigen Tag für jemanden zum Glückstag werden zu lassen. Diese Strategien helfen mir tagtäglich dabei, mich nicht in Ausweichmanövern oder Selbstmitleidsbädern zu verzetteln.

Mach dir keine Gedanken darüber, ob du all diese Dinge gern tust oder nicht. *Du wirst das noch ziemlich lange alles hassen.* Und Tatsache ist, dass du im Moment noch nicht einmal weißt, was du magst oder hasst. *Mach diese Sachen einfach, egal, wie du dich dabei fühlst.* Denn all diese kleinen Dinge, immer wieder wiederholt, summieren sich irgendwann zu einem Leben, und zwar zu einem guten.

Heute bin ich nüchtern, Freundin. Ich bin *hier*, Freundin. Gestern ist mein Sohn zehn geworden, das heißt, dass ich seit zehn Jahren und acht Monaten keinen Alkohol mehr getrunken habe. In den vergangenen zehn Jahren und acht Monaten sind viele schöne und viele schreckliche Dinge passiert, und ich habe meine Angelegenheiten Tag für Tag ohne Alkohol geregelt bekommen. GOTT, ICH BIN GUT!

Heute bin ich Ehefrau und Mutter und Tochter und Freundin und Autorin und Träumerin und Schwester für eine und „Seelenschwester" für Tausende von Leserinnen. Ich war nichts davon, als ich betrunken war.

Ich liebe es, eine genesende Alkoholikerin zu sein. Das „Trocken"-Abzeichen ist mein wertvollster Schmuck. Was wirst du sein, Freundin? Was wirst du sein, wenn du du selbst wirst?

Als Jesus sie sah und erfuhr, dass sie schon so lange an ihrer Krankheit litt, fragte er sie: „Willst du gesund werden? Dann steh auf, roll deine Matte zusammen und geh."
Johannes 5,6-8

Rutschen und Leitern

Kennen Sie das todlangweilige Würfelspiel „Leitern und Rutschen"? Die Spieler würfeln abwechselnd und wenn man seinen Spielstein setzt, kann man dabei auf Rutschen geraten, die natürlich immer abwärts und damit zurückführen, oder auch auf Leitern, die aufwärts- und zum Ziel führen.

Vor Kurzem habe ich gedacht, ich wäre auf einer sehr langen Rutsche gelandet. Als ich die Kinder von der Schule abgeholt hatte und gerade zu Hause angekommen war, klingelte mein Handy. Es war meine Ärztin, die mir mitteilte, dass sie Lyme-Borreliose bei mir festgestellt hätte und dass aufgrund meiner Blutwerte außerdem der Verdacht auf Lupus bestünde. Borreliose sicher, Lupus vielleicht.

Die Blutuntersuchung war durchgeführt worden, weil ich mich seit Wochen schlapp und erschöpft fühlte und außerdem ständig Gliederschmerzen und starke Stimmungsschwankungen hatte, alles mögliche Symptome für eine Autoimmunerkrankung, aber eben auch alles Symptome des ganz normalen Alltags als Mutter kleiner Kinder. Deshalb waren wir auch nicht allzu besorgt gewesen. Beim Schreiben komme ich immer ganz nett rüber, und das bin ich auch – an der Tastatur und draußen in der Welt –, aber zu Hause neige ich dann dazu, mich gehen zu lassen. Es ist so anstrengend, sich immer gut zu benehmen. Also hatten wir gedacht, dass ich vielleicht nur einfach mehr Schlaf oder Kaffee bräuchte – bis zu dem Anruf.

In der einen Hand hielt ich mein Handy und mit der anderen schnallte ich die Kinder ab und holte sie aus dem Auto. Ich hastete zur Haustür, übergab die Kinder Craig, deutete auf

mein Handy und formte mit den Lippen das Wort „Ärztin".
Er lenkte die Kinder ab, damit ich wieder nach draußen gehen und in der Auffahrt auf und ab tigern konnte, während
die Ärztin mir die Einzelheiten mitteilte. Sie erklärte, dass die
Chancen, die Borreliose zu heilen, relativ gut stünden, weil
die Krankheit frühzeitig erkannt worden sei, ich müsse allerdings sechs Wochen lang ein sehr starkes Antibiotikum in
sehr hochdosierter Form nehmen, von dem bekannt sei, dass
es Übelkeit verursache. Weiter sagte sie, ich müsse wegen des
Lupus-Verdachts unbedingt einen Spezialisten aufsuchen,
weil Lupus eine schwere, nicht heilbare Krankheit sei und
meine Blutwerte ziemlich verdächtig aussähen.

Merkwürdig, dachte ich. Ich versuchte, mich zu konzentrieren, aber die Stimme der Ärztin kam mal lauter, mal leiser bei
mir an, während ich auf das alberne Metallrentier in unserem
Vorgarten schaute. Ich fing an zu fantasieren, wie ich in der
Talkshow von *Oprah Winfrey* säße – bejubelt als die spleeni-
ge Autorin, die im Alleingang neuartige Therapien für ihre
unheilbaren Krankheiten entdeckt hatte. Ich überlegte sogar
schon, was ich in der Sendung tragen würde – etwas Stilvol-
les, aber auch Ausgeflipptes. Dann unterbrach mich die Ärztin mit weiteren beängstigenden Details, und ich fühlte mich,
als würde ich eine riesige Rutsche hinuntergeschubst – Sie
kennen die bestimmt: diese ganz besonders lange Rutsche,
wegen der man dann wieder ganz von vorn anfangen muss,
gerade wenn man dachte, man hätte den Sieg in der Tasche.
Ich fühlte mich machtlos und wackelig.

Aber dann ging ich wieder ins Haus und das Leben weiter.
Craig und ich machten uns schick und fuhren nach Washington D.C. zu einer Gala zugunsten von *International Justice
Mission*, der Menschenrechtsorganisation, für die Schwester
in Afrika gearbeitet hat. Dort erfuhr ich sehr viel über moderne Sklaverei, Menschenhandel und über die Helden, die sich
in die Dunkelheit stürzen, um etwas zu verändern. Ich schaute quer über den Tisch zu meiner kleinen Schwester, die das

tut, und ich musste immer wieder an das Schild denken, das meine Freundin Josie in ihrer Schulklasse an die Wand gehängt hat. Darauf steht: „Wir können schwere Sachen schaffen." Und ich dachte daran, wie schön und stark Mut und Glaube sind, wenn sie zusammen auftreten. Ich dachte, dass ich ja vielleicht auf meine eigene kleine Weise mutig sein und Glauben haben könnte. Dann fuhr ich wieder nach Hause und schlief tief und fest.

Im Morgengrauen des nächsten Tages rief ich meine Eltern an, um ihnen von den Neuigkeiten zu berichten, und sie änderten sofort ihre Pläne, um zu uns zu kommen und uns beizustehen. Und genau das hatte ich mir auch von ihnen gewünscht. Eines meiner vielen Geheimnisse ist, dass ich zwar vielleicht wie eine Erwachsene aussehe (irgendwie), aber eigentlich ein kleines Mädchen bin, um das man sich kümmern und dem man Snacks und Decken bringen muss. Bubba schickte mir an diesem Tag folgende Nachricht:

Verlier nicht den Mut. Verschwende deine Zeit und Kraft nicht mit negativen Gedanken. In ein paar Wochen wirst du das alles nur noch im Rückspiegel sehen. Gemeinsam stehen wir das durch.

Hilfe ist unterwegs. Wir haben dich lieb.
Papa und Mama

Nachdem ich Bubba und Tisha die Neuigkeiten mitgeteilt hatte, fuhren die Mädchen und ich zu meiner Freundin Leigha. Leigha hat die chronische Form von Borreliose, die in ihrem Leben, ihrer Familie und ihrem Körper viel Chaos angerichtet hat. Als ich bei ihr ankam, überließen wir unsere Töchter einfach sich selbst, setzten uns aufs Sofa und redeten. Ich machte mir Notizen, während sie mich mit allen Informationen über Borreliose versorgte, die ich brauchte. Sie sagte, sie sei dankbar dafür, dass ihr Kampf gegen die Krankheit einen Nutzen habe, indem sie mir jetzt weiterhelfen könne. Ich habe Leigha sehr gern, und ich fand es immer ganz schrecklich, wenn sie mir von ihrer Krankheit und ihren Schmerzen erzählte, weil ich zwar Mitgefühl hatte, aber nicht wirklich nachempfinden konnte, wie es für sie war. Bei diesem Besuch jetzt empfand ich es als tröstlich, dass wir nun zum selben Verein gehörten. Es war vielleicht ein Verein, in dem niemand gern Mitglied ist, aber dennoch ein besonderer. Der Borrelien-Club. An diesem Tag wurden Leigha und ich so etwas wie Verwandte, und das gab mir ein Gefühl von Geborgenheit.

Nachdem die Mädchen und ich uns von Leigha verabschiedet hatten, gingen wir shoppen. Eigentlich hatte ich keine neuen Dekosachen für Weihnachten kaufen wollen, weil wir uns darauf geeinigt hatten, es dieses Jahr möglichst schlicht zu halten. In erster Linie natürlich, weil wir so irrsinnig vorbildlich und unmaterialistisch drauf sind, aber eigentlich eher, weil es finanziell gerade eng war. Und bei Weihnachten geht es ja auch wirklich nicht um Glitzerdeko. Aber jetzt plötzlich schienen mir diese hehren Beschlüsse nicht mehr so toll zu sein.

Als wir wieder zu Hause waren, schickte ich die Kinder zum Spielen und schrieb eine E-Mail an Christy. Christy und ich kennen uns schon seit 20 Jahren. Sie war an meiner Seite, als ich soff, als ich nüchtern wurde, als ich heiratete und als Chase geboren wurde. Sie ist wie eine schöne, kluge und lustige Schmusedecke, und sie reagierte exakt so geschockt und verärgert, wie ich es brauchte, mit vielen Großbuchstaben und kursiv geschriebenen Worten und genau der richtigen Menge von Flüchen.

An diesem Freitagabend begann ich, die Antibiotika zu nehmen, die wirklich üble Nebenwirkungen haben sollten. Diese Tabletten sind wirklich heftig. Man muss zum Beispiel zwanzig Minuten aufrecht stehen, nachdem man sie eingenommen hat, weil sie sonst die Speiseröhre verätzen können. Nachdem ich also zwanzig Minuten aufrecht gestanden hatte (kein Sitzen, kein Liegen), was bis jetzt das Schwerste an der Borreliose gewesen war, kuschelten Craig und ich uns zusammen ins Bett, um uns einen Film anzuschauen. Alle paar Minuten fragte er mich, wie es mir ging, und das gefiel mir. Ungefähr in der Mitte des Filmes bekam ich Durst, also sagte ich: „Ich fühle mich nicht so gut", und Craig sprang aus dem Bett und in die Küche, um mir etwas zu trinken zu holen. Eigentlich ging es mir ganz gut, aber man muss ja auch nicht immer alles ganz genau erklären, oder? Außerdem ist Betüdeltwerden der einzige Vorteil vom Kranksein.

Craig ließ mich am nächsten Morgen ausschlafen, und als ich endlich aus dem Bett kroch und ins Wohnzimmer kam, brannte dort schon ein Feuer im Kamin, es lief Weihnachtsmusik und vier Meltons gammelten entspannt im Schlafanzug auf dem Fußboden herum. Ich gesellte mich dazu, und nachdem wir ein paar Stunden einfach so gespielt hatten, kam mir in den Sinn, dass ich wahrscheinlich langsam mal etwas Produktives tun sollte, zum Beispiel die Weihnachtseinkäufe erledigen. Doch als Nächstes dachte ich dann: *Nichts da! Ich habe Borreliose!* Also blieben wir im Pyjama vor dem Kamin, lasen Bücher, lachten und aßen den ganzen Tag Fastfood.

Am Abend gingen wir dann zu Gena, wo wir einen zauberhaften Abend mit alten Freunden und köstlichem Essen und einem Besuch vom Nikolaus erlebten. Wir lachten, bis wir weinten. Und wir staunten darüber, dass aus einer Gruppe von Collegefreundinnen in so kurzer Zeit eine Horde von Frauen, Ehemännern, Babys und Liebe hatte werden können. Wir hatten uns gegenseitig beim Erwachsenwerden geholfen, und jetzt schauten wir zu, wie unsere Kinder zusammen aufwuchsen. Gemeinsam ist alles gut. Nicht einfach, aber gut.

Folgendes habe ich in der Folge der Borreliose-Nachricht gelernt: Es ist schwer zu sagen, was eine Rutsche ist und was eine Leiter, denn die Tage nach der Diagnose waren voller kleiner Wunder.

Vielleicht sind *alle* meine Tage voller kleiner Wunder, aber ich bin zu beschäftigt mit dem, was ich für mein Leben halte, um sie zu bemerken. Manchmal sind schlechte Nachrichten die beste Art, all das Gute schnell und klar zu sehen. Schlechte Nachrichten sind so wachrüttelnd wie ein Glas eiskaltes Wasser ins Gesicht. Vielleicht würden wir lieber ein bisschen sanfter geweckt, aber die Effektivität der Kaltwasser-Methode ist nicht zu bestreiten.

Und wir lassen es uns gefallen wenn das bedeutet, dass wir dadurch nicht die große Party verschlafen.

Im Notfall benachrichtigen

Was Licht spenden will,
muss es ertragen zu brennen.
Viktor E. Frankl

Wenn ich meine Schwester anrufe, dann begrüßt sie mich manchmal mit „Hallo, *im Notfall benachrichtigen*", denn das erscheint bei ihrem Telefon auf dem Display, wenn ich sie anrufe. Wir hatten vor langer Zeit einmal irgendwo gelesen, dass es gut sei, eine Nummer unter dem Namen „*Im Notfall benachrichtigen*" im Handy zu speichern, die angerufen werden soll, falls einem etwas Schlimmes zustößt. Also nennt Schwester mich „Im Notfall benachrichtigen" und ich nenne sie „Schwester". Beides bedeutet dasselbe.

Vor sieben Jahren ist Schwester etwas ganz Furchtbares passiert. Sie hatte drei Jahre zuvor einen Mann geheiratet, den sie mit jedem Millimeter ihres riesengroßen Herzens liebte. Nun, zumindest dachten wir, dass sie ihn von ganzem Herzen liebte, aber damals hatten wir noch keine Ahnung vom wahren Ausmaß ihres Herzens.

Wir glauben inzwischen nicht mehr, dass jemand von ganzem Herzen liebt, sondern immer nur mit Teilen seines zerbrochenen Herzens. Wir haben gelernt, dass ein Herz schon einmal gebrochen gewesen sein muss, damit die Liebe echt und wahr und gut sein kann. Wir wissen aber nun auch, dass ein gebrochenes Herz nicht das Ende der Welt ist, sondern ein Anfang.

Damals versuchten wir noch, vor gebrochenen Herzen davonzulaufen. Wir hatten noch nicht begriffen, was Joanna

Macy meint, wenn sie schreibt, dass „das Herz, das aufbricht, das ganze Universum enthalten kann."

Das Schwesterherz zersprang in tausend Stücke, als ihr Mann nach ein paar verwirrenden, qualvollen Wochen der Ungewissheit, die für sie die reine Folter waren, zu dem Schluss kam, dass er nicht mehr mit ihr verheiratet sein wollte. Weil er gerade im Ausland war, erfuhr sie per E-Mail vom Ende ihrer Ehe. Nur wenige Monate zuvor hatten wir ganz nah beieinander Häuser gekauft und davon geträumt, unsere Kinder zusammen aufwachsen zu sehen. Aber an diesem Nachmittag brach all das zusammen. Wie das so ist.

Ich saß auf dem Dielenboden neben Schwesters Schreibtischstuhl, schaukelte Tish in ihrem Kindersitz, küsste ihre Stirn und atmete tief den Duft neugeborener Babys ein, während Schwester am Schreibtisch ihre E-Mails las. Ich hielt Tishs winzige Hand, und als ich kurz aufblickte, sah ich, wie sich Schwesters Gesicht erst verfinsterte und dann einfach in sich zusammenfiel. Wie sie vom Stuhl rutschte und neben mir und Tish auf dem Boden zusammensank. Sie rollte sich zusammen, den Kopf in den Händen vergraben, mir, der Welt und dem Himmel den Rücken zugewandt. Sie schluchzte, wiegte sich hin und her und stöhnte. Die Geräusche, die sie von sich gab, erinnerten mich an ein sterbendes Tier. Ich berührte den bebenden Rücken meiner kleinen Schwester, schaute zur Decke und sagte laut: „*Gott VERDAMMT! Gott-VERDAMMT! GOTTVERDAMMT!!!*" Ich wollte sicherstellen, dass Gott sofort wusste, dass ich ihn für Schwesters Schmerz verantwortlich machte. Ich brachte mein „Verdammt, was soll das?"-Gebet zum Einsatz und schickte es im Namen meiner Schwester gen Himmel.

Ich hatte Gott monatelang um Rettung für Schwesters Ehe angefleht, hatte ihn gebeten, ihr zu helfen, einem seiner gelungensten Geschöpfe, einer Frau, die Loyalität, Ehrlichkeit und Verbindlichkeit mehr schätzt und pflegt als jeder andere Mensch, den ich kenne. Einer Frau, die sich zeit ihres Lebens bemüht hat, das Richtige zu tun. Sie hat immer nur Einser geschrieben. Sie war beliebt und nett und bezog alle mit ein, ganz besonders die Einzelgänger. Sie hat sich ihren Weg durch eine Spitzenuni geschuftet, ihr Studium mit Auszeichnung abgeschlossen und ihre Wochenenden mit ehrenamtlicher Arbeit in einem Hochsicherheitsgefängnis für Frauen verbracht. Dort hat sie sich mit dem Teufelskreis häuslicher Gewalt auseinandergesetzt und Freundschaften geschlossen. Nach ihrem ersten Jahr auf dem College ist sie allein nach Irland gereist, um dort aus erster Hand etwas über ihre Vorfahren und den Irlandkonflikt zu lernen. Nach dem Studium ist sie für ein paar Monate in Hawaii gewesen, um sich dort um die Großmutter einer Freundin zu kümmern und außerdem Pizzabacken und Surfen zu lernen. Von Hawaii aus reiste sie allein nach Mexiko, wo sie geholfen hat, Häuser für Obdachlose zu bauen. Dann kam sie wieder zurück nach Hause und quälte sich durch ein Jurastudium, um mit ihrem großen Hirn und Herz und ihrer hervorragenden Ausbildung etwas für entrechtete Menschen zu bewirken. Und während dieser ganzen Zeit kümmerte sie sich auch noch um die größten und die kleinsten Bedürfnisse und Nöte von Familienmitgliedern und Freunden. Sie war ein Vorbild für jeden, der sie kannte. Sie war *gut*, gut genug jedenfalls, um einen guten Mann verdient zu haben. Und von allem, was sie in ihrem Leben richtig verstanden hatte, war ihrer Meinung nach das Wichtigste die Ehe.

Ich war die verlorene Tochter der Familie; sie war die Beständige. Und da waren wir jetzt also. Ich mit zwei Kindern und einem netten Ehemann und sie völlig zerstört am Boden. Ich habe in meinem ganzen Leben nichts Produktives geleistet, außer nüchtern zu werden und Babys zu bekommen. Ich hatte alles in der verkehrten Reihenfolge gemacht. Sie hatte immer alles richtig gemacht.

Bis zu dem Zeitpunkt wusste ich über Gnade nur so viel: Manchmal wird man, so wie in meinem Fall, grundlos

beschenkt. Man bekommt etwas ganz Wundervolles, was man eigentlich nicht verdient hat. Aber an jenem Tag lernte ich, dass auch die Kehrseite wahr ist: Manchmal wird man auch ohne Grund *gelinkt*. Man erlebt etwas Furchtbares, das man nicht verdient hat. Alles entgleitet einem. Man kann sich kein leichtes Leben verdienen, ja noch nicht einmal ein faires.

Kurz nach dem Tag, an dem alles zerbrach, zog Schwester zu uns. Diese brillante, schöne, tüchtige Frau zog in ein winziges kaltes Zimmer in unserem Keller. Sie fehlte keinen einzigen Tag bei der Arbeit. Ihr Job war hart – oft fünfzehn Stunden pro Tag hart. Sie kam in der Regel erst spät nach Hause und weinte viel. Oft saß ich dann bei ihr und weinte mit ihr. Sie hatte keinen Appetit, aber Craig machte alle ihre Lieblingsgerichte und ich überredete sie dann, wenigstens ein paar Bissen zu probieren. Ich brachte ihr abends Wasser und morgens Kaffee. Es gab nichts zu sagen, was nicht einfach nur platt oder absurd geklungen hätte. Ich hatte nichts, womit ich ihr den Schmerz hätte nehmen können. Sie weinte sich dort unten im Keller in den Schlaf. Manchmal stand ich vor ihrem Zimmer und betete wütend oder saß einfach schweigend mit dem Rücken an ihre Tür gelehnt da und hielt Wache, damit nicht noch mehr Traurigkeit in das Zimmer gelangen konnte. Es war mein lächerlicher Versuch, sie zu beschützen.

Ich hörte zu, wie Schwester weinte oder – was noch schlimmer war – versuchte, *nicht* zu weinen. Die qualvollen Tage nach dem Tag, an dem alles zerbrach, vergingen langsam. Kleine Informationsbrocken drangen zu ihr durch und dann zu mir, gerade so viel, dass jeder Tag noch ein bisschen grausamer und qualvoller war als der vorhergehende. Die Scheidungskosten waren immens.

Diese Zeit war erbarmungslos und schwer. Es fühlte sich an, als schleppten wir auf unsere Rücken geschnallte Kühlschränke durchs Leben. Es war schwer zu atmen, schwer, etwas anderes zu fühlen als Mühsal und Selbstmitleid und Wut. Nachdem ich Stunden mit Schwester verbracht hatte und ihr nichts hatte geben können als fassungsloses quälendes Schweigen und gut gemeinte Plattitüden wie: „Ach, es tut mir so leid", musste ich dann meine Eltern anrufen und ihnen den täglichen Bericht erstatten: Informationen über den seelischen Zustand von Schwester an dem jeweiligen Tag. Ich war sozusagen die Mittelsfrau. Schwester konnte das nicht selbst tun, weil es zu schwer für sie war, alles zweimal zu erzählen, weil sie außerdem eine unglaubliche Menge an Arbeit zu bewältigen hatte und weil sie dabei in der Anwaltskanzlei immer die Fassung bewahren musste. Und weil wir beide wussten, wie sehr unsere Eltern unter all dem litten.

Meine Schwester ist ihre Jüngste, und das war ein K.-O.-Schlag. Mein Vater war wütender, als ich ihn je erlebt hatte. Er war sehr behutsam und sanft mit ihr, aber wir spürten auch deutlich die Wut, die unter der Oberfläche schwelte. Er betrachtet es als seine lebenslange Verantwortung, seine Kinder vor allem Übel zu bewahren. Und jetzt erlitt wieder eine seiner Töchter etwas, was er selbst nie erlebt hatte, ging einen Weg, den er nicht kannte, und von dem er nicht sicher war, ob man ihn überleben konnte. Meine Schwester empfand es als ihre Verantwortung, *seine* Wut und *seinen* Schmerz zu lindern, aber sie hatte einfach nicht die Kraft dazu.

Meine Mutter war genauso am Boden zerstört – so sehr, dass es ihr schwerfiel, das Furchtbare einfach so furchtbar sein zu lassen, wie es nun mal war. Sie strahlte ständig unerschütterlichen Optimismus aus, weil sie den Gedanken nicht ertragen konnte, dass es keinen Ausweg gab aus dem Leid ihrer Tochter, egal, wie viel „Hoffnung" wir versuchten ihr zuzusprechen. Deshalb sagte sie Dinge, die Schwester manchmal das Gefühl gaben, sich mit ihrem Trauerprozess beeilen zu müssen.

Ich habe gelernt, dass man in solchen Katastrophen nichts anderes tun kann, als der „Notfallperson" zu bestätigen, dass ihr Schmerz real ist und dass wir für den Fall, dass die Trauer ewig anhält, eben ewig mittrauern werden.

Soweit ich es beurteilen kann, gab es im Laufe dieser zwei Jahre sonst nichts, was zu sagen sich wirklich gelohnt hätte. Es würde nicht alles wieder gut werden, und zwar nie mehr. Nicht alles, was geschieht, hat einen vernünftigen Grund. Ich war Schwesters „Im-Notfall-benachrichtigen"-Person, aber ich konnte ihren Notfall nicht beheben. Ich konnte nichts tun, außer ihr Essen zu bringen, sie festzuhalten, wenn sie weinte, wütende Gebete zu sprechen, da zu sein und zu hoffen, dass mein Zuhause und meine Anwesenheit zu ihrem Heilwerden beitragen würden.

Ich machte außerdem die Erfahrung, dass die Notfallbeauftragte, also ich, ebenfalls eine Menge Hilfe brauchte. Eines Tages rief ich meine Eltern an und sagte: „Ihr müsst kommen. HEUTE. Ich brauche Hilfe. Heute ist der Tag, an dem es zu viel für mich ist. Wenn ich nicht einmal kurz durchatmen kann, dann breche ich zusammen. Ich brauche mal einen Abend, an dem ich nicht zusehen muss, wie sie weint, sonst bricht mir das Herz."

Meine Mutter war so besorgt um mich, dass sie sagte: „Vielleicht ist das auch einfach alles zu viel für deine Familie, Schatz. Dein Mann und deine Kinder brauchen dich. Vielleicht müssen wir das alles anders regeln und sie muss woanders wohnen."

Ich erstarrte und sagte sofort: „Nein. Komm bitte einfach her, Mama, und hilf mir heute, aber sag kein Sterbenswörtchen zu ihr, wie schwer es für mich ist. Kein Wort, kein vielsagender Blick, nichts, *nichts!*, was ihr das Gefühl vermitteln könnte, eine Last zu sein. Sie ist keine Last. Sie ist ein Geschenk. Sie durch das Ganze mit durchzutragen ist eine Ehre für mich – es ist das Wichtigste, was ich in meinem ganzen Leben getan habe. Ich brauche nur einfach kurz mal ein bisschen Hilfe. Komm bitte heute und dann geh wieder und lass mich weitermachen."

Und das tat sie dann auch. Das tut sie immer. Meine Eltern sind immer für uns da.

Die Zeit verging langsam. Ich würde nicht sagen, dass wir Fortschritte machten, denn irgendwie verlief alles in Zyklen. Am einen Nachmittag gab es vielleicht einmal ein Lachen, das aber bis zum Abend dann schon wieder vergessen war. Die Zeit war kein Marsch in Richtung Hoffnung, sondern sie bestand aus Warten. Es war, als säßen wir alle nach einem Atomunfall zusammen in einem Bunker, warteten ab und fragten uns, ob und wann es wohl okay sein würde, wieder ins Freie zu gehen.

Das Komische ist, dass ich diese Phase als das Schwerste in Erinnerung habe, was meine kleine Familie jemals durchgestanden hat. Meine Kinder und Craig bekamen wenig bis gar keine Aufmerksamkeit von mir. Mit meinem Herzen und meinen Gedanken war ich immer bei Schwester. Als ich Craig aber irgendwann fragte, an was aus dieser Zeit er sich erinnerte, sagte er: „Das war doch schön, als sie bei uns gewohnt hat, oder?" Das ist eigentlich alles, woran er sich erinnert: dass er einfach Freude an ihrer Anwesenheit gehabt hat. Kein Wunder, dass sie bei uns wieder heil wurde.

Nach etwa einem Jahr fing Schwester an, sich mit Männern zu verabreden. Es war furchtbar. Nach der Scheidung wieder mit jemandem auszugehen war nach ihren Worten so, als hätte man von einem verdorbenen Hamburger eine Lebensmittelvergiftung bekommen und würde jetzt gezwungen, einen Hamburger nach dem anderen zu essen, obwohl einem von dem ersten noch speiübel war. Schwester ist schön und klug und lustig, und offenbar verliebte sich jeder Mann, mit dem sie sich verabredete, auf der Stelle in sie. Da ihr das aber immer alles viel zu schnell ging, musste sie ihm das Herz brechen, und dadurch brach dann ihres auch wieder auf. Es war so, als würde man immer und immer wieder den Verband von einer noch nicht verheilten Wunde abreißen.

Irgendwann war dann der Tag gekommen, an dem sie wieder bei uns auszog. Ich hatte furchtbare Angst davor und war absolut dagegen, denn ich fand, dass sie noch nicht so weit war, doch sie wandte ein, dass sie wahrscheinlich nie so weit sein würde, wenn es nach mir ginge, weil *ich* selbst noch nicht bereit sei, sie wieder gehen zu lassen. Ich wollte sie der Welt nicht mehr anvertrauen. Und dann ging sie trotzdem wieder in die Welt hinaus.

An dem Tag, an dem sie auszog, hatte sie eine Verabredung mit einem Mann. Eigentlich war allen klar, dass er nicht der Richtige war, aber er war ein guter, netter Typ, und er hielt ihre Hand, als sie zum Umzugswagen gingen, der vor unserem Haus stand. Er war da, um ihr zu helfen, die körperliche und auch seelische Last zu tragen, die der Auszug und das Weitermachen mit sich brachten. Ich werde nie vergessen, wie ich den beiden hinterherschaute, als sie Hand in Hand davongingen. Ich habe das bisher nur drei Mal in meinem Leben getan, aber nachdem ich an diesem Tag die Tür hinter Schwester geschlossen hatte, fiel ich auf die Knie. Zum ersten Mal seit einem Jahr redete ich wieder freundlich mit Gott. Ich sagte: „*Danke*, es gibt anscheinend doch Hoffnung. *Danke* dafür, dass sie immer noch aufrecht geht. *Danke*, dass du ihr einen guten und starken Mann geschickt hast, der ihr dabei hilft, den nächsten Schritt zu tun. Das Leben ist so unglaublich schwer – und noch viel schwerer ohne Partner, mit dem man die Lasten teilen kann."

Schwester zog mit Freunden zusammen. Aus ihr und dem netten Mann, der aber nicht der Richtige war, wurde nichts. Das Leben blieb schwer. Sie erfuhr immer neue seltsame Dinge über ihren Exmann, und ihre Freundinnen begannen Häuser zu kaufen und Kinder zu bekommen.

Eines Tages rief mich meine Freundin Joanna an und fragte, ob sie Schwester mit unserem gemeinsamen Freund John verkuppeln dürfe. Ich fürchtete das Schlimmste und sagte: „Auf gar keinen Fall." Aber Joanna ließ nicht locker und fragte mich immer wieder.

Drei Monate später sagte ich schließlich: „Also gut." John bat um ein Foto von Schwester, also schickte ich ihm eins von

Schwester und meiner kleinen Tochter Tish, wie sie händchenhaltend eine Straße überqueren, woraufhin er mir zurückschrieb, er hätte das Gefühl, Schwester könnte vielleicht doch ein bisschen zu jung für ihn sein, aber die Schülerlotsin auf dem Foto sei ja eine Klassefrau. Ich musste lachen – aber nur ein ganz kleines bisschen.

Ihr erstes Date hatten die beiden in einem irischen Pub. Später erzählte mir John, dass er, als sie das Lokal betrat, zum ersten Mal in seinem Leben sprachlos gewesen sei. Er habe bei der Begrüßung nur ein paar Worte stammeln können. Sie habe sich ein Guinness bestellt, und er habe gedacht, er sei im Himmel.

Sie blieben stundenlang in dem Pub, bis sie vor die Tür gesetzt wurden, weil Sperrstunde war. Er begleitete sie noch zu ihrem Auto, sie stiegen beide ein und dann unterhielten sie sich dort weiter bis zum Morgengrauen, als sie von der Straßenreinigung vertrieben wurden. Ich erinnere mich noch, wie Schwester später an diesem Tag anrief, und irgendetwas in ihrer Stimme sorgte dafür, dass ich dachte: *Oh Gott. Er ist der Richtige.*

Ich wusste es. Er war „Mr Right". Und bald wusste es jeder.

Nur Schwester war natürlich noch nicht so weit, es zu merken. Sie hatte zu tun. Obwohl wir alles in unserer Macht Stehende taten, um sie davon abzuhalten, ließ sie sich für ein Jahr von der Kanzlei freistellen und bewarb sich als Anwältin bei einer internationalen Menschenrechtsorganisation.

Schwester wurde nach Ruanda geschickt. John, mit dem sie nun schon ein halbes Jahr ausging, sagte: „Geh. Geh und tu, was du tun musst. Ich werde auf dich warten."

Das sagten wir alle, aber es fiel uns sehr, sehr schwer. In dem Jahr in Afrika machte Schwester vergewaltigte Kinder ausfindig und sorgte für die strafrechtliche Verfolgung der Vergewaltiger. Manchmal rief sie an und erzählte mir über eine grottenschlechte Telefonverbindung, dass sie tagelang nach einem verschwundenen Kind gesucht hatte oder dass sie gerade in einem Waisenhaus sei und dort kranke Babys im Arm hielt. Und ich sagte dann: „Ich will nichts davon hören. Ich habe heute zwei Stunden lang Kinderhörspiele ertragen müssen."

„Okay, du hast gewonnen", sagte Schwester dann.

Meine Eltern verbrachten dieses gesamte Jahr in Angst und Schrecken – gemischt mit extremem Stolz. Irgendwann erzählte Schwester mir am Telefon, ihr sei jetzt schon ein paarmal der Gedanke gekommen, dass sie vielleicht nicht für die Ehe geschaffen sei. Vielleicht berief sie Gott dazu, ein abenteuerliches Leben zu führen und anderen zu helfen; vielleicht sollte sie in Afrika bleiben, um weiter Kinder zu retten.

Diese noble Idee konnte ich *kein bisschen* gutheißen. Ich sagte ihr, sie hätte doch nur Angst, wieder eine feste Beziehung einzugehen; es fühle sich bloß für sie sicherer an, die Menschheit zu retten, als sich noch einmal ganz auf einen einzelnen Menschen einzulassen und ihn zu lieben. Wir kamen überein, dass es das Schwerste auf der Welt ist, einen Menschen ganz und gar und dauerhaft und gut zu lieben.

Sie kam wieder zu uns – nun ja, eigentlich zu John –, und er machte ihr kurz darauf einen Heiratsantrag. Mein Vater sagte: „Wenn du ihr wehtust, dann solltest du dir eine neue Heimat in einem weit, weit entfernten Land suchen. Denn ich werde dir auf den Fersen sein, verlass dich drauf."

„Ich werde ihr nicht wehtun", sagte John. John ist ein guter, ehrlicher Mann, und wir wussten alle, dass er der Richtige für Schwester war. Aber wir hatten immer noch unglaubliche Angst um sie. Nach all diesem Kummer hätte keiner von uns mehr dieses Sprichwort unterschrieben, dass es besser sei, geliebt zu haben und diese Liebe dann zu verlieren, als nie geliebt zu haben.

Als Schwester Johns Heiratsantrag annahm, schenkte ich ihr eine Halskette, in die eingraviert war: „Ich habe keine Angst. Ich wurde dazu geboren, dies zu tun." Das ist ein Zitat, das Jeanne d'Arc, die Jungfrau von Orleans, gesagt haben soll, bevor sie in die Schlacht zog. Ich wusste, dass es meiner Schwester auch den letzten Rest von Mut abverlangte, sich noch einmal auf eine Ehe einzulassen.

Auf ihrer Hochzeit brachte ich einen Toast aus, in dem ich erklärte, dass ich als „Im Notfall zu benachrichtigen"-Person von Schwester wisse, was für eine Verantwortung es sei, die beste Freundin eines solchen menschlichen Prachtstücks zu sein, und zu John, meinen Eltern, Craig, unseren Freunden und Verwandten und zu Schwester sagte ich:

Schwester. Sie ist ein Meisterwerk. Die Leute merken es schon in dem Moment, wenn sie ihr das erste Mal begegnen, ja sie spüren es sogar schon, wenn sie nur an ihr vorbeigehen. Letzte Woche waren wir zusammen einkaufen und drei verschiedene Männer mittleren Alters hielten uns unabhängig voneinander auf der Straße an und sagten sinngemäß zu Schwester: „Sorry, aber ich muss Ihnen einfach sagen, wie schön Sie sind." Sie lächelte jedes Mal und bedankte sich nett, aber ohne jede Spur von Überraschung, denn so etwas passiert ihr ständig.

Es gibt viele schöne Menschen, aber die Schönheit meiner Schwester kommt daher, dass sie mit unerschütterlicher Integrität zur Welt kam. Es ist eine Schönheit, die aus Klugheit voller Weisheit resultiert. Schönheit, die aus einer Verbindung von Mitgefühl und Mut entsteht. Schönheit, die daher rührt, dass sie eine Frau ist, auf die man sich verlassen kann. Alle, die das Glück haben, sie zu kennen, kennen auch diese Schönheit. Wir wissen, dass sie ein Meisterwerk ist. Aber nicht jeder kennt den Prozess, durch den der große Künstler sie dazu gemacht hat.

Ich schon. Mein ganzes Leben lang habe ich aufgepasst, was meine Schwester tut. Alles, was sie jemals gelernt oder gefürchtet oder sich erträumt hat, ist wichtig für mich, und deshalb habe ich mir alles gemerkt. Ich weiß, was sie an jedem einzelnen Tag ihrer gesamten Schulzeit angehabt hat, und zwar einschließlich der Vorschulzeit. Ich erinnere mich noch an die gesamte Rede, die sie bei ihrer Kandidatur als Schulsprecherin in der Grundschule gehalten hat, und ich erinnere mich Wort für Wort an ihre Rede bei der Entlassungsfeier von der Highschool. Ich weiß noch den Namen ihrer ersten Puppe und die Namen unserer, ich meine ihrer, noch ungeborenen Kinder. Ich weiß auch, was sie jetzt gerade denkt; ich weiß genau, welchen Gesichtsausdruck sie haben wird, wenn ich fertig bin, und ich weiß, in welcher Farbe sie ihr erstes eigenes Haus streichen wird. Ich bin die Biografin meiner Schwester. Ich bin das Lied, das über sie geschrieben werden sollte, das Theaterstück, das Gedicht und das Gebet. Ich trage es alles bei mir. Das alles festzuhalten, Zeugin eines so erstaunlichen Lebens zu sein, ist die größte Ehre meines Lebens.

Die Schwester meiner Schwester zu sein ist so, als wäre man ein Museumskurator, dessen Aufgabe darin besteht, ein unschätzbar wertvolles Kunstwerk zu zeigen, aber auch darauf aufzupassen. Wenn jemand ganz nah an sie herankommt, muss ich dafür sorgen, dass er sie auch versteht. Ich muss dafür sorgen, dass er aufmerksam genug hinschaut. Ich muss dafür sorgen, dass er den Wert dieses Kunstwerks erfasst. Ich muss dafür sorgen, dass er sich ihr mit der richtigen Mischung aus Neugier und Wertschätzung nähert. Ich muss dafür sorgen, dass er angemessen über sie staunt.

Als ich das Craig erzählt habe, hat er gesagt, dass diese Museumsleute, die einem all die Sachen über Kunst erklären, doch eigentlich eher stören. Und er sagte: „John kapiert es. Er kapiert sie. Er weiß Bescheid. Er saugt sie auf. Er bestaunt und bewundert sie." Und er hat recht. Erfreu dich an deinem Kunstwerk und genieß es, John. Ich weiß aus eigener Erfahrung, dass das Leben mit ihr voller Freude und Zauber ist. Und voller Schuhe.

Wenn man das Glück hat, jemandes „Im Notfall benachrichtigen"-Person zu sein und dann der Notfall eintritt, sollte man so sein, wie man immer ist. Tun Sie, was Sie immer getan haben. Es gibt ja einen Grund, weshalb Ihre Freundin oder Ihr Freund Sie als Notanker ausgesucht hat, also erstarren Sie nicht. Machen Sie einfach weiter. Vertrauen Sie Ihrem Instinkt.

Gehen Sie hin. Rufen Sie nicht vorher an, denn sie weiß gar nicht, dass sie Sie bei sich haben möchte, bis zu dem Augenblick, in dem Sie da sind. Fragen Sie nicht: „Was kann ich tun?" Tun Sie einfach *irgendwas*. Wenn Sie zu ihr gehen, nehmen Sie einen Film mit für den Fall, dass sie nicht reden möchte. Wenn sie reden möchte, sagen Sie nichts, um ihren Schmerz abzumildern oder wegzuerklären, **Dinge wie: „Alles, was passiert, hat einen Sinn." Oder: „Die Zeit heilt alle Wunden", oder „Gott mutet uns nicht mehr zu, als wir aushalten können." So etwas sagen Leute, wenn sie nicht wissen, was sie sagen sollen. Und selbst wenn es wahre Worte sind, bleiben sie besser ungesagt, weil man sie erst im Rückblick als wahr erkennen kann.**

Wenn ihr Schmerz noch ganz frisch ist, lassen Sie ihn ihr einfach. Versuchen Sie nicht, ihn ihr zu nehmen oder auszureden. Vergeben Sie sich selbst dafür, dass das nicht in Ihrer Macht steht.

Mit Trauer und Schmerz ist es wie mit Freude und Frieden – wir sollten nicht versuchen, sie einander zu nehmen, denn sie sind heilig. Sie gehören zu dem Weg, den ein Mensch geht. Alles, was wir anbieten können, ist die Linderung der Angst davor, *allein* in alledem zu sein.

Hier können Sie helfen. Bieten Sie Ihrer Notfallperson einfach Ihre Anwesenheit, Ihre Liebe, sich selbst an, damit sie begreift, dass sie nicht allein ist, egal, wie dunkel es auch werden mag. Und dieses Angebot ist Gott sei Dank *immer* genug.

Trauer ist nichts, was in Ordnung gebracht werden kann, sondern was man gemeinsam ertragen muss. Und wenn der richtige Zeitpunkt gekommen ist, wird daraus immer etwas Neues geboren. Nach echter Trauer werden wir als Menschen mit einem erweiterten und tiefer gehenden Blick und mit mehr Mitgefühl für den Schmerz anderer neugeboren. Das wissen wir.

Durch den Schmerz unserer Freundin hindurch halten wir in unserem Inneren die Hoffnung aufrecht, dass am Ende etwas Gutes daraus entsteht. Doch auch das sagen wir ihr nicht. Hoffnung ist die Tür, die jeder für sich selbst öffnen muss.

Heute haben Schwester und ich beide ein gebrochenes Herz, und zwar im besten Sinne. Sie hat dabei geholfen, dass ich heil werde, ich habe dazu beigetragen, dass sie heil wird, und wir helfen einander auch weiterhin tagtäglich, ein bisschen heiler zu werden. Wir haben die Ehre, verwundete Heiler zu sein. Aus allem ist Gutes geworden.

Schwester und John haben gerade ihr erstes Kind in diese wunderschöne Welt hineingeboren. Die Liebe siegt.

Einatmen, Ausatmen

Lesen ist mein *Einatmen* und Schreiben mein *Ausatmen*. Wenn ich nicht regelmäßig lese und ebenso regelmäßig schreibe, dann bekomme ich keine Luft mehr, und dann neige ich dazu, mich wie eine panische Katze zu verhalten: Ich versuche an der nächstbesten Person hochzuklettern, mich an den Augäpfeln dieser Person festzukrallen und dann nach Luft ringend auf ihren Kopf zu hocken. Deshalb unterstützt mein Mann es auch sehr, dass ich schreibe, denn im Allgemeinen ist er diese nächstbeste Person. Und deshalb finden Craig und ich auch, dass jede Frau unbedingt einen Ort zum Ein- und Ausatmen braucht, einen sicheren Platz, an dem sie sagen kann, wie es ist.

Im Alltag ist es oft nicht erwünscht, die Wahrheit zu sagen. Es gibt ein paar festgelegte Redewendungen, Reaktionen und Nettigkeiten, die wir sagen dürfen, zum Beispiel: „Ach, ganz gut, und dir?" Mehr ist normalerweise nicht geplant, schon gar nicht am Ende zu sagen, wie es uns wirklich geht.

Wir merken schon recht früh, dass es Menschen unangenehm ist, wenn wir die Wahrheit sagen, es ist auch nicht cool und es trägt nicht unbedingt zu unserer Beliebtheit bei. Also lernen wir, lächelnd zu lügen, damit man uns mag. Und wenn wir auf diese Lösung gekommen sind und sie praktizieren, dann werden wir in zwei Teile gespalten: Der eine Teil ist das öffentliche Selbst, das die richtigen Dinge sagt, um gemocht zu werden und dazuzugehören, und der andere Teil ist das geheime Selbst, das etwas ganz anderes denkt.

Mich hat es irgendwann so krank gemacht, mich selbst über das Kinderturnen reden zu hören und über Arbeitsplatten und neue Tricks, um die Badfugen weiß zu bekommen und wie gut alles läuft, dass ich beschloss, mein für die Öffentlichkeit bestimmtes Ich abzumurksen.

Die Wahrheit ist nämlich, dass es mir höchst selten gut geht. Normalerweise bin ich so weit von „gut" entfernt, dass ich es nicht einmal mit einem Fernglas finden würde. Oder so weit über gut hinaus, dass ich jederzeit damit rechne, dass die Vögel anfangen mit mir zu reden wie mit dem heiligen Franz von Assisi. Nach dem geglückten Experiment mit Tess auf dem Spielplatz beschloss ich, dass ich auch anderen Frauen auf dem Spielplatz und im Einkaufszentrum mein heimliches Ich vorstellen wollte: „Hallo, ich bin Glennon. Ich war lange abhängig von ... na ja, so ziemlich allem. Im Moment habe ich am meisten mit dem Gefühl zu kämpfen, allein zu sein. Sex ist auch so ein Reizthema, und dazu kommt noch, dass ich meinen Kindern gegenüber oft ungerecht bin. Ich fühle mich deswegen schrecklich – aber oft hilft ein heißes Bad oder auch ein paarmal tief durchatmen. Und wie geht es dir so?"

Falls meine Gesprächspartnerin dann ehrlich antworten würde – toll, dann hatte ich eine neue Freundin gefunden! Falls sie wegrennen würde, auch gut! Dann wussten wir wenigstens beide sofort, dass wir nicht zueinander passten. Ich hielt das für einen brillanten und höchst effektiven Plan.

Aber Schwester sagte: „Bitte versprich mir, dass du das nicht tust, und zwar deinen Kindern und der Gesellschaft zuliebe." Und weiter erklärte sie, dass man solche Sachen nicht auf dem Spielplatz erzählt, selbst wenn sie noch so wahr sind. Wildfremde Frauen, die ihren Kindern gerade auf die Rutsche helfen, wollten vielleicht nicht unbedingt etwas über meine Ängste, meine krasse Vergangenheit und meine Lebenskrisen hören. Schwester meinte, manchmal sei es auch richtig, das zu filtern, was man sagt, um sich selbst und die Familie vor Peinlichkeiten zu schützen und die Gesellschaft am Laufen zu halten. Ich fragte sie, ob „filtern" gleichbedeutend sei mit „lügen", worauf sie antwortete: „Ja, auf jeden Fall."

Natürlich hatte sie recht. Ich verstehe das.

Aber ich glaube trotzdem, dass es für eine Frau lebenswichtig ist, ihr geheimes Ich irgendwo zeigen zu können. Damit sie nicht durchdreht, muss es einen Ort für sie geben, wo sie sagen kann, was sie wirklich denkt, wenn sie wegen der „Nicht alles aussprechen/lügen"-Gepflogenheiten sonst entweder nur sagt, was sich gehört, oder aber gar nichts.

Dasselbe gilt auch für Kinder, weil diese Aufspaltung zwischen dem öffentlichen und dem heimlichen Ich meist früh und radikal vollzogen wird. Jedem kleinen Mädchen wird irgendwann signalisiert (oder auch richtig deutlich gesagt), dass die Welt ihre hässliche, ängstliche und geheime Seite nicht sehen will. Das wird ihr manchmal von Werbeleuten gesagt, manchmal von Menschen, die ihr nahestehen, und manchmal auch von den eigenen bösen inneren Stimmen. Und deshalb muss dieses Mädchen von einem Menschen, zu dem es Vertrauen hat, erfahren, dass es sowohl nötig als auch unnötig ist, das geheime Ich zu verstecken.

Das Mädchen muss lernen, dass manche Leute ganz dringend von ihrem geheimen Ich hören *müssen*. Wenn diese Leute die Wahrheit dieses Mädchens hören oder lesen, haben sie nämlich vielleicht nicht mehr solche Angst vor ihrem eigenen geheimen Ich.

Das Mädchen muss aber auch davor gewarnt werden, dass seine Wahrheit manchen Leuten ganz sicher unangenehm sein wird, ja sie vielleicht sogar ärgert. Deshalb ist es wichtig, dass es diese Wahrheit taktisch klug teilt, vielleicht auch in künstlerischer Form, die Gott sich als sicheren Weg ausgedacht hat, Freude und Wahnsinn auszudrücken.

Und das Mädchen wird eine Vertrauensperson brauchen, die ihr dabei hilft, ihre Stimme zu finden, damit sie nicht mehr das Gefühl hat, sich noch länger verstecken und die Luft anhalten zu müssen. Wenn sie ausatmet, wird sie merken, dass dadurch Raum entsteht, um wieder einzuatmen, und so kann sie weitermachen.

Und weil das alles so wichtig ist, bin ich Lehrerin geworden. Das habe ich meinen Schülern nicht gesagt, denn dazu waren sie noch zu jung. Aber manchmal, wenn ich gesehen habe, dass ein Kind wütend war oder sich ausgeschlossen fühlte, dann habe ich es zu mir an den Tisch gerufen, an dem wir immer Schreibübungen gemacht haben, und ich habe die Worte WÜTEND und AUSGESCHLOSSEN in großen roten Buchstaben aufgeschrieben und dem Kind laut und voller Gusto vorgelesen. Manchmal habe ich sogar noch Blitze dazu gemalt oder ein zorniges Gesicht. Und manchmal leuchteten dann die Augen des betroffenen Kindes auf, weil es merkte, dass ich dieses wütende, ausgeschlossene Ich auch kenne, das sich wie Gewitter anfühlt, und dann lachte es.

Aber normalerweise sah es mich nur völlig verblüfft an und fing an zu erzählen, dass der Hund am Abend zuvor auf den Esszimmerteppich gepinkelt hätte.

Und dann sagte ich: „Na, ist ja toll. Möchtest du darüber schreiben?"

Der Müffel-Räusper-Mann

Aus folgendem Grund liebe und brauche ich Yoga: *Wegen dem Müffel-Räusper-Mann.*

Ich bin ziemlich schnell überfordert. Daher muss ich eigentlich jeden Tag aktiv etwas dafür tun, mir wieder in Erinnerung zu rufen, dass alle Menschen – einschließlich mir selbst – in Ordnung sind. Yoga gehört zu den Dingen, die ich tue, um ruhig zu bleiben und mich zu erinnern. Yoga ist wie ein Mini-Sabbat; ich beweise mir dadurch selbst, dass ich nicht zuständig bin.

Wenn ich mich eine Stunde lang ausklinke, ohne etwas anderes zu tun als zu atmen, dreht sich die Welt auch ohne mich weiter. Denn wie sich herausstellt, bin nicht ich es, die die Welt dazu bringt, sich zu drehen. Ich fahre praktisch nur mit.

Ich mache Yoga, um Ruhe und Frieden und Stille zu finden; um mir selbst zu beweisen, dass es diese Dinge wirklich gibt. Und ich mache Yoga außerdem, um mich nicht um Dinge zu scheren, die ich nicht ändern kann. So möchte ich sein.

Menschen müssen viel üben, wenn sie so werden wollen, wie sie sein möchten.

Ich mache Yoga im Fitnessstudio. Nicht weil ich mich wirklich für Fitness interessiere, sondern weil es in dem Studio eine kostenlose Kinderbetreuung gibt mit vielen Mitarbeitern. Wenn das Postamt eine Kinderbetreuung hätte, dann würde ich jede Menge Briefe aufgeben. Manchmal treffen meine Freundin Adrianne und ich uns im Fitnessstudio und sitzen ohne zu treten auf den Ergometern und reden. Wenn wir dann mit unserem „Workout" fertig sind, gehe ich zum Yoga. Adrianne geht nicht mit, weil sie Yoga blöd findet.

Ich gehe in den dunklen stillen Yogaraum, hole meine Matte heraus und lege sie ganz hinten in die hinterste Ecke. Mit meiner Wasserflasche und meinen Schuhen markiere ich eine Grenze als dezenten Hinweis, dass mir keiner zu nah auf die Pelle rücken soll. Ich lächle meine Yogalehrerin an, setze mich in den Lotussitz, schließe die Augen und fange an, tief durch die Nase einzuatmen. Aaaaah ...

Und dann .... dann kommt der *Müffel-Räusper-Mann* zur Tür herein. Ich weiß sofort, dass er es ist, weil ich ihn höre und rieche. Der Müffel-Räusper-Mann müffelt nämlich und räuspert sich pausenlos. Und deshalb gerate ich jedes Mal in Panik, wenn er den Raum betritt, und ich bete leise und innig: *bittebittebittesetzdichnichtnebenmichsetzdichnichtneben-mich.* Und jedes Mal, wirklich *je-des Mal* legt er seine Matte direkt neben meine. Je-des Mal! Manchmal schiebt er sogar noch meine Wasserflasche ein wenig beiseite, damit er näher an mich heranrücken kann. Und die ganze Yogastunde hin-durch müffelt er und räuspert sich. Er müffelt und räuspert sich so hartnäckig und pausenlos, dass ich, wenn die Yoga-lehrerin uns auffordert, jetzt ganz tief einzuatmen, mir nicht sicher bin, ob das wirklich eine gute Idee ist.

Die erste halbe Stunde des Kurses verbringe ich damit, den Müffel-Räusper-Mann schweigend zu verfluchen. Ich falte meine Hände, neige mein Köpfchen und schließe die Augen halb, und dann ignoriere ich die Appelle der Lehrerin, mich zu konzentrieren und ganz in diesem Augenblick zu sein, und jedes Mal, wenn der Müffel-Räusper-Mann sich räus-pert, starre ich wütend in seine Richtung. Oft ertappt mich die Lehrerin dabei und lächelt mich zen-mäßig an. Und das führt dann dazu, dass ich sie in mein wütendes Anstarren einbeziehe. Und ich sage ein ums andere Mal zu meinem be-lagerten Ich: *Warum ich? Warum? Warum? Warum? Ich bin den ganzen Tag mit drei schreienden Kindern zu Hause. Ist es da denn wirklich zu viel verlangt, wenn ich mal eine Stunde Frieden und Ruhe haben möchte?*

Das mache ich jedes Mal. Immer noch.

Aber Folgendes lerne ich von dem Müffel-Räusper-Mann und meiner geduldigen, nicht verurteilenden Yogalehrerin: *Vielleicht habe ich eine falsche Vorstellung davon, was Frieden ist.* Ich bete ununterbrochen, dass Gott mir helfen möge, in meinem Leben als Mutter auch ein wenig Frieden und Stille zu finden, statt mich ständig wie ein schlafender Vulkan zu fühlen, der jeden Moment ausbrechen und meine ganze Familie bei lebendigem Leibe verbrennen kann.

Und Gott sagt: *Pass auf, Glennon. Frieden ist nicht die Abwesenheit von Ablenkungen oder Störungen oder Leid. Frieden bedeutet, mich zu finden, Frieden und Ruhe zu finden* mitten in all den Ablenkungen und Störungen und dem Schmerz.

Also schickt er mir den Müffel-Räusper-Mann, eine freundliche Lehrerin und einen ansonsten stillen Raum, in dem ich üben kann, Frieden zu finden. Der Müffel-Räusper-Mann ist eigentlich die Erhörung meines Gebetes. Er hilft mir.

Ich lerne jeden Tag ein bisschen dazu.

Letztes Wochenende beispielsweise war meine Familie zu spät dran für eine Geburtstagsfeier, und als wir dann endlich alle Schuhe anhatten und angeschnallt im Auto saßen, da ging das Garagentor nicht auf. Wir saßen im Auto, die Kinder heulten, weil sie fürchteten, dass wir jetzt das ganze Fest verpassen würden, wir hatten eiskalte Hände und saßen schon seit mindestens zehn Minuten so da, und Craig bekam das Tor nicht auf. Das war nicht gut.

Aber ich bin nicht mal in Tränen ausgebrochen. Ich sagte zu mir: „Ruhig, Ich, auch das geht vorüber."

Und das, meine Freunde, war ein Fortschritt. Vielleicht lag es auch an den Autoabgasen. Aber egal, Craig bezeichnete es jedenfalls als ein Wunder.

Frieden ist nicht die Abwesenheit von Konflikten,
sondern die Fähigkeit, damit umzugehen.
Robert Fulghum

VERBINDEN

Geburtstage und andere Schwierigkeiten

Lassen Sie uns einmal zurückgehen zum Morgen des 20. März 2003.

Craig und ich sind seit sechs Monaten verheiratet. Chase, unser Ältester, ist zwei Monate alt. Lassen Sie jetzt mal das Rechnen und lesen Sie einfach weiter. Ich bin noch im Mutterschutz und verbringe meine Tage in dem für die erste Zeit mit einem Baby typischen Wechsel von Entzücken und tiefster Verzweiflung. Ich bin ein bisschen erschöpft.

Aber am 20. März wache ich mit neuem Mut und erfrischt und ganz kribbelig vor Aufregung auf, denn in dem Moment, als ich die Augen aufschlage, weiß ich: Heute habe ich Geburtstag. ES IST MEIN GEBURTSTAG! Ich liege im Bett und warte darauf, dass die Überraschungen und Festlichkeiten mir zu Ehren losgehen.

Ich warte. Ich warte noch ein bisschen. Ich schaue zu Craig, der noch tief und fest schläft, und denke: *Ooooh – das wird bestimmt ganz toll. Er schläft noch! Dann ist er sicher die halbe Nacht auf gewesen, um alles für meinen Ehrentag vorzubereiten. Ich kann es gar nicht erwarten.*

Ich warte immer noch. Starre Craig an.

Craig macht die Augen auf, dreht sich zu mir und lächelt. „Happy birthday, Schatz!" Ich klimpere mit den Wimpern und lächle zurück. Dann taumelt er unter die Dusche.

Ich bleibe im Bett. Warte weiter. Warte geduldig. Zwanzig Minuten später kommt er zurück und fragt: „Soll ich dir Kaffee machen?"

Äh ... *Ja.*

Ich stehe auf, stecke mir die Haare auf und schminke mich

ein bisschen, damit ich auf den Fotos, die Craig sicher gleich machen wird, wenn ich aus dem Bad komme und all die Luftballons und Kerzen und Blumen sehe und das Streichquartett, das er vielleicht engagiert hat als Untermalung für das opulente Frühstück, das er sicher für mich zubereitet hat, auch gut aussehe.

Ich hole tief Luft, lege mir einen ganz besonders überraschten Gesichtsausdruck zurecht und mache schwungvoll die Badezimmertür auf. Hinein in den Geburtstagstaumel!

Es stellt sich jedoch heraus, dass ich mir gar keinen Gesichtsausdruck hätte zurechtlegen müssen, denn ich bin tatsächlich überrascht. Weil nämlich keine Luftballons da sind, kein Streichquartett – gar nichts. Nur Craig, der mich anlächelt und umarmt. „Herzlichen Glückwunsch zum Geburtstag, mein Schatz. Ich muss jetzt los. Bis heute Abend dann."

Craig geht. Ich sitze auf dem Boden in unserer winzigen Wohnung und frage mich, ob das vielleicht ein Streich werden soll. Ich öffne und schließe ein paar Mal die Wohnungstür, für den Fall, dass er sich mit all unseren Freunden, die aus allen Himmelsrichtungen eingeflogen worden sind, irgendwo da draußen versteckt hat, um dann „ÜBERRASCHUNG!" zu schreien. Aber da sind keine Freunde. Da ist gar nichts.

Ich sitze auf dem Sofa und bin völlig geschockt. Ich bin unverstanden. Ich werde nicht wertgeschätzt.

In meiner Kindheit und Jugend waren Geburtstage immer eine Riesensache. An meinem Geburtstag sorgten Bubba und Tisha stets dafür, dass die Welt ein Weilchen stehen blieb. Ich wusste zwar nie, was genau passieren würde, aber ich wusste immer, dass es auf jeden Fall schön werden würde. Tisha servierte mir das Frühstück am Bett mit Blumen und Geschenken, und es passierten an diesem Tag immer alle möglichen ganz besonderen Dinge.

In der Highschool beispielsweise ließ mein Vater mir einmal einen Strauß Rosen in die Geschichtsstunde liefern mit einer Karte, auf der stand: „Von einem heimlichen Verehrer." Natürlich waren Blumenlieferungen während des Unterrichts nicht erlaubt, aber Bubba kannte eben die richtigen Leute, und er wusste, dass ich durch diese Blumenlieferung wenigstens für einen Tag das angesagteste Mädchen der Schule sein würde. Und das war ich auch wirklich. Ich lief herum, zuckte nur mit den Achseln, wenn Leute mich fragten, von wem denn die Blumen seien, und schaute lässig in Richtung des Kapitäns der Footballmannschaft, der nicht einmal meinen Namen kannte. An meinem Geburtstag war wirklich *alles* möglich.

Lassen Sie es mich einmal so formulieren: Am Morgen des 20. März 2003 fühlte ich mich nicht gerade wie das angesagteste Mädchen der Schule. Und ich hatte nicht das Gefühl, dass *alles* passieren konnte, sondern eher, dass *gar nichts* passieren würde. Völlig ernüchtert setzte ich mich mit meinem schreienden Baby aufs Sofa und schaltete den Fernseher ein. Der Nachrichtensprecher verkündete, dass Amerika offiziell irgendeinen Krieg erklärt hätte.

„Was?", schrie ich den Fernseher an. „An meinem Geburtstag? Jetzt reicht es aber!"

Ich rief Craig auf der Arbeit an, aber er ging nicht ans Telefon. Also legte ich wieder auf und rief sofort noch einmal an. Das ist unser Zeichen für: *Das ist ein Notfall!* Er nahm schon beim ersten Klingeln ab. „Was ist los? Ist alles in Ordnung? Brennt es wieder?"

Ich hatte nämlich in der Woche zuvor die Wohnung in Brand gesetzt, zweimal sogar, und beide Male war die Feuerwehr angerückt. Dass sie mit heulenden Sirenen angerast gekommen waren, ihre Schläuche ausgerollt und bereitgehalten und Gasmasken und Helme und die volle Montur getragen hatten, fand ich allerdings doch ein bisschen übertrieben. So groß waren die Brände nun auch wieder nicht gewesen. Craig war deshalb jedoch immer noch ein bisschen schreckhaft. Aber egal, darum geht es ja jetzt gar nicht. Versuchen Sie

doch um Himmels willen bitte, sich auf MEINEN GEBURTS-
TAG zu konzentrieren.

Ich: „Nein, Ehemann, es brennt nicht. Es ist viel schlimmer. Ich wollte dir nur mitteilen, dass ich meinen Geburtstag
gestrichen habe. Heute ist nicht mehr mein Geburtstag."

Craig: „Wie bitte? Wieso denn das?"

Ich: „Weil jetzt schon früher Nachmittag ist und noch
nichts Außergewöhnliches passiert ist, außer dass unser Land
offenbar einem anderen Land den Krieg erklärt hat. Ich hasse
diesen Tag. Und deshalb ist er nicht mehr mein Geburtstag.
Streiche ihn also aus deinem Kopf. Mein Geburtstag ist erst
morgen."

Craig: „Okay. Oooookay. Soll ich dann auch den Babysitter
und den Tisch im Restaurant für heute Abend wieder abbe-
stellen?"

Ich: „Nein, das sollst du nicht, Ehemann. Wir werden heute Abend nämlich trotzdem essen gehen, aber es wird ein
Arbeitsessen sein. Bring also Stift und Papier mit, denn ich
werde heute ganz exklusiv nur für dich eine Fortbildung
abhalten zum Thema ‚Was ich an meinem Geburtstag erwarte'. Es sind viele Erwartungen und es sind sehr konkrete Erwartungen, und deshalb wäre es auf jeden Fall ratsam,
deine Nachdenkmütze aufzusetzen. Und dann besorg bitte
auch gleich für morgen Abend einen Babysitter. Denn *morgen Abend* wird mein Geburtstagsessen stattfinden. Mein Geburtstag ist *morgen*. Betrachte das als zweite Chance. Gern
geschehen. Bis heute Abend dann, lieber Ehemann, zur Fortbildung."

Wir gingen an dem Abend also essen und ich erklärte
Craig, dass meine Eltern uns ihre Liebe dadurch ausdrückten,
dass sie besondere Tage richtig *feierten*. Ich erklärte, dass sie
sich wirklich Gedanken darüber gemacht hatten, woran ich
wohl Freude haben könnte und was ich mir wünschte, und
bedeutungsvolle Traditionen erschaffen hatten. Ich erklärte
ihm, dass diese Art von Liebe bei mir ankam. Als er dann an

meinem Geburtstag nichts von alledem gemacht hatte, hatte ich tief in meinem Inneren das Gefühl gehabt, nicht geliebt zu sein.

Craig erklärte, dass er mich sehr liebe, und weil er mich liebe, wünsche er sich natürlich auch, dass ich mich von ihm geliebt *fühle*. Es sei aber schwierig zu wissen, wodurch konkret sich ein Mensch am meisten geliebt fühle. Er fand es deshalb gut, dass ich mir Gedanken darüber gemacht hatte, was meine Sprache der Liebe ist, und es ihm nun mitteilte. Dafür war er sehr dankbar. Es gebe ihm Sicherheit, sagte er, und er habe das Gefühl, ich würde ihm bei dieser Ehe-Sache helfen, statt schweigend vor mich hinzubrodeln.

Diese Fortbildung zum Thema Liebe half uns wirklich weiter. Wir weinten und lachten und redeten darüber, wie schwierig es ist, aus ganz unterschiedlichen Familien zu kommen und dann selbst eine neue zu bilden. Wir sprachen darüber, dass es unmöglich ist, die Gedanken des anderen zu lesen, und was für eine Erleichterung es ist, wenn der Mensch, den man liebt, einfach sagt, was er braucht und wie man es ihm geben kann. Dass es gut ist, dem anderen zum Erfolg zu helfen statt ihn zum Scheitern zu verurteilen.

Am nächsten Morgen, dem 21. März 2003, *meinem vorübergehenden Geburtstag*, kam Craig mit einem Frühstückstablett inklusive Kerzen ins Schlafzimmer. Er sang ein Geburtstagsständchen für mich und sagte, jetzt dürfte ich mir etwas wünschen.

Als ich aus dem Schlafzimmer lugte, sah ich überall an den Wänden Plakate, auf denen Sachen standen wie: HERZLICHEN GLÜCKWUNSCH ZUM GEBURTSTAG, SCHATZ! ICH LIEBE MEINE WUNDERBARE EHEFRAU! Auf die Plakate waren auch noch Luftballons und Herzchen gemalt. Jungs können nicht wirklich Luftballons und Herzchen malen. Es war lächerlich süß.

Ich kreischte vor Begeisterung und Craig strahlte. Ich gab ihm einen Kuss, bevor er zur Arbeit ging, und er sagte, dass er mich demnächst anrufen würde. Stündlich, um genau zu sein.

Ich spähte in Chases Zimmer und sah, dass auch das Kinderbett mit blauen Luftschlangen dekoriert war.

Ich ging auf die Toilette, und als ich Klopapier abrollte, fielen aus der Rolle lauter kleine Klebezettel mit der Aufschrift: „Happy Birthday, Baby."

Teamwork. Ja, ich glaube, dass Liebe Teamwork ist.

Inzwischen ist Craig berühmt dafür, Familienfeiern ganz besonders zu gestalten, und er ist stolz darauf. Er ist ein *Meister* darin. Legendär. Ich weiß gar nicht mehr, wie oft Freundinnen schon zu mir gesagt haben: „Was hast du für ein *Glück*. Er ist fantastisch."

Und dann möchte ein Teil von mir manchmal am liebsten sagen: „*Glück?* Was glaubt ihr denn? Dass er so vom Himmel gefallen ist?" Aber ich lächle nur und sage: „Ja, ich weiß. Das ist er."

Das nicht verflixte siebte Jahr

Lieber Craig,

an einem Abend vor gar nicht langer Zeit haben wir zusammengekuschelt auf dem großen grünen Sofa gesessen, nachdem wir die Kinder ins Bett gebracht hatten, und uns die Fotos unserer Schätze auf dem Kaminsims angeschaut. Gemeinsam haben wir festgestellt, wie liebenswert und perfekt sie sind, wie sie da so regungslos auf den Bildern lächeln, ohne die Möglichkeit, sich zu bewegen, sich gegenseitig zu kneifen oder um Süßigkeiten zu betteln. Wir haben darüber gesprochen, dass wir sie so lieb haben, dass es beinah wehtut – besonders wenn sie schlafen.

Nachdem wir dann eine Weile geschwiegen hatten, habe ich gesagt: „Ich liebe dich heute mehr als an dem Tag, als wir geheiratet haben." Und nach einer Weile hast du geantwortet: „Ich dich auch, aber wir müssen fairerweise zugeben, dass wir uns bei unserer Hochzeit auch noch nicht wirklich sehr geliebt haben, oder?"

Ich habe die Augen aufgerissen, mich abrupt aufgesetzt und versucht herauszufinden, ob mich das verletzt hat oder nicht. Dann mussten wir lachen, und ich habe auch ein bisschen geweint. Es war das erste Mal, dass wir zugeben konnten, wie verwirrend und erschreckend dieser Tag eigentlich war. Dieser Tag im Garten deiner Eltern, als wir am Ende des langen, weiß geschmückten Mittelgangs aufeinandertrafen und uns gegenseitig versprachen, uns zu lieben, bis dass der Tod uns scheidet, und an dem es nur zwei Dinge gab, die wir gemeinsam hatten: das kleine Wesen in meinem Bauch und den Glauben daran, dass irgendwann, wenn wir immer einen Schritt nach dem anderen so richtig wie möglich machten, alles gut werden würde.

Es war das erste Mal, dass wir einander eingestehen konnten, dass unsere Ehe im Grunde eine Art arrangierte Ehe war, wie man das beispielsweise in Indien handhabt. Nur dass unsere Ehe nicht von den Eltern arrangiert worden war, sondern von zu viel Wein und zu wenig Verhütung. Und vielleicht auch von Gott. Aber ob ich dich an dem Tag geliebt habe? Ich glaube, das konnte ich gar nicht, weil ich dich kaum kannte. Du warst ein Geschenk, das ich noch nicht ausgepackt hatte.

Ich wusste noch nicht, dass, als wir nach Chases Geburt mit ihm aus der Klinik kamen und ihn auf den Boden legten, um ihn zu bewundern, ich dir ins Gesicht schauen und dort sehen würde, dass ich mir keine Sorgen mehr zu machen brauchte, weil glasklar war, dass du jetzt offiziell an uns gebunden warst.

Ich wusste noch nicht, dass wir jeden Abend zusammen im Bett liegen, uns an den Händen halten und Gott bitten würden, unsere Kinder und auch uns selbst zu beschützen. Ich wusste damals noch nicht, dass ich während deiner Nachtschichten davon wach werden würde, dass du unserer neugeborenen Tochter etwas vorsingst. Ich wusste nicht, dass du Schwester in unserem Haus und unseren Armen auffangen und ihr gebrochenes Herz mit Umarmungen, gegrillten Truthahnburgern und albernen Tänzchen heilen würdest.

Ich wusste noch nicht, dass du mit deiner Güte, deiner Großzügigkeit und deiner Loyalität in den stürmischsten Zeiten im Leben meiner Eltern zu ihrem Rettungsanker werden würdest; dass du im Alleingang, einfach, weil du so bist, wie du bist, ihren Glauben an die Menschheit aufrechterhalten würdest.

Ich wusste damals noch nicht, dass du mich festhalten und mir zuflüstern würdest, dass wir niemals aufgeben würden, wenn wieder einmal ein Adoptionsantrag abgelehnt worden war.

Ich wusste nicht, dass ich deine Sanftmut in Form von Chase, deine Verspieltheit in Form von Tish und deine Zuneigung in Form von Amma bei mir haben würde, wenn du morgens aus dem Haus gehst.

Und als ich anfing, unsere albernen, scheinbar unbedeutenden alltäglichen Abenteuer aufzuschreiben, wusste ich nicht, dass dabei auf den zweiten Blick vor allem eine Liebesgeschichte herauskommen würde.

Feuerwerk

Ich habe Craig am 4. Juli 2000 bei einem ganztägigen *Bar-Crawl* in Washington D.C. kennengelernt. Ein *Bar-Crawl* ist ein Event, bei dem Hunderte von Menschen von Bar zu Bar ziehen und in jeder Bar sehr viel trinken, sodass sie schließlich nur noch kriechen können. Der Zweck solcher Kneipenzüge besteht darin, den betrunkenen Teilnehmern das Gefühl zu geben, dass sie etwas leisten – und somit zusätzlich zu dem ganz normalen Schaden, den sie ihrer Leber und ihrem Ruf zufügen, ein Erfolgserlebnis haben. Während dieses Events waren ganze Stadtteile von Washington für den Verkehr gesperrt, und die Straßen waren vollgestopft mit jungen Menschen, die sich mit einem Plastikbecher in der Hand gegenseitig etwas vormachten.

Es war erst 10:00 Uhr am Vormittag, als ich Craig zum ersten Mal sah, also hatte ich erst etwa drei bis sieben Bier getrunken und sah noch ganz gut aus. Ich stand mit einer meiner ältesten und besten Freundinnen am Straßenrand und scannte die Menge. Mein Blick fiel auf Craig und ich dachte: *Hmmmm.*

Er war braun gebrannt und lachte. Craig ist *immer* braun gebrannt und lacht. Ich zwickte Dana, denn sie kannte ihn, daran konnte ich mich erinnern. Craig war in der Highschool im Jahrgang über Dana gewesen, und außerdem waren sie Nachbarn. Im Sommer hatten Dana und ihre Freundinnen immer zugeschaut, wenn er mit nacktem Oberkörper den Rasen mähte. Danas Mutter erzählte mir später einmal, dass sie und ihre Freundinnen das Gleiche taten, wenn sie sich bei ihr trafen.

Dana und ich schlenderten zu ihm hinüber und sagten Hallo. Dana stellte uns vor. Craig lächelte mich strahlend an und kniff die Augen dabei ein bisschen zusammen, so wie er es immer macht, und mein Magen schlug einen Purzelbaum. Ich war wie gelähmt. Ich bin in der Interaktion mit Jungs allerdings immer wie gelähmt, war ich schon immer, werde ich auch immer sein. Craig sah umwerfend aus, trug irgendetwas Blaues und lächelte, und ich dachte, ich sterbe. Wir unterhielten uns eine Weile, keine Ahnung worüber, weil ich die ganze Zeit überlegte, wie ich gleichzeitig heiß und cool aussehen konnte, was nach sieben Bier und bei 35 Grad nicht einfach ist. Unser Gespräch war viel zu schnell zu Ende, denn die Freunde, mit denen ich unterwegs war, fanden mich und seine ihn, und so verabschiedeten wir uns und lächelten uns an. Es war viel zu früh und zu unpassend und zu hell, um Telefonnummern auszutauschen.

Wir gingen also getrennte Wege, um unser eigenes Gewicht in Bier aufzuwiegen und Dinge zu tun, die wir später bereuen würden.

12 Stunden später. Es ist 22.00 Uhr. Ich befinde mich auf der Tanzfläche der achten und letzten Bar des Tages. Ich habe soeben aufgehört, zusammen mit meinen Mädels zu „I Will Survive" wild herumzuhopsen. Jetzt tanze ich mit einem Typen, der mich am nächsten Tag anrufen und mir sein Boot zeigen will. Ich denke zwei Dinge:

1. *Du hast doch nie im Leben ein eigenes Boot.*
2. *Ich muss mir jetzt schnell eine falsche Telefonnummer ausdenken. Wenn ich mich nur erinnern könnte, was noch mal eine Nummer ist ...*

Ich schaue zur Bar hinüber und sehe Craig dort stehen und ein Bier bestellen. Der Barkeeper flirtet offensichtlich mit ihm. Gut, dass es ein männlicher Barkeeper ist.

Ich denke: *Oh Mann, oh Mann, oh Mann.*

Ich lasse den verlogenen Bootsbesitzer stehen und schleiche mich von der Tanzfläche. Dann stehe ich allein da, trinke mein Bier und versuche sehr beschäftigt, aber auch verfügbar auszusehen. Für den Fall, dass Craig gerade in meine Richtung schaut, lächle ich und winke imaginären Freunden auf der Tanzfläche zu. Es ist wichtig, sich beliebt zu fühlen, wenn man nervös ist.

Craig schaute tatsächlich in meine Richtung. Er überlegte schon seit einer halben Stunde, wie er mich dazu bringen könnte, mit zu ihm nach Hause zu kommen. So, wie er es einschätzte, würde es eine Weile dauern, mich von meinen Freunden loszueisen, besonders, weil wir uns ja gerade erst begegnet waren. Aber er war optimistisch. Wir würden noch ein bisschen tanzen, uns kennenlernen, vielleicht einen Spaziergang machen und nachts noch Pizza bestellen. Und dann würde er fragen, ob ich mir sein neues Haus ansehen wolle.

Er kam zu mir herüber, reichte mir ein Bier und eröffnete das Gespräch mit: „Hey!"

„Ach, hallo."

„Hast du Spaß?"

„Ja, und du?"

„Schon. Aber langsam werde ich müde. Ich glaube, ich gehe bald nach Hause."

„Okay. Dann lass uns gehen."

Er hatte also sehr viel Zeit mit Planen vergeudet. Wir bestellten gemeinsam ein Taxi, aber als wir bei ihm zu Hause ankamen, stellten wir fest, dass wir beide kein Geld dabei hatten. Also fragte Craig den Taxifahrer, ob er mich als Pfand zurücklassen könne, während er reinging, um Geld zu holen. Ich erinnere mich noch, wie ich dachte: *Toller Plan. Er ist heiß und auch noch schlau.*

Dummerweise war das Haus voller Kumpels von Craig, die dort weiterfeierten, und das lenkte ihn ein bisschen ab von dem, was er eigentlich vorgehabt hatte. Irgendjemand drückte ihm ein Bier in die Hand, und prompt vergaß er mich und das Taxi, was ich ihm aber nicht richtig übel nehmen kann, denn ich konnte mich auch nicht mehr erinnern, was ich eigentlich in diesem Taxi machte. In meiner Alki-Zeit hatte ich ziemlich viel Ähnlichkeit mit dem dementen Fisch Dori aus „Findet Nemo": Jeder Augenblick war ein neues Abenteuer, weil ich keine Ahnung hatte, was direkt davor gewesen war. Ich vermutete, dass der Taxifahrer ein neuer Freund war und mit mir reden wollte. Wir unterhielten uns also etwa zwanzig Minuten lang. Dann sagte im Haus jemand zu Craig: „Hey, wer war eigentlich das Mädel, mit dem du in der letzten Bar geredet hast?"

Und Craig dachte: *Hmmm. Irgendwie klingelt bei der Frage was bei mir.* Und dann erinnerte er sich daran, dass ich ja noch in dem Taxi saß! Ist das nicht romantisch? Er eilte nach draußen, um mich auszulösen, gab dem Taxifahrer sein Geld und rettete mich, und es war wie im Märchen.

Glück ist manchmal nichts anderes als niedrige Erwartungen gepaart mit einem lausigen Kurzzeitgedächtnis.

Craig entschuldigte sich wieder und wieder dafür, dass er mich vergessen hatte, und damit er sich nicht so mies fühlte, gestand ich ihm, dass ich auch vergessen hätte, wieso ich eigentlich in dem Taxi saß. Später habe ich Craig einmal gefragt, ob in diesem Moment nicht alle roten Warnleuchten hinsichtlich meines Charakters in seinem Innern geblinkt hätten, aber das verneinte er. Er hatte nur gedacht: *Dieses Mädchen ist cool. Wir haben eine Menge gemeinsam.* In der Woche zuvor war er nämlich am Sonntagmorgen auf der Rückbank eines Taxis mitten im Zoo aufgewacht. Er hatte das Gefühl, dass ich für Probleme dieser Art Verständnis hätte. Er hatte recht. *Ganz genau* so ein Mädchen war ich.

Wir lächelten uns an, nahmen uns bei der Hand und gingen in sein Haus.

Das Lunchpaket des Grauens

Als wir frisch verheiratet waren, machte ich Craig jeden Tag ein Lunchpaket für die Arbeit. Weil ich nicht kochen kann und er deshalb kein schönes warmes Abendessen zu erwarten hatte, fand ich, dass ein Lunchpaket eine nette kleine Entschädigung war. Craig schien diese Geste zu schätzen, und mir gab es ein ehefrauliches, fürsorgliches und erwachsenes Gefühl.

Eines Tages fuhren Chase und ich zu Craigs Firma, wo ein gemeinsames Mittagessen mit seinen Kollegen geplant war. Craig wartete in der Hochglanzlobby auf uns und führte uns stolz in einen Konferenzraum, wo Grüppchen von schönen Menschen in schicken Klamotten schon auf uns warteten, um uns zu begrüßen. Ich war sehr nervös, weil sich alles so anders anfühlte als das Lehrerzimmer in der Schule und weil uns alle so anstarrten. Aber vor allem, weil ich unbedingt wollte, dass Craig stolz auf uns war. Außerdem fühle ich mich in solchen Situationen immer klein – im Sinne von kurz geraten. Normalerweise geht es mir wieder besser, wenn irgendwann alle Platz genommen haben, aber dieses Mal wurde es erst richtig schlimm, als sich alle gesetzt hatten und anfingen zu essen.

Die meisten von Craigs Kollegen holten sich mittags in umliegenden Restaurants etwas zu essen oder ließen es liefern. Die Frauen tranken Milchkaffee oder grünen Tee und knabberten an kleinen Gebäckteilchen von Starbucks, und die Männer aßen angesagte Paninis oder Sandwichs. Die paar wenigen, die etwas von zu Hause mitgebracht hatten, packten unfassbar professionell aussehendes Sushi, Stäbchen und

Evian-Wasser aus schicken Lunchboxen aus, die wie kleine Aktenkoffer aussahen.

Craig, also der Chef all dieser schicken Leute, holte strahlend seine braune Papiertüte hervor, die ich mit Regenbogenherzen bemalt hatte, und benutzte sie als Untersetzer, auf dem er drei kleine Toast-Dreiecke mit Erdnussbutter, einen Babybel-Käse, eine Mini-Tüte mit Gummibärchen und ein Trinkpäckchen mit irgendeinem ungesunden Zuckersaft ausbreitete. Mit Grausen schaute ich zu, wie er die Karteikarte aus der Tüte fischte, auf die ich geschrieben hatte: „Für den besten Papa der Welt – wir sind so stolz auf dich! Küsschen, Glennon und Chase." Er las es, lächelte und steckte die Karte dann in seine Hosentasche. Mich schauderte, als ich zuschaute, wie seine großen Finger den kleinen Käselaib aus der roten Hülle pellten und er ihn sich mit einem Bissen einverleibte. Dann riss er den winzigen Strohhalm von dem Trinkpäckchen ab, steckte ihn in das vorgestanzte Loch und trank das Päckchen in einem Zug leer. Zu meinem Entsetzen öffnete er schließlich auch noch die Tüte mit den Gummibärchen, warf eines nach dem anderen in die Luft und fing sie dann mit dem Mund auf.

Ich sank immer tiefer in meinen Stuhl, versuchte meine ursprüngliche Gesichtsfarbe wiederzuerlangen und gab mir alle Mühe, möglichst beschäftigt zu wirken, indem ich hingebungsvoll Chase fütterte. Hin und wieder warf ich einen Blick zu Craig auf der Suche nach Anzeichen von Beschämung, aber ich konnte nichts entdecken. Er sah einfach zufrieden, ja geradezu stolz aus. Ich war wie gelähmt, gab den Versuch auf, einen guten Eindruck zu machen und versuchte nur, nicht zu weinen.

Als Craig abends von der Arbeit nach Hause kam, begrüßte ich ihn mit den Worten:

„Wieso hast du mir nicht schon vor einem Jahr erzählt, dass es auch Lunchpakete für Erwachsene gibt? Wo lernen Leute diese Dinge? Habe ich da irgendeinen Kurs verpasst?

Von welchen anderen grundlegenden Dingen des Lebens habe ich sonst noch keine Ahnung? Ich möchte, dass du sie mir alle aufschreibst, bitte. Und zwar sofort."

Craig sah überrascht aus, aber dann lächelte er und sagte: „Ich liebe deine Lunchpakete."

Ich schenkte ihm ein halbherziges Lächeln und schob die Tiefkühlpizzen für das Abendessen in den Ofen.

Als ich an diesem Abend Craigs Kleiderschrank öffnete, um seine Wäsche einzuräumen, bemerkte ich, dass an der Innenseite der Schranktür ein Kärtchen klebte, auf dem stand: „Für den besten Papa der Welt – wir sind so stolz auf dich! Küsschen, Glennon und Chase."

Schmutzige Wäsche waschen

Als ich neulich die Gänge im Supermarkt auf und ab ging, bemerkte ich einen starken, muffigen Geruch. Ich schaute mich um, was wohl die Ursache dafür sein mochte, bis ich merkte, dass ich es selbst war. Ich stank.

Wieder zu Hause angekommen, kam Craig mir entgegen, um mir beim Ausladen der Einkäufe zu helfen, und ich sagte: „Riech mal an mir, Schatz, ich stinke irgendwie."

Craig schnupperte an meinem Shirt und sagte dann ohne im Geringsten überrascht zu wirken: „Ja, stimmt."

Und ich sagte: „Aber was *ist* das? Es ist eklig."

Und dann sagte Craig Folgendes: „Das nennt man stockig. Alle unsere Klamotten riechen so. Wir stinken immer."

Ich gebe Ihnen jetzt einen kurzen Moment, um diese Information zu verdauen. Ich für meinen Teil habe jedenfalls ein Weilchen dafür gebraucht.

„Was? Warum hast du mir das denn nicht gesagt, Ehemann?"

„Ich hatte etwas Angst davor, es dir zu sagen. Du reagierst sehr empfindlich auf ... Haushaltssachen."

„Ach. Damit ich das jetzt richtig verstehe. Du riechst also lieber den ganzen Tag bei der Arbeit schlecht und lässt zu, dass Chase in der Schule *der Stinker* ist, als das Risiko einzugehen, dass ich sauer werde?"

„Ja. Ja, auf jeden Fall."

Ich ließ die Einkäufe unausgepackt in der Küche stehen und fuhr auf der Stelle noch einmal in den Supermarkt, um ein angesagtes und sehr teures Waschmittel zu kaufen. Ich schnupperte an allen Verpackungen und fand schließlich eines, das mich an Blumen und die beliebten Mädchen in der Schule erinnerte. Wieder zu Hause wusch ich jedes Kleidungsstück im ganzen Haus.

Ich habe zwei sehr wichtige Dinge gelernt, die ich gerne weitergeben möchte, nur für den Fall, dass Sie gerade einen Förderkurs „Wäschekunde für unfähige Hausfrauen" brauchen wie ich:

1 Anscheinend funktioniert das mit der Wäsche so: Sie sollten nicht am Mittwoch die Wäsche waschen und dann ein paar Tage warten, bis Sie sie aufhängen oder in den Trockner stecken. Sie müssen sie noch am selben Mittwoch trocknen. Das ist zwar unfair, aber wahr. Wenn Sie das nicht machen, dann riecht Ihre ganze Familie nach toten Mäusen.
2 Sie müssen netter zu Ihrem Mann sein, damit er keine Angst davor hat, Ihnen zu sagen, dass Ihre ganze Familie stinkt.

Einen Haushalt zu führen und verheiratet zu sein ist echt kompliziert.

Erste Male

Craig arbeitet nebenberuflich als Model, und vor ein paar Jahren engagierte eine bekannte Elektronikmarktkette ihn für eine landesweite Werbekampagne. Monatelang kam es einem so vor, als wäre sein Gesicht wirklich überall.

An einem Wochenende gingen wir mit Chase in ein Einkaufszentrum und schauten dabei auch in der Filiale des besagten Elektromarkts vorbei, um nach einem neuen Fernseher zu gucken. Chase verlor beinah seinen kleinen Verstand, weil dort an den Wänden überall Plakate hingen, auf denen Craig abgebildet war, und lebensgroße Pappaufsteller von Craig in jeder Ecke standen. Chase rannte im ganzen Laden herum, zeigte auf die Figuren, umarmte sie und rief: „Papa! Papa!" Jeder Mensch in diesem Laden, Angestellte wie Kunden, blieb stehen und starrte völlig entgeistert erst Chase an und dann Craig und dann die Plakate. Es war verrückt. Nicht einmal besonders lustig, sondern einfach nur seltsam.

In demselben Jahr fuhren wir wie immer zu Silvester nach Ohio. Tishas Seite der Familie lebt in Ohio, und mein Herz wohnt irgendwie auch dort. Tisha hat vier Schwestern und zwei Brüder. Insgesamt haben diese sieben Geschwister dreizehn Kinder bekommen, die die besten Freunde waren. Dieser lauten, herrlichen, eng verbundenen, bezaubernden Meute standen Alice Flaherty und Bill Kishman vor, meine Großmutter und mein Großvater mütterlicherseits. Mein Großvater war ein sanfter und kluger Mann, von Beruf Chirurg, der allerdings schon vor 25 Jahren gestorben ist. Seine Frau Alice ist noch quicklebendig. Sie ist inzwischen 88 Jahre alt und die krasseste Irin außerhalb von Dublin. Wenn man sie anruft, dann geht sie wahrscheinlich deshalb nicht ans Telefon, weil sie gerade in Las Vegas ist. Während sie zockt, wird man mit dem Anrufbeantworter verbunden, und die Stimme darauf sagt: „Ich bin im Pub. Stört mich nicht. Ich rufe zurück, wenn ich wieder da bin."

Vor über einem halben Jahrhundert lernten mein Großvater und sie sich in einer Bar in der Nähe des Krankenhauses kennen, in dem er als Chirurg und sie als Krankenschwester arbeitete. Alice war mit ein paar Freunden etwas trinken gegangen, als Bill sie schüchtern ansprach und fragte: „Entschuldigen Sie bitte, sind Sie Krankenschwester?" Alice sah erst Bill an, dann an ihrer Schwesterntracht herunter und antwortete: „Nein, Einstein, ich bin Feuerwehrmann." Es war Liebe auf den ersten Blick. Sie führten 40 Jahre lang eine glückliche Ehe, die auf der unausgesprochenen Regel basierte, dass Alice weiterhin, nun ja, eben *Alice* bleiben durfte. Zu der legendären Leidenschaftlichkeit und den Wutausbrüchen der Flahertys gesellt sich ein ausgeprägter Mangel an gesundem Menschenverstand. Im Grunde ist es so, dass die Mitglieder meiner Familie der Meinung sind, Vernunft werde total überbewertet.

Einmal fuhr Alice zum Einkaufszentrum – das Einkaufszentrum gleich um die Ecke, in dem sie seit 40 Jahren regelmäßig einkaufte. Schon nach einer halben Stunde kam sie wieder in die Auffahrt gefahren und mein Onkel öffnete die Tür, um die Einkäufe ins Haus zu tragen. Sie sagte ihm jedoch, er solle *abhauen,* sie sei nur zurückgekommen, weil sie sich verfahren hätte und jetzt „noch mal von vorn anfangen" müsse. Von zu Hause aus.

So ist es nun mal, und es ist völlig sinnlos, etwas daran ändern zu wollen. Der Versuch, mit Alice vernünftig über solche Dinge zu reden, führt zu nichts außer der Erkenntnis, dass man sie anscheinend noch nicht lange kennt. Das Beste ist, sich einfach ruhig zu verhalten und von ihr zum Lachen bringen zu lassen. Versuchen Sie nie, einen Flaherty zu beraten, denn wir sind nicht der Meinung, dass mit uns etwas nicht stimmt. Wir haben Wichtigeres im Kopf, als uns darüber Gedanken zu machen, wie man möglichst anmutig durchs Leben navigiert.

Alice und ihre Nachkommen sind gute Gesellschaft für Leute, die den Selbsthilfe-Hype leid sind. Meine Sippe ist der lebende Beweis dafür, dass es viele Leute gibt, die sich so völlig in Ordnung finden, wie sie sind, vielen Dank der Nachfrage. Das ist ein bisschen unheimlich, aber meistens überaus erfrischend.

In meiner Kindheit und Jugend war Ohio für mich wie der Himmel. Die meisten von Tishas Brüdern und Schwestern sind in Ohio geblieben und haben dort Familien gegründet, und die Besuche bei ihnen waren die Highlights meiner Kindheit. Wir dreizehn Cousins und Cousinen spielten den ganzen Tag im Pool unserer Oma, und wenn wir dann bei Sonnenuntergang alle müde waren, trockneten wir uns ab, aßen Pizza und planten, wer bei wem übernachten sollte. Diese Schlaf-Events hatten allerdings mit Schlafen nicht das Geringste zu tun.

Caren und ich waren die ältesten Cousinen. Caren war meine Heldin. Ich fand, dass sie das hübscheste Mädchen der Welt ist (das ist sie immer noch). Sie und ich blieben auf, bis die Straßenlaternen ausgingen, und wenn dann die Sonne wieder aufging, schlichen wir uns in die Küche, füllten dreizehn Schälchen mit Cornflakes und häuften Berge von Zucker darauf. Ich bin sicher, dass mein Wunsch nach einer großen Familie und meine Zuckersucht ihren Ursprung in der Küche meiner Großmutter haben.

Carens Mutter ist meine Tante Judy. Genau wie Alice ist Judy „etwas eigen". Wenn Judy einen mag, dann ist alles gut. Wenn sie einen aber nicht mag, dann nimmt man besser die Beine in die Hand. Und noch etwas: Wenn man Hunger hat, ist Judy nicht unbedingt die beste Adresse. Das Gen der Flahertys/Kishmans, das uns unfähig macht, jede Art von

Anweisungen zu befolgen, bezieht auch Kochrezepte mit ein. Niemand aus der ganzen Familie kann kochen. *Niemand.* Und wir sind, wie gesagt, ziemlich viele.

Eines Tages, als Caren noch ein Kind war, beschloss ihre Mutter Judy, einen Kuchen zu backen. Vor diesem Tag hatte Judy noch nie auch nur ein Sandwich zubereitet, ja sie hatte bis dahin noch nicht einmal selbstständig Lebensmittel eingekauft. Man mag versucht sein zu glauben, dass ich jetzt übertreibe – das tue ich aber nicht. Lebensmitteleinkäufe stressen Judy, und die Frauen in unserer Familie versuchen, ihr Leben so zu gestalten, dass sie so ruhig wie nur irenmöglich bleiben.

An diesem Tag nun war Judy fest entschlossen zu backen. Caren, die damals zehn Jahre alt war, sollte ihr dabei helfen, was das arme Mädchen in Angst und Schrecken versetzte.

Der Kuchen, den Judy backen wollte, war ein Wackelpudding-Mürbeteig-Kuchen. Nachdem es den beiden Bäckerinnen gelungen war, die Backzutaten für den Mürbeteig zu verkneten und den Teig dann in eine Springform zu drücken, las Caren aus dem Rezept vor, wie es weitergehen sollte. *„Schritt 3: Jetzt den Teig verpacken."* Judy schaute Caren in ihre großen braunen Augen, die in Erwartung drohenden Unheils weit aufgerissen waren.

„Also, was stehst du hier noch herum? Geh und hol was zum Verpacken. Packpapier und Klebeband."

Caren sauste los und durchsuchte das ganze Haus. Kein Packpapier, kein Klebeband. Verängstigt kam sie wieder zu Judy zurück und sagte: „Ich kann nichts finden, Mama. Kein Packpapier und auch kein Klebeband."

Judy sagte: „Na gut. Dann geh zu Oma und hol bei ihr Packpapier und Klebeband! Wie um alles in der Welt soll man einen vernünftigen Kuchen backen, wenn diese Dinge nicht im Haus sind?! Nun geh schon."

Also rannte Caren los, kam völlig außer Atem ins Haus ihrer Großmutter (die in derselben Straße wohnte) gestürzt und verlangte Packpapier und Klebeband. Meine Großmutter fragte, wozu sie das bräuchte, worauf Caren antwortete: „Wir versuchen, einen Kuchen zu backen", und meine Großmutter sagte: „Ach so, na dann – Packpapier und Klebeband sind im Büro." Denn wie Sie wahrscheinlich ganz richtig vermuten, hatte auch meine Großmutter noch nie in ihrem Leben einen Kuchen gebacken und deshalb auch nicht die leiseste Ahnung, dass Packpapier und Klebeband nicht unbedingt die gebräuchlichsten Zutaten dafür sind.

Caren rannte den ganzen Weg zurück nach Hause, kam in die Küche gepoltert und schrie: „Ich hab das Packpapier und das Klebeband, Mama!" Judy wies sie an, sie solle das Papier um die Springform mit dem noch ungebackenen Kuchenboden wickeln, und sie würde dann alles verkleben.

Als alles sicher in so viele Lagen Papier und Klebeband verpackt war, dass von dem Material fast nichts mehr übrig war, nahm Judy wieder das Kuchenrezept zur Hand und las Caren Schritt 4 vor: *„Die Wackelpudding-Crememischung auf den Boden geben."*

Judy und Caren starrten ungläubig den Kuchenboden an, den sie gerade mühsam und zeitaufwendig verpackt hatten.

Judy fand einige sehr kreative Ausdrücke für ihre Gefühle. Caren holte mit zitternden Händen noch einmal das Rezept hervor in der Hoffnung, darin irgendeinen Anhaltspunkt zu finden, was hier los war. Nach einem kurzen Augenblick und mehreren stillen Gebeten sagte sie dann mit piepsiger Stimme: „Mama? Bei Schritt 3 steht VORBACKEN und nicht verpacken."

Unsere Erbanlagen sind von entscheidender Bedeutung, weil wir ihnen nicht entgehen können. Und genau das sagte ich auch meiner Freundin Carrie, als sie mich dabei erwischte, wie ich gerade versuchte, ihren Backofen mithilfe eines Föhns vorzuheizen. Vor-heizen. Ist doch irgendwie total logisch, wenn man mal darüber nachdenkt. Aber denken Sie besser nicht weiter darüber nach. Einfach weitermachen.

Eigentlich wollte ich nur sagen, dass das die Leute sind, mit denen wir alljährlich das neue Jahr beginnen. Jedes Jahr im Dezember pilgert die gesamte Sippe zu Onkel Keith und Tante Stephanie nach Ohio. Alle kommen. Aus uns dreizehn Cousins und Cousinen sind mittlerweile 34 Personen geworden, inklusive Ehepartnern und Babys und Verlobten und anderen Personen von Bedeutung. Die Silvesterfeier ist unser Fixpunkt – die eine Konstante, die wir haben, was auch immer im Laufe des Jahres passiert ist. Die Feier erwartet uns jedes Jahr. Wir sind vielleicht mal mehr oder weniger, wir sind innerlich vielleicht leerer oder erfüllter, je nachdem, was sich im Laufe des Jahres ereignet hat, aber wir sind da. Unsere Familienshow geht weiter. Sogar in dem Jahr, als die Zeit stillstand – das Jahr, in dem Carens Vater, Judys Mann, unser Onkel Frank starb –, waren wir da. Wir weinten, aber wir waren da. Was ist denn eine Familie, wenn nicht die verbindliche Verpflichtung, immer wiederzukommen?

Im Jahr 2003 konnten Craig und ich die obligatorische Neujahrsreise nicht antreten, weil ich kurz vor der Entbindung stand. Deshalb lernte meine große Familie meine kleine Familie erst im nächsten Jahr kennen, als wir am 31. Dezember 2004 vor Keiths Haus hielten. Ich platzte beinah vor Aufregung, und auch Craig war sehr aufgeregt, aber eher auf die bange als die vorfreudige Art. Er kannte die berüchtigten Geschichten, und außerdem hatte er Sorge, was er wohl zu essen bekommen würde, wo doch keiner aus der Sippe kochen konnte.

Als wir uns Keiths Haus näherten, erschraken wir über eine seltsame, gigantische beleuchtete Statue im Vorgarten. Es war Craig – ein drei Meter hoher, dreidimensionaler Aufsteller von Craig, der von Seilen gehalten war, die wiederum mit Pflöcken im Boden verankert waren. Das Ganze wurde von fünf Scheinwerfern angestrahlt, die im Kreis um ihn herum standen. Craigs Gesicht leuchtete so groß und hell wie der Mond.

Craig schrumpfte in seinem Autositz zusammen, als er das Ding sah, und ich fürchtete schon, er würde gar nicht erst aussteigen. Ich versicherte ihm, das Schlimmste hätte er jetzt schon hinter sich; er müsse es nur noch ins Haus schaffen und weiterlächeln. Aber ich hatte mich geirrt – irrsinnig geirrt!

Als wir das Haus betraten, wurde schmerzvoll offensichtlich, dass Keith den Elektronikmarkt geplündert hatte, für den Craig „das Gesicht" war. Craig war überall – im ganzen Haus. Es gab lebensgroße Pappaufsteller von ihm am Esstisch, Luftballons mit seinem Konterfei hingen über der Spüle, und sein Gesicht lächelte von Postern hinter jeder Toilette. Es gab wirklich *keinen Ort,* an dem man Craigs Konterfei entkommen konnte. Es war phänomenal.

Das sind Pläne und Aktionen, wie sie die Männer in meiner Familie als Gegengewicht zum Frauen-Wahnsinn inszenieren. Und Craig ertrug es, ja, er lachte sogar. Und jetzt ist er einer von Keiths ausgekochtesten Komplizen. Heute würde Craig sagen, dass Onkel Keith zu seinen Lieblingsmenschen auf der Welt gehört.

So ist das eben, wenn man eine Familie wird: man schmilzt und vermischt sich miteinander, bis man etwas ganz Neues ist. Die einzige Konstante ist, dass alle immer wieder erscheinen müssen.

Über Weben und Umkehr

*U**mkehr* ist in frommen Kreisen ein gern verwendetes Wort. Ich benutze ungern fromme Vokabeln, weil ich nicht glaube, dass sie selbsterklärend sind. Außerdem hat so eine spezielle Sprache einen ein- bzw. ausgrenzenden Effekt, und das ist genau das Gegenteil von dem, was ich mit Worten erreichen möchte. Am besten setzt man Sprache meiner Meinung nach dazu ein, um Gefühle, Ideen und Anliegen möglichst genau zu beschreiben – und zwar letztlich mit dem Ziel, dass sich der Sprecher und der Zuhörer oder der Schreiber und der Leser weniger allein fühlen und mehr Hoffnung haben.

Früher habe ich mich geärgert und bedroht gefühlt, wenn das Wort *Umkehr* fiel, bis ich dahintergekommen bin, was es eigentlich für mich bedeutet. **Umkehr – das ist der magische Moment, in dem ein Lichtstrahl den Weg an eine sehr dunkle Stelle in meinem Innern findet und ich deutlich erkennen kann, wie mich meine eigene Dummheit in einem bestimmten Bereich meines Lebens daran hindert, Frieden und Freude zu erleben.**

Die Schriftstellerin Maya Angelou hat beispielsweise Licht an die dunkle Stelle in meinem Innern gebracht, wo ich die Beziehung zu meiner Schwiegermutter halte. In ihrem Buch „Letter to My Daughter" (Brief an meine Tochter) schreibt Maya Angelou über ein Abendessen, zu dem sie auf ihrer ersten Reise in den Senegal von einer sehr reichen und kultivierten Freundin eingeladen worden war.

Als Angelou das dekadente Haus erkundete und die eleganten Gäste beobachtete, bemerkte sie, dass alle vorsichtig um einen wunderschönen, teuren Teppich herumgingen, der mitten auf dem Fußboden lag, damit dieser nicht schmutzig wurde. Sie fand es furchtbar, dass der Gastgeberin anscheinend so ein Gegenstand wichtiger war als der Komfort ihrer Gäste. Angelou beschloss, etwas gegen diese Haltung zu tun, indem sie den Teppich betrat und demonstrativ mehrmals darauf hin und her ging. Die Gäste, die in Grüppchen am Rand des Raumes standen, lächelten ein wenig angestrengt. Angelou lächelte zurück und war stolz darauf, dass die anderen durch den Mut, den sie bewiesen hatte, jetzt ebenfalls ermutigt würden zu begreifen, dass Teppiche dazu da waren, um sie zu betreten. Dann mischte sie sich hoch erhobenen Hauptes wieder unter die Gäste. Sie hatte das Richtige getan.

Ein paar Minuten später kamen die Bediensteten des Hauses, nahmen den besagten Teppich schweigend weg und ersetzten ihn durch einen ebenso exquisiten und extravaganten anderen, auf den sie sodann Teller, Gläser, Wein und Schalen mit Reis und Hähnchenfleisch stellten. Die Gastgeberin klatschte in die Hände und verkündete freudestrahlend, dass sie nun zu Ehren „unserer geliebten Schwester Maya Angelou aus Amerika" ein traditionelles senegalesisches Menü zu sich nehmen würden. Dann bat sie alle Gäste, um den Teppich Platz zu nehmen.

Maya Angelous Gesicht war vor Scham tiefrot geworden. Sie war mit ihren schmutzigen Straßenschuhen über das Tischtuch ihrer großzügigen Gastgeberin gelaufen! Sie schließt diese Geschichte mit den Worten: **„In einer Kultur, die einem nicht vertraut ist, ist es klug, keine Neuerungen, keine Vorschläge oder Lektionen anzubringen. Der Inbegriff von Kultiviertheit ist äußerste Einfachheit."**

Als Craig und ich gerade frisch verheiratet waren, erlebte ich in seiner Familie eine Kultur, die mir völlig fremd war. Man kommunizierte anders miteinander, die Feste waren anders, und man brachte Zuneigung und Liebe anders zum Ausdruck. Für mich war anders gleichbedeutend mit *falsch* und ich fühlte mich durch ihre Andersartigkeit persönlich beleidigt und ' ständig misstrauisch. Auf eine Million unterschwellige und auch nicht ganz so unterschwellige Arten versuchte ich meine Schwiegerfamilie zu ändern. Ich schlug neue Traditionen vor, gab ungefragt Ratschläge und kritisierte an ihrer Persönlichkeit, ihrer Ehe und an ihrer Beziehung zu den Kindern und Enkelkindern herum. Im Grunde trampelte ich mit meinen schmutzigen Schuhen über den Teppich meiner Schwiegermutter – das kostbare Tischtuch, das sie jahrzehntelang mit viel Mühe und Sorgfalt gewebt hatte.

Es ist wirklich tragisch, dass ich Dinge immer erst rückblickend klar sehe. Meine Weigerung, ihre Familie so zu akzeptieren wie sie war, muss meine Schwiegermutter tief verletzt haben, aber sie ging sehr würdevoll damit um und ließ Craig und mir die Zeit und den Raum, das selbst zu merken. Sie hat sich sozusagen „ausgemischt". Das muss sehr schwer für sie gewesen sein, und ich hoffe, dass meine künftige Schwiegertochter klüger und freundlicher ist, als ich es war, aber das ist wohl eher unwahrscheinlich. Wahrscheinlich wird sie genau so sein wie ich. Sie wird ihr eigenes Webmuster entwerfen wollen, und das kann bedeuten, dass sie eine Zeit lang über meines latschen wird.

Als junge Ehefrau und Mutter war es für mich schwierig, ein Muster zu finden, das zu uns als Familie passte. Weben zu lernen erforderte meine ganze Aufmerksamkeit. Ich brauchte Zeit und Raum, um meinen eigenen Rhythmus und Stil zu entwickeln, und vielleicht *musste* ich die alten Muster zunächst ablehnen, um ein eigenes entwerfen zu können.

Echte Umkehr ist nicht schön, und sie erfordert viel Zeit, aber dieser Lichtstrahl, von dem ich geschrieben habe, der ist es wert, darauf zu warten. Und wenn er echt ist, dann bleibt er. Danke, Mrs Angelou, dass Sie mich zur Umkehr geführt haben.

Ich bin nicht gut darin, Ratschläge zu geben, und zwar vor allem, weil ich ungefähr einmal täglich merke, was für ein Idiot ich am Tag davor gewesen bin. Das lässt zwar auch hoffen, denn es bedeutet, dass ich mich in die richtige Richtung bewege. Allerdings wird es dadurch auch riskant, heute eine Erkenntnis schriftlich festzuhalten. Ich glaube, ich kann aber Folgendes sagen, ohne mich zu weit aus dem Fenster zu lehnen:

Schwiegermütter, erfreuen Sie sich daran zuzuschauen, wie Ihre Schwiegertöchter weben lernen. Wenn sie dabei Fehler machen und Fäden auslassen, dann lassen Sie sie das selbst merken. Und sagen Sie ihnen möglichst oft, wie schön das Muster ist, das sie da weben. Seien Sie freundlicher als unbedingt nötig. Bringen Sie ihnen Tee (oder Kaffee). Halten Sie es einfach. Seien Sie gnädig.

Und *Schwiegertöchter,* erkennen Sie an, wie schön der Teppich ist, den Ihre Schwiegermütter im Laufe ihres Lebens gewebt haben. Denken Sie daran, dass ihre Muster erprobt und bewährt sind – es ist also nicht nötig, Verbesserungsvorschläge zu machen. Seien Sie freundlicher als unbedingt nötig und bedenken Sie, dass sie ein Leben lang an diesem Kunstwerk gewebt hat – *ihrem Meisterwerk* – und dass sie es Ihnen geschenkt hat, damit es Sie des Nachts wärmt. Eines Tages werden auch Sie Ihr Meisterstück weggeben. Halten Sie es einfach. Seien Sie gnädig.

Mein Feind, der Staubsauger

Vor einiger Zeit kam Craig mit einem neuen Staubsauger nach Hause – *unaufgefordert*. Ich glaube nicht ans Staubsaugen. Genau wie Kochen betrachte ich auch Staubsaugen als etwas, das Leute machen, die krampfhaft einen äußeren Anschein der Perfektion erwecken wollen.

Die Fußböden bei uns zu Hause lesen sich wie eine Familienchronik. In der einen Ecke findet man vielleicht Kekskrümel von einer Verabredung zum Spielen letzten Monat, und unter dem Teppich liegen noch Glitzersternchen vom Basteln – eigentlich ist es richtig schön. Weil ich leider unfähig bin, Fotos zu sortieren oder in Alben zu kleben, sitzen Craig und ich oft abends auf dem Sofa und schauen von einem Dreckhäufchen auf dem Fußboden zum nächsten und schwelgen in Erinnerungen. Wir empfinden diese Momente als etwas ganz Besonderes. Wenn Sie aber eher der Staubsaugtyp sind, dann möchte ich nicht, dass Sie jetzt Schuldgefühle haben. Ich sage ja nur, dass die Kinder schnell groß werden und Sie deshalb vielleicht darüber nachdenken sollten, auch eine Fußbodenchronik anzulegen.

Vor ein paar Jahren kam mir der Verdacht, dass meine Freundinnen mit dem Staubsaugen und dem Aufbewahren von Erinnerungen anders verfahren als ich. Mir schien, dass sie etwas dagegen hatten, ihre Fußböden als Familienchroniken zu benutzen, denn ihre Teppichböden hatten immer diese schicken *Streifen*. Sie wissen schon, diese frischen, stolzen „Ich habe gerade gesaugt"-Streifen im Flor des Teppichbodens. Und nach und nach stellte sich bei mir immer stärkeres Unbehagen wegen meiner streifenlosen Teppichböden ein.

Nun könnte man vielleicht vermuten, dass dieses Unbehagen mich dazu veranlasst hätte, meinen Staubsaugboykott noch einmal zu überdenken, aber diese Vermutung ist falsch. Ich finde meinen Staubsauger extrem schwer und außerordentlich hässlich und kein bisschen der Entspannung förderlich. Es gibt nichts, was mich schneller zu einer Schimpftirade bringt als der Versuch, meinen Staubsauger die Treppe hinaufzuwuchten. Und hat nicht Jesus gesagt: *„Wenn dein Staubsauger dich dazu bringt zu fluchen, dann reiße ihn heraus"*, oder so ähnlich? Es war also für mich keine Option, eine Staubsaugerin zu werden. Doch es zeigte sich, dass mein Problem mit dem Staubsaugen kreatives Denken erforderte.

Eines Tages schaute ich zu, wie Tish ihre Babypuppe in einem kleinen rosa Puppenwagen im Wohnzimmer herumschob. Mein Blick fiel auf den Teppichboden hinter ihr, und ich stellte fest, dass die Puppenwagenräder perfekte Streifen auf dem Teppichboden hinterließen. *Perfekte, schicke „Ich habe gerade gesaugt"-Streifen.* Volltreffer!

Wenn wir Besuch erwarten, Craig von einer Geschäftsreise zurückkommt oder ich mich mal wieder wie eine gute Hausfrau fühlen möchte, rufe ich Tish und frage sie, ob sie nicht Lust hätte, einen Spaziergang mit ihrem Baby zu machen. Und dann sagt Tish: „Einen *no-ma-len*, Mama, oder einen *genauen* Spaziergang?" Und dann sage ich: „Einen genauen, Schätzchen." Vorausschauenderweise habe ich Tish beigebracht, dass ein *genauer Spaziergang* ein Spaziergang ist, bei dem man das Baby im Puppenwagen auf dem Teppich hin und her schiebt, und zwar so, dass die Reifenspuren exakt parallel verlaufen ... hin und her, hin und her und hin und her. Und so saß Mama drei wundervoll entspannte Jahre lang auf dem Sofa und feuerte Tish an, wenn sie und ihre Puppe „staubsaugten".

Wenn dann Craig nach Hause kam, sagte er: „Wow! Du hast ja gesaugt!", und zwar in demselben stolzen Tonfall, den er auch hat, wenn er mitbekommt, dass ich ganz allein eine

Tomate geschnitten habe. Und dann lächelte ich und klimperte mit den Wimpern, antwortete aber nie direkt, weil mir Ehrlichkeit sehr wichtig ist.

Es war ein Wunder, wirklich. Bis ich eines Abends mitbekam, wie Craig sich mit zusammengekniffenen Augen den Fußboden anschaute. Mit Schrecken wurde mir klar, dass ihm endlich doch der Dreck aufgefallen war, der die Streifen auf dem Teppich umgab. Das war gar nicht gut.

Irgendwie hatte ich schon damit gerechnet, dass die Geschichte irgendwann auffliegen würde, also murmelte ich rasch so etwas wie: „Der blöde Staubsauger ist kaputt. Aber schöne Streifen, nicht? Ach, guck mal, heute Abend kommt dein Lieblingskrimi im Fernsehen!" Seit drei Jahren murmelte ich jetzt schon Variationen dieser Sätze – mit Erfolg.

Als Craig also jetzt kürzlich mit seinem Überraschungsstaubsauger das Haus betrat, hatte ich den Verdacht, dass er einen Verdacht hatte. Und deshalb beobachtete ich seine Miene *sehr genau*. Und direkt nachdem er gesagt hatte: „Schau, der wird dir das Leben sehr erleichtern! Es ist wirklich schrecklich, dass du so viel Ärger mit diesem blöden, ständig kaputten Staubsauger hast und dass du nie das Ergebnis kriegst, das du dir wünschst", bemerkte ich ein ganz leichtes, kaum wahrnehmbares Grinsen und eine ein ganz klein wenig hochgezogene Augenbraue. Mein erster Gedanke war: *Er weiß es. Er weiß von dem Puppenwagen-Trick. Ich bin aufgeflogen. Das Spiel ist aus.*

Aber ich fing mich schnell wieder und mein zweiter Gedanke war: *Er hat keine Ahnung, mit wem er sich anlegt und wie tief ich zu sinken bereit bin, um meinen gewohnten Lebensstil nicht aufgeben zu müssen. Er hat wirklich keinen Schimmer.*

Als Craig am nächsten Tag zur Arbeit aufgebrochen war, sagte ich zu Tish, ich hätte eine Überraschung für sie. Ich verkündete, sie sei ja jetzt schon ein so großes Mädchen, dass es Zeit sei, ihren klitzekleinen Puppenwagen an ihre kleine Schwester Amma weiterzugeben, denn ich hätte ihr einen nagelneuen Puppenwagen für große Mädchen gekauft. Ich erklärte ihr, dass Puppenwagen für große Mädchen ganz anders aussehen als Puppenwagen für kleine Mädchen und außerdem ganz viel Lärm machen, fast wie Autos! Puppenwagen für große Mädchen hätten nämlich einen *Motor*.

Es ist Zeit für einen *genauen* Spaziergang, mein Schatz. Hin und her. Hin und her.

So, und jetzt bist du wieder am Zug, Ehemann.

Ostern

Craig und ich haben nie so etwas wie „unser Lied" gehabt. Oder vielleicht hat es so ein Lied sogar einmal gegeben, aber weil wir damals über weite Strecken recht weggetreten waren, können wir uns an nicht besonders viel aus dieser Zeit erinnern. Falls wir eins gehabt hätten, wäre es wahrscheinlich von Snoop Doggy Dog oder von Britney Spears gewesen.

Vor ein paar Wochen schickte mir eine Freundin den Link zu einem Lied und schrieb dazu, bei diesem Song müsse sie an uns denken. Ich war so gespannt. Es ist doch total interessant, wie andere uns sehen; denn mal im Ernst, eigentlich weiß doch niemand genau, wie er/sie rüberkommt, oder?

Sofort hörte ich mir das Lied an. Besser gesagt, ich klickte den Link an, aber irgendwie funktionierte er nicht, und ich tobte und schrie, wie sehr ich meinen Computer hasste, bis Craig angerannt kam und eingriff, um größeren Sachschaden zu verhindern. Behutsam bewegte er die Computermaus, woraufhin es natürlich sofort funktionierte, und ich musterte derweil seine Miene nach Hinweisen auf Selbstgefälligkeit. Ich hasse dieses Szenario, das sich bei uns etwa hundertmal am Tag wiederholt.

Dann hörten wir uns das Lied an, und ich bekam eine Gänsehaut. Sechsmal hintereinander spielten Craig und ich den Song ab. Wir kamen zu dem Schluss, dass John Prine uns beide heimlich beobachtet haben musste, als er ihn schrieb.

Er heißt „Spanish Pipedream", und es geht darin um einen Typ, der nichts Böses ahnend in eine Bar geht und dort eine angetrunkene Oben-ohne-Tänzerin trifft, die seltsame Vorstellungen vom Leben hat. Und obwohl er wahrscheinlich lieber die Beine in die Hand nehmen und sich aus dem Staub machen sollte, heiratet er die Tänzerin, weil er glaubt, dass sie etwas Besonderes ist. Und außerdem, na ja, sie ist halb nackt ... Dann bauen sie sich ein Haus auf dem Land, schaffen ihren Fernseher ab und bekommen einen Haufen Kinder, die Pfirsiche essen und ganz von selbst zu Jesus finden.

Es ist ganz *offensichtlich*, dass es zwischen diesem Paar und uns ein paar sehr entscheidende Unterschiede gibt – zum Beispiel, dass wir lieber Birnen als Pfirsiche mögen. Aber der Rest stimmt hundertprozentig.

Craig gefiel dieser Song genauso gut wie mir. Er hatte Tränen in den Augen und wir beschlossen, dass das jetzt *unser Lied* ist. Ein toller Moment.

Das ist meine geschönte Version dieser Geschichte. Aber als wir an dem Abend ins Bett gingen, fragte Craig: „Worüber willst du denn morgen schreiben?" Und ich antwortete: „Über unser Lied", und da fragte er: „Wie, unser Lied?" Ich schaute ihn sehr drohend an, und er schaute mich ratlos und erschrocken an.

Und dann erinnerte ich mich langsam wieder daran, was an jenem Morgen tatsächlich passiert war. Seltsamerweise sah das ganz anders aus als meine rosarote Version. Ich erinnerte mich an Einzelheiten: Eigentlich war Craig die ganze Zeit, während wir uns das Lied anhörten, mit seinem Handy beschäftigt gewesen. Sein Gesichtsausdruck hatte eigentlich mehr zu einem Biss in eine Zitrone gepasst als zu romantischen Gefühlen. Und dann erinnerte ich mich daran, dass er Sachen gesagt hatte wie: „Hm-hmm" und „Ja, sicher, Schatz" und „Aha", ohne dabei auch nur aufzublicken.

Ich frage mich, wie viele meiner schönen Erlebnisse wohl gar nicht so sind, wie ich sie nachträglich aufschreibe. Ich will es auch gar nicht wissen. Ich weigere mich einfach zuzulassen, dass die fehlende Beteiligung anderer Leute solchen gemeinsamen Augenblicken in die Quere kommt.

In den ersten neun Jahren unserer Ehe verdrehte ich nur nachsichtig lächelnd die Augen bei solchen Kommunikationszusammenbrüchen und lachte. Sie wissen schon: *Männer*! Aber in letzter Zeit lache ich nicht mehr darüber.

Craig und ich haben zwei Probleme in unserer Ehe, die ständig wiederkehren. Ich leide, wenn man mir nicht zuhört, und Craig leidet, wenn er keine körperliche Nähe bekommt. Langsam wird mir klar, dass diese beiden Probleme zusammenhängen. Bei beiden geht es nämlich um Intimität, um Nähe. Craig und mir fehlt Intimität. Wenn wir reden, reden wir anscheinend aneinander vorbei; es ist, als würden wir auf unterschiedlichen Ebenen reden. Ich bin oben oder unten und er ist in der Mitte. Wir kommen nicht in der Tiefe in Kontakt. Und wenn wir miteinander schlafen, ist es im Grunde ähnlich.

Craig will körperliche Nähe und Intimität, aber das kommt mir verkehrt vor, wenn ich mich ihm auf allen anderen Ebenen nicht nah fühle. Wenn wir im Wohnzimmer, im Esszimmer und im Garten nicht miteinander in Kontakt sind, dann können wir auch im Schlafzimmer nicht miteinander in Kontakt sein. Wir spulen nur etwas mechanisch ab. Craig scheint das sogar manchmal zu reichen, aber mir nicht. Ich möchte *mehr* Nähe, und zwar in *jedem* Raum im Haus. Und wenn wir echte Nähe und Intimität nicht hinkriegen, dann möchte ich auch keine vortäuschen. *Das* kann ich nicht.

Für mich geht es bei Intimität um Kommunikation. Durch das geschriebene oder gesprochene Wort oder durch körperlichen Ausdruck – durch Kommunikation eben – erreichen wir einander in Herz und Kopf. Ein enger Freund/eine enge Freundin ist jemand, der mitbekommt, wenn mir etwas besonders wichtig ist, und der es nicht vergisst.

Jedes Gefühl, jede Geschichte und jedes Geheimnis, das mitgeteilt wird, ist ein Geschenk. Eine gute Freundin weiß das, und deshalb geht sie sorgsam damit um. Sie bewahrt meine Geschenke an einem ganz besonderen Ort auf und

verliert sie niemals, und das gibt mir das Gefühl, meine Zeit und Kraft gut eingesetzt zu haben.

In einer engen Beziehung baut jedes Gespräch auf dem vorhergehenden auf, und das, was mitgeteilt wurde, verbindet. Gute Freundinnen sind die Hüterinnen meiner Mitteilungen und ich ihre. Ich behalte ihre Geschichte und trage sie für sie mit. Ich bin eine Zeugin ihres Lebens. Ich weiß, was sie als Nächstes tun wird, weil ich weiß, was sie in der Vergangenheit getan hat. Wir können ganze Sätze nur durch Blicke oder das Hochziehen einer Augenbraue kommunizieren. Wenn sich unsere Blicke begegnen und wir uns über einen mit vielen Personen besetzten Tisch hinweg zuzwinkern, dann weiß ich telepathisch, dass sie *genau in diesem Augenblick an genau dasselbe denkt wie ich.* In solchen Augenblicken sind wir auf derselben Seite im Buch unserer Geschichte.

Ich habe mit meinen ganz engen Freundinnen eine solche telepathische Verbindung. Darin fühle ich mich sicher und geliebt und gekannt. Sie macht mich außerdem zur glücklichen Empfängerin eines ganz besonderen Geschenks.

Denn wenn ich mit einer engen Freundin rede, dann hört sie nicht nur zu und behält das, was ich gesagt habe, sondern sie bewegt es und gibt mir etwas zurück. Sie versucht sich in mich hineinzuversetzen. Sie stellt Fragen, weil sie wirklich verstehen möchte. Sie gibt mir Rückmeldung. Im besten Fall vermittelt sie mir eine weise Erkenntnis, und das Mindeste, was ich bekomme, sind Lachen und Empathie. Ich habe Vertrauen zu solchen Freundinnen, und deshalb vertraue ich mich ihnen an.

Mit Craig ist das anders. Manchmal erzähle ich ihm etwas, was mir sehr wichtig ist, und er kann sich später nicht daran erinnern.

Craig weiß wahrscheinlich nicht mehr, dass ich zwei Katzen hatte, als ich acht war, und dass die beiden Gummy und Blackie hießen. Als Gummy Junge bekam, ließ sie sie in meinem Kleiderschrank zurück und ich fand sie erst, als alle außer einem schon tot waren. Ich rief beim tierärztlichen Notdienst an, wo man mir sagte, ich solle das überlebende Kätzchen mit einer Pipette mit Buttermilch füttern, was ich auch tat. Tagelang ließ ich das Kätzchen keinen Moment aus den Augen. Ich nannte es Miracle (Wunder), aber obwohl ich mich so bemühte, behielt das Kätzchen einen leichten Hirnschaden und attackierte jeden in der Familie außer mir. Was natürlich dazu führte, dass ich es noch inniger liebte. Das Kätzchen glaubte, ich wäre seine Mama. Drei Jahre später wurde Miracle direkt vor unserem Haus von einem Auto überfahren.

Craig weiß nicht, wie das Segelboot meiner Familie hieß. Er weiß nicht, wer in der Mittelstufe oder in der Highschool meine beste Freundin war. Er weiß nicht, wann meine Essstörung angefangen hat, und er könnte auch keine Einzelheiten meines ersten Treffens bei den Anonymen Alkoholikern wiedergeben.

All diese wichtigen Sachen habe ich ihm anvertraut, aber er vergisst sie einfach wieder. Dann habe ich das Gefühl, dass es ihm gleichgültig ist, was ich ihm erzähle. Diese Geschichten machen meine Persönlichkeit aus. Sie unterscheiden mich von jedem anderen Menschen, den Craig kennt, und durch sie ist unsere Beziehung anders als jede andere Beziehung, die er hat. Ich muss fragen: *Wenn du meine Geschichten nicht kennst, wenn du mich nicht kennst, warum liebst du mich dann – ich meine mich als Person? Nicht nur deine Frau, sondern mich?*

Manchmal gibt Craig sich wirklich Mühe. Er konzentriert sich und hört intensiv zu, wenn ich etwas erzähle, aber selbst dann kommen mir seine Reaktionen irgendwie mechanisch vor. Vorgefertigt. Mir scheint, er überlegt, was man jetzt mal sagen könnte, statt sich wirklich in mich hineinzudenken und ehrlich und reflektiert zu antworten, wie es eine Freundin tun würde.

Die gefährliche Folge dieses Vergessens und der mechanischen Antworten besteht darin, dass ich Craig viele Dinge gar nicht mehr erzähle. Ich habe aufgehört, ihm diese ganz besonderen Geschenke zu machen, weil es sich nach vergeblicher Liebesmüh anfühlte. So als ob wir jeden Tag Sandburgen bauen, die dann von der Flut wieder weggespült werden.

Wir tun, was „man" als Ehemann und Ehefrau so tut. Wir reden jeden Tag mindestens zehn Minuten miteinander, wir haben regelmäßig Sex und wir machen Paar-Abende, und dann haken wir diese Punkte als erledigt ab. Aber mein „richtiges Zeug" – die harten Geschichten und Sorgen und Gedanken –, das hebe ich mir für Schwester, meine Eltern, meine Freundinnen und Blogseiten auf.

Reicht dieses Abhaken der Mindestanforderungen aus? Ist mehr zu viel verlangt? Erwarte ich von meinem Mann, dass er wie eine Frau kommuniziert? Ist es sexistisch, wenn man davon ausgeht, dass ein Mann nicht so tiefgründig und offen sein kann wie eine Frau? Und wenn es nicht fair von mir ist, von Craig emotionale Nähe zu erwarten, ist es dann fair von ihm, körperliche Intimität von mir zu erwarten? Denn im Schlafzimmer die Mindestanforderungen abzuhaken, das funktioniert bei mir nicht. Ich fühle mich dann benutzt und gekränkt und ich bin wütend.

Dann passiert Folgendes: Ich entziehe mich oft Craigs Berührungen. Er umarmt mich, und ich lasse es höflich über mich ergehen, während ich über seine Schulter auf das ungespülte Geschirr und die Spielsachen auf dem Fußboden schaue. Er hält mich in der Küche auf, um mich zu küssen, und ich stelle durch Wegschauen und einen freundschaftlichen Klaps auf seinen Rücken klar, dass dieser Kuss zwar nicht unerwünscht ist, aber eine Sackgasse darstellt. Ich verbringe viel Zeit damit, Craig irgendwie zu signalisieren, dass seine Zärtlichkeiten zu nichts führen. Weil diese Zärtlichkeiten sich für mich anfühlen wie ein Mittel zum Zweck, versuche ich, sie zu unterbinden oder abzukürzen. Zum Beispiel indem ich, sobald er von der Arbeit kommend das Haus betritt, betone, wie erschöpft ich bin. Lieber gleich die Karten auf den Tisch legen, damit gar nicht erst falsche Hoffnungen aufkommen.

An den Abenden, wenn es „schon eine Weile her" ist und noch mehr Entschuldigungen und Ausreden darauf hindeuten könnten, dass wir wirklich ein Problem haben, nähert er sich mir und ich versuche, offen zu sein. Aber sehr oft werde ich dann innerlich wütend.

Manchmal ist es nur leichte Verärgerung. **Ich bin nach einem langen Tag mit den Kindern so müde, schon so satt von Berührungen und Bedürftigkeit, *warum musst du da jetzt auch noch was von mir wollen? Können wir uns nicht einfach wie Erwachsene benehmen und etwas Praktisches tun?***

Da gäbe es so viele Möglichkeiten: Die Wäsche muss zusammengelegt werden, die Schulbrote für morgen müssen vorbereitet werden, es müssen noch irgendwelche Formulare unterschrieben werden ... noch so viel zu tun, bevor ich schlafen gehen kann. Haben wir wirklich Zeit für etwas so Unproduktives? Und wir haben seit Wochen nicht geredet – ich meine wirklich geredet. *Was soll denn da Sex für einen Sinn ergeben? Wie kannst du das alles so fein säuberlich voneinander trennen und in verschiedene Schachteln packen? Willst du eigentlich wirklich mich oder willst du nur Sex?*

Diese Unterscheidung macht den Unterschied aus. Diese Unterscheidung entscheidet darüber, ob wir uns wirklich nah sind.

Aber wir haben nicht gelernt, auf diese innige Weise *intim* zu sein. Bevor wir verheiratet waren, haben wir mit anderen Leuten gelernt, unverbindlichen Sex zu haben, ohne Verantwortung, leichtfertig, wahllos und verzweifelt. Und anscheinend hat das keiner von uns beiden schon wieder völlig verlernt. So ist es für uns praktisch unmöglich, uns beim Sex in die Augen zu sehen. Es fühlt sich viel zu real oder viel zu vorgetäuscht an – ich weiß nicht so genau, was von beidem.

Geheuchelter Sex fühlt sich ungefähr so bedeutsam an, wie jemanden an der juckenden Stelle am Rücken zu kratzen, an die er nicht drankommt.

An einem Freitagmorgen, als Craig wieder einmal eine sehr wichtige Geschichte vergessen hatte, die ich ihm am Abend zuvor erzählt hatte, wachte ich früh auf und schrieb alles auf, was Sie gerade gelesen haben. Und dann schickte ich es ihm auf die Arbeit. Es war Zeit. Die Wahrheit ist wichtig. Die Betreff-Zeile lautete: „Das hier solltest du vielleicht nicht zwischen Tür und Angel lesen."

Zwei Stunden später bekam ich folgende Antwort:

Liebe Glennon,

das ist das Schwerste, was ich jemals lesen musste. Ich empfinde gerade so viele Gefühle auf einmal: Verwirrung, Trauer, Wut, das Gefühl, unsere Beziehung nicht wert zu sein, nicht zu wissen, was ich tun oder wo ich anfangen soll. Was ist das Problem bei mir? Ist es ein schlechtes Langzeitgedächtnis, ein schlechtes Kurzzeitgedächtnis, Konzentrationsprobleme? Ist es Ablenkung, Stress oder alles zusammen? Und warum? Warum passiert das hier? Sind es Verlustängste? Befürchte ich, dass du und die Kinder mich sowieso verlassen werden, und bin deshalb lieber auf der Hut, mich emotional nicht zu sehr auf euch einzulassen? Wahrscheinlich. Ich habe mich eigentlich in jeder Beziehung, die ich bis jetzt gehabt habe, vom Acker gemacht, wenn es zu eng wurde oder zu bedeutungsvoll. Ziemlich traurig, aber wahr. Auch bevor Chase geboren wurde, habe ich daran gedacht, aber Gott hatte andere Pläne, für die ich unglaublich dankbar bin.

Ich habe dich und uns enttäuscht, aber ich gebe nicht auf. Dazu liebe ich dich zu sehr. Ich werde weiter kämpfen, bis ich das kapiere. Ich möchte nicht mehr der alte Craig sein, der abhaut, wenn es unbequem wird oder Gefühle ins Spiel kommen. Ich muss diesen Kreislauf durchbrechen, ich muss mich meinen Ängsten stellen und daran arbeiten, nicht immer wieder in die gleichen Verhaltensmuster zurückzufallen. Ich brauche Hilfe.

Ich schlage einen Neuanfang vor. Würde mich gern mit dir zusammen hinsetzen und dein ganzes Leben mit dir ausdiskutieren. Ich möchte noch einmal alles neu über dich erfahren, so als würden wir uns zum ersten Mal begegnen. Ich werde mir ausführliche Notizen machen (lach nicht, ich meine es ernst), um sicherzugehen. Ich möchte nichts verpassen und will mir alles einprägen, als ob ich für eine Abschlussprüfung lerne. Es gibt für mich nichts Wichtigeres im Leben, als diese Abschlussprüfung zu bestehen (was für mich eine lebenslange intime, befriedigende Beziehung mit dir bedeutet). Ich kann die Zeit nicht zurückdrehen zu den Dingen, die ich 2001 versäumt habe oder auch letzte Woche, aber ich wünsche mir einen neuen Versuch. Können wir noch einmal von vorn anfangen?

In Liebe
Craig

„Ja", sagte ich. „Ja, das können wir."

Und es kam der Tag, da das Risiko, in der Knospe zu verharren, schmerzlicher wurde als das Risiko zu blühen.
Anais Nin

Aber es wird immer erst noch schlimmer, bevor es besser wird. An diesem Abend kam Craig nach Hause, und wir konnten uns vor lauter Traurigkeit und Schwere und Wut und Angst, die zwischen uns standen, kaum erkennen. Den größten Teil des Abends versuchten wir jeden Augenkontakt zu vermeiden und gingen früh ins Bett.

Am nächsten Tag stand ein Familiengeburtstag an. Wir würden das Haus voller Leute haben, um zu feiern, und es war zu spät, um ihnen noch abzusagen, obwohl das uns beiden am liebsten gewesen wäre. Während der Feier verschwand Craig, und irgendwann fand ich ihn oben im Bad, wo er sich versteckte. Ich fragte: „Alles in Ordnung bei dir?"

Er sagte: „Nein, nichts ist in Ordnung. Heute ist der schlimmste Tag meines Lebens. Ich fühle mich so einsam. Du bist alles, was ich habe, aber ich möchte nur mit jemandem zusammen sein, der auch mit mir zusammen sein möchte. Und ich fürchte, dass ich nie der Mensch sein werde, den du dir wünschst. Vielleicht ist es besser, wenn ich dich einfach gehen lasse, denn ich fühle mich so, als würde ich eine Aufnahmeprüfung für ein Team machen, für das ich nie gut genug sein werde."

Und er weinte und konnte gar nicht mehr aufhören. Ich weinte nicht – nicht das kleinste bisschen. Ich war nicht einmal versucht zu weinen, und das machte mir Angst. Ich fühlte mich, als würde ich Craig wie eine unbeteiligte Dritte beobachten – wie eine interessierte und teilnahmsvolle Beobachterin, mitfühlend, aber nicht persönlich betroffen. Und das war der Augenblick, in dem mir klar wurde, dass ein Teil unserer Probleme mit emotionaler Intimität auch bei mir lag.

Ich nahm Craigs Hand und sagte: „Es wird schon wieder gut werden. Wir müssen jetzt wieder nach unten zu den anderen. Die Geschenke wollen ausgepackt werden."

Also wischte sich Craig die Tränen ab und wir gingen nach unten und jubelten und klatschten und sangen und machten schöne Familienfotos für Facebook.

Der nächste Tag war Ostersonntag. Wir waren zu sehr mit anderen Dingen beschäftigt gewesen, um den Kindern auch nur die Ostergeschichte vorzulesen. Also kein Gott dieses Jahr, sondern nur Körbe voller Ostereier und Hektik vor dem Gottesdienstbesuch.

Craig und ich saßen in der Kirche nebeneinander und hörten unserer Pastorin zu. Sie sagte, Ostern bedeute für Christen, dass Menschen vom Tod auferstehen können und dass dasselbe auch für Beziehungen gelte. Dass sogar ein Strauch, der völlig verdorrt und leblos aussieht, wieder blühen kann, wenn er genügend Zeit, Pflege und Liebe bekommt. Es kommt eine neue Wachstumsphase.

Es gibt immer Hoffnung. Was möglicherweise wie das Ende aussieht, kann auch ein neuer Anfang sein.

Sie sagte, auch wenn der Ostersonntag schon vor der Tür stünde, gebe es keine Abkürzung, auf der man den Freitag und Samstag vorspulen könne. Vor der Auferstehung komme immer das Kreuz. So sei das auf dieser Welt nun mal. Und wenn man sich dieser Wahrheit nicht stelle und sein Herz für den Schmerz öffne, dann werde man auch nicht das Wunder erleben. Wenn man vor der Kreuzigung davonlaufe, dann verpasse man die Auferstehung.

Ich lerne gerade, dass der Schmerz und der Kampf, die der Auferstehung vorausgehen, ein langer und qualvoller Prozess sein können.

Wir gingen zu einem Therapeuten, bei dem Craig eines Tages mit „Der Nachricht" herausrückte, der Nachricht, die kein Ehepartner jemals hören möchte, obwohl es bei so vielen passiert. Die Nachricht war, dass die fehlende Intimität zwischen uns damit zusammenhing, dass er unser Eheversprechen verraten hatte, vor langer Zeit schon und wiederholt. Diese Nachricht bestätigte, was ich die ganze Zeit *gespürt* hatte, nämlich, dass es diese Distanz zwischen unseren Körpern und Herzen und Gedanken wirklich gab, und zwar hervorgerufen durch eine massive Wand von Lügen zwischen uns. Ich hatte gemerkt, dass wir nicht die Ehe führten, die wir uns wünschten und die wir brauchten, aber vor „Der Nachricht" hatte ich nicht gewusst, warum. Ich hatte nicht gewusst, wieso wir einander nicht erreichen konnten. „Die Nachricht" öffnete mir ruckartig die Augen und das tat höllisch weh.

Ich verlangte von Craig, dass er auszog, und erklärte, dass ich kein Wort mehr mit ihm reden würde, bevor er nicht eine intensive Therapie gemacht hätte. Er machte es. Er wachte auf. Er beschloss, mit seinem aufrichtigen, wahrhaftigen, heilen Ich, das jetzt ans Licht kam, um seine Familie zu kämpfen.

In der Zeit, in der er weg war, beschloss ich, die Scheidung einzureichen. Dann beschloss ich, ihm zu vergeben. Und

dann, ihn umzubringen. Und dann beschloss ich, nichts mehr zu beschließen. Jetzt lerne ich, auf die leise Stimme zu hören, die mir sagt, dass ich nicht weglaufen soll – jedenfalls nicht heute –, und ich nehme jeden Tag, wie er kommt. Immer einen nach dem anderen mache ich weiter.

Ich erinnere mich an das, was unsere Pastorin über Ostern gesagt hat. Dass sogar der verdorrte, tote Busch wieder erblühen kann, dass vor dem Ostersonntag Karfreitag und Ostersamstag kommen, dass vor der Auferstehung die Kreuzigung kommt.

Craig und ich befinden uns gerade im *Karsamstag* unserer Ehe. Wir haben mit der Schwerstarbeit begonnen, heil zu werden und zu warten und zu trauern und zu wüten und uns gegenseitig festzuhalten. Wenn ich mich abwenden oder weglaufen möchte, was eigentlich ständig der Fall ist, dann denke ich daran, was Adrianne mir an dem Abend gesagt hat, als ich mein neues Fahrrad gekauft habe: „Wenn du das Gefühl hast, du fällst", sagte sie, „dann lenke in den Sturz hinein. Gib dich eher hinein, als dagegen anzugehen, dann wird es gut gehen."

Was mir am Leben am besten gefällt, ist Veränderung, und Craigs Veränderung möchte ich auf gar keinen Fall verpassen. Ich habe einmal irgendwo gelesen, dass Gott uns die Partner schickt, durch die wir am ehesten heil werden. Das klingt wahr, aber manchmal ist dieses Heilwerden so hart, dass einer oder auch beide Partner es nicht aushalten können und einer aussteigt oder es dem anderen unmöglich macht, ihn weiterhin zu lieben. Ich verstehe das absolut. Heilwerden tut so weh. Gott sei Dank ist es aber so:

Wenn wir jemanden abweisen, der uns helfen könnte, heil zu werden, schickt Gott jemand anderen. Ich glaube nicht, dass er uns bestraft. Er gesteht uns jede Menge Versuche zu.

Ich glaube, er schickt uns Heilungskomplizen in allen möglichen Formen, nicht nur in Gestalt von Ehepartnern. Er schickt Schwestern, Freundinnen, Fremde, Autoren, Künstler, Lehrer, Therapeuten, Musiker und Hundewelpen, so lange,

bis einer von ihnen Erfolg hat. Wenn wir gerettet werden wollen, dann müssen wir irgendwann einen oder mehrere solcher Helfer hereinlassen. Wir müssen den Schmerz lang genug aushalten, bis wir wieder aufstehen können.

Neulich abends waren Craig und ich zusammen essen; nur wir beide. Wir nahmen an unserem Tisch Platz und Craig holte ein Notizbuch und einen Stift heraus. Er sagte: „Also gut, lass uns ganz von vorn anfangen. Ich will alles wissen, *jede Kleinigkeit*. Und ich möchte, dass du mich auch kennenlernst, und zwar mein wahres Ich. Wir machen ganz langsam ... Wo haben deine Eltern gearbeitet, bevor du geboren wurdest? Wie haben sie sich noch mal kennengelernt? Ich mache mir Notizen und präge sie mir dann nachher ein. Mach dich nicht über mich lustig. Ich möchte, dass wir alles voneinander wissen und es auch behalten."

Frohe Ostern.

Abschalten und Entwirren

Es war einmal ein Ehepaar, das seit zwölf Jahren verheiratet war. Die ersten beiden Jahre waren gut, ja sogar glücklich, aber dann kamen die Kinder, und die Arbeit wurde schwierig und das Geld wurde knapp, und bei beiden war der Lack ab. Die Frau hatte ihren Mann einmal als stark und ruhig gesehen, aber jetzt schien er ihr kalt und distanziert. Er hatte sie als liebevoll und leidenschaftlich wahrgenommen, aber jetzt fand er sie dramatisierend und sie mischte sich ständig in alles ein. Sie ließen zu, dass sie sich übereinander ärgerten und waren deshalb irgendwann nicht mehr behutsam und aufmerksam. Sie hörten auf, sich umeinander zu kümmern, weil sie beschlossen hatten, dass sie nur noch für sich selbst sorgen würden.

Die Kluft zwischen ihnen wurde weiter und tiefer, bis es ihnen unmöglich vorkam, einander noch zu berühren, selbst wenn sie sich im selben Raum aufhielten. Eines Tages sagte sie zu ihrer Freundin: „Ich liebe ihn einfach nicht mehr", und es fühlte sich erschreckend und aufregend an, das auszusprechen. Und er sagte zu seinem besten Kumpel: „Ich weiß nicht, ob ich sie jemals geliebt habe." Und ihre Freunde sagten: „Wie wäre es denn mit Eheberatung?" Aber alles schien viel zu verworren, um es noch entwirren zu können.

Eines Abends kam sie von der Arbeit nach Hause, machte den Kindern etwas zu essen und brachte sie ins Bett. Sie war hundemüde. Er würde wieder sehr spät von der Arbeit kommen. *Wieder einmal.* Und obwohl er so spät kam und im Haus ein absolutes Chaos herrschte, wusste sie, dass er sich ein Glas Wein einschenken, sich an den Küchentisch setzen und erst mal entspannen würde. Er würde dasitzen und sich *entspannen.* Sie konnte sich nicht einmal mehr daran erinnern, wie es sich anfühlte, sich zu entspannen. Sie lief immer entweder auf vollen Touren oder sie schlief. *Irgendjemand* musste ja dafür sorgen, dass der Familienalltag einigermaßen reibungslos lief.

Sie schaute auf die Weinflasche auf dem Küchentresen und dann wanderte ihr Blick weiter zu ihrem Hochzeitsfoto an der Wand. *Ahnungslos,* dachte sie, *wir waren ahnungslos, aber glücklich. Sieh uns nur an! Wir waren voller Hoffnung.*

Gott, bitte hilf uns, sagte sie leise.

Und dann ging sie hinüber zum Küchentresen, schenkte ihm sein Glas Wein ein und stellte es neben sein Buch an den Platz, an dem er immer saß – und dann ging sie nach oben ins Bett.

Eine Viertelstunde später betrat er auf Zehenspitzen das Haus. Ihm war bewusst, dass er wieder einmal viel zu spät dran war und die Kinder längst im Bett waren, und er wusste, dass sie deshalb wieder sauer sein würde, und er wappnete sich innerlich gegen ihr eisiges Schweigen. Er hängte seinen Mantel an die Garderobe und ging in die Küche. Dort sah er sein Glas Wein und sein Buch und seinen Stuhl, der schon für ihn zurechtgerückt war. Einen Moment lang starrte er die Szene an und versuchte, es zu verstehen. Es fühlte sich an, als würde sie zum ersten Mal seit langer, langer Zeit ganz direkt zu ihm sprechen.

Er setzte sich hin und trank seinen Wein, aber statt zu lesen, dachte er an sie. Er dachte daran, wie hart sie arbeitete, wie früh sie morgens aufstand, um die Kinder rechtzeitig zur Schule zu bringen und pünktlich im Büro zu sein. Er empfand Dankbarkeit. Er trank seinen Wein aus und ging dann hinüber zur Kaffeemaschine. Er befüllte sie und stellte die Zeitschaltuhr auf 5:30 Uhr. Der Kaffee würde fertig sein, wenn sie herunterkam. Dann stellte er noch ihren Lieblingsbecher heraus, ging leise nach oben und kroch neben ihr ins Bett.

Am nächsten Morgen wachte sie auf und taumelte schlaftrunken in die Küche. Sie blieb stehen, als sie die Kaffeemaschine blubbern hörte, starrte das Gerät eine Weile einfach nur an und versuchte zu verstehen. Es fühlte sich an, als würde er zum ersten Mal seit sehr langer Zeit ganz direkt mit ihr sprechen. Sie empfand Dankbarkeit.

An diesem Abend ließ sie zu, dass sein Arm ihren berührte, als sie gemeinsam das Abendessen machten. Und als die Kinder im Bett waren, blieben sie noch auf und nahmen ihre Fernsehpositionen auf dem Sofa ein. Er streckte seine Hand nach ihrer aus. Es war nicht leicht, aber er tat es. Sie spürte, wie ihre Hand die seine fand.

Und die Dinge begannen sich zu entspannen und zu entwirren. Ein ganz klein wenig.

Sehen Sie, ich weiß, dass es schwer ist. Es ist alles so verdammt schwierig und verwirrend und kompliziert, und alles ist so festgefahren, dass man manchmal kaum den Anfang finden kann. Ich will damit nur sagen, dass *jemand* dieses erste Glas Wein einschenken muss.

Weil die Liebe nichts ist, wonach man sucht oder worauf man wartet oder worauf man hofft oder wovon man träumt. Sie ist einfach etwas, das man *tut*.

VERMEHREN

Bleib mir weg mit „Carpe Diem"

Beinahe jedes Mal, wenn ich mit meinen Kindern unterwegs bin, passiert etwa Folgendes: Irgendwo bleibt irgendeine ältere Frau stehen, legt sich die Hand aufs Herz und sagt sinngemäß: „Ach – genießen Sie bloß jeden Moment mit den Kindern, so lange sie noch so klein sind. Die Zeit geht so schnell vorbei und ruckzuck sind sie groß."

Wohin ich auch gehe, immer sagt mir jemand, ich soll jeden Augenblick genießen, alles ganz bewusst erleben und glücklich sein. Und so weiter.

Ich weiß ja, dass es ein gut gemeinter Rat ist, aber ich gestehe mir inzwischen selbst ein, dass das *bei mir einfach nicht funktioniert*. Es *nervt* mich. Diese „Carpe Diem!"-Nummer macht mich ganz paranoid. Besonders jetzt in der Kleinkindphase. Wenn mir auf hunderterlei Weise zu verstehen gegeben wird, dass ich „den Augenblick genießen" soll, dann mache ich mir Sorgen, wenn ich mich nicht permanent in einem Zustand tiefer Dankbarkeit und Glückseligkeit befinde. Ich mache etwas falsch.

Ich glaube, kleine Kinder zu erziehen (und ich habe gehört, bei größeren soll es auch nicht anders sein) ist ein bisschen so wie eine Mount-Everest-Besteigung. Mutige, abenteuerlustige Menschen versuchen das, weil sie gehört haben, dass es eine tolle Erfahrung ist und weil sie finden, dass allein der Versuch schon eine große Leistung ist. Sie versuchen es, weil der Blick tatsächlich atemberaubend ist, wenn sie unterwegs innehalten, aufblicken und ihre Gedanken ganz kurz von der Plackerei und dem Schmerz abwenden. Sie versuchen es, obwohl es schwer ist und wehtut, weil sie dabei Momente erleben, für die sich all das lohnt. Diese Momente sind so intensiv und einzigartig, dass viele dieser Bergsteiger auf der Stelle einen neuen Aufstieg planen, wenn sie den Gipfel erreicht haben. Obwohl einem jeder Bergsteiger sagt, dass der größte Teil des Kletterns wahnsinnig anstrengend, ja *mörderisch* ist und dass sie teilweise geweint haben.

Stellen Sie sich nun vor, dass etwa alle zehn Meter auf der Strecke den Mount Everest hinauf jemand postiert wäre, der den Bergsteigern zuriefe: „Genießt du es!? Wenn nicht, machst du was falsch! Eines Tages wirst du bereuen, dass du dich nicht ständig gefreut hast. Es ist so schnell vorbei! *CARPE DIEM!*" ... Ganz ehrlich, diese Anfeuerer mit all ihren guten Absichten würden doch einfach vom Berg geschubst.

Damit will ich natürlich nicht sagen, dass die netten alten Damen, die mir sagen, dass ich es genießen soll, geschubst werden sollten. Es sind zweifellos wunderbare alte Damen. Aber letzte Woche sprach mich eine Frau in der Schlange an der Supermarktkasse an und sagte: „Ich hoffe, Sie genießen es. Ich habe jeden Augenblick mit meinen beiden Töchtern genossen. *Jeden einzelnen Moment.* Die Zeit, in der sie so klein sind, geht so schnell vorbei."

In genau diesem Augenblick hatte sich Amma einen BH angezogen, den sie sich aus dem Einkaufswagen gefischt hatte, und lutschte an einem Lolli, den sie offenbar irgendwo auf dem Boden aufgelesen hatte. Außerdem hatte sie drei geklaute neonfarbene Haarspangen im Haar und bot insgesamt einen verstörenden Anblick.

Chase war nirgends zu sehen und Tish versuchte der Frau, die vor mir mit Bezahlen an der Reihe war, den Stift zu entringen, mit dem sie unterschreiben wollte. Ich lächelte die Frau an, die die Bemerkung gemacht hatte, und sagte: „Vielen Dank. Ja, da haben Sie wirklich recht. Ich genieße auch jeden einzelnen Augenblick. Besonders den jetzt gerade. Ja, wirklich. Vielen Dank." Obwohl ich ehrlich gesagt viel lieber etwas ganz anderes gesagt hätte.

Die Schriftstellerin Dorothy Parker antwortete einmal auf die Frage, ob sie das Schreiben liebe: „Nein. Aber ich liebe es, *etwas geschrieben zu haben.*" Was ich der besagten Frau an der Supermarktkasse gern gesagt hätte, wäre Folgendes gewesen: „Sind Sie sicher, dass Sie nicht eigentlich meinen, dass Sie es lieben, kleine *Kinder gehabt zu haben?"*

Ich liebe es auch, etwas geschrieben zu haben. Und ich liebe es, die Kinder erzogen zu haben. Aber mein Lieblingsmoment ist jeden Tag gekommen, wenn die Kinder im Bett sind und Craig und ich aufs Sofa sinken, etwas so Anspruchsvolles wie „Frauentausch" im Fernsehen schauen und uns gegenseitig dazu gratulieren, dass wir unsere Aufgabe gut gemeistert haben – oder zumindest, dass wir sie überhaupt gemeistert haben.

Jedes Mal, wenn ich etwas wie das hier schreibe, spiegeln mir Leser, ich sei negativ. Folgende Nachricht habe ich schon ein Dutzend Mal bekommen: *Wenn du schon mit drei Kindern nicht fertig wirst, wieso willst du dann unbedingt noch ein viertes?* Solche Aussagen versetzen mir immer einen Stich, und ich finde sie nicht fair. Eltern sein ist schwer. Genauso, wie andere wichtige Jobs schwer sind.

Wie kommt es eigentlich, dass in dem Moment, wenn eine Mutter zugibt, dass sie es schwierig findet, die Leute den Drang verspüren, ihr zu sagen, dass sie es falsch macht? Vielleicht bedeutet ja die Tatsache, dass sie es schwierig findet, lediglich, dass sie es *richtig* macht, auf ihre ganz eigene Weise, und dass sie außerdem einfach ehrlich ist.

Craig verkauft Software. In der derzeitigen Wirtschaftslage ist das wirklich kein einfacher Job. Wenn er von der Arbeit kommt, erzählt er oft ein wenig davon, wie schwierig es ist. Ich verspüre dann ehrlich gesagt nie das Bedürfnis, ihm zu sagen, dass er es bestimmt nicht richtig macht oder dass er einfach zu negativ ist, wenn er so darüber redet. Und ich bezweifle, dass sein Chef an Craigs Büro vorbeikommt, den Kopf zur Tür hereinstreckt und sagt: „Diese Geschichte mit der Karriere, das sind nur ein paar Jahre. Genießen Sie auch wirklich jeden Augenblick? Das Geschäftsjahr ist so schnell vorbei! *Carpe Diem*, Craig!"

Damit will ich Folgendes sagen: Ich habe mir lange nicht nur darüber Sorgen gemacht, dass ich als Mutter versagen und meine Sache nicht gut machen könnte, sondern auch noch darüber, dass ich es nicht genug genieße! Doppeltes Versagen also. Ich fühlte mich schuldig, weil ich mich nicht den ganzen Tag in Mutterekstase befand und nicht jeden Moment voll auskostete, wie es die Mütter in den Elternzeitschriften scheinbar tun. Ich fühlte mich schuldig, weil ich ehrlich gesagt sehr oft müde war und schlecht gelaunt und ich mir wünschte, der Tag wäre schon *vorbei*. Und weil ich wusste, dass ich eines Morgens aufwachen würde und die Kinder wären aus dem Haus, und dann würde *ich* die Dame im Supermarkt sein. Würde ich dann behaupten, dass ich jeden Moment genossen hätte? Nein, das würde ich nicht.

Es bleibt aber die Tatsache, dass ich definitiv irgendwann diese nostalgische alte Dame *sein werde*. Ich hoffe nur, dass ich eine mit einem intakten Gedächtnis sein werde. Und ich hoffe, dass ich dann Folgendes zu einer jungen Mutter sagen kann, die gestresst und unter Strom in der Schlange an der Kasse steht: „Es ist manchmal wirklich hart, nicht? Sie sind eine gute Mutter, das sehe ich. Und Ihre Kinder gefallen mir, besonders die Kleine, die da hinten gerade in die Ecke pinkelt. Die mag ich am liebsten. Weitermachen, Kämpferin. Nur noch sechs Stunden, bis sie im Bett sind."

Und hoffentlich werde ich ab und zu noch hinzufügen: „Das Bezahlen übernehme ich, Schwester. Gehen Sie einfach zum Auto."

Ich kann einfach nicht den *Diem carpen*. Ich schaffe ja nicht mal 15 Minuten *carpen* am Stück, von einem ganzen *Diem* ganz zu schweigen.

Aber Folgendes geht bei mir ganz gut:

Es gibt zwei unterschiedliche Arten von Zeit. Die eine ist

Chronos, die Zeit, in der wir leben. Es ist die reguläre, ganz normale Zeit, die linear verläuft. Es sind die Minuten, die eine nach der anderen verstreichen, während wir darauf warten, dass die Kinder endlich ins Bett können. Es sind zehn qualvolle Minuten an der Supermarktkasse, vier Minuten Gebrüll nach einem Nein, zwei Stunden, bis Papa nach Hause kommt. *Chronos* ist die schwere Zeit, die so langsam vergeht und in der wir Eltern uns oft wie in einem zähflüssigen Schleim bewegen.

Und die zweite Art von Zeit ist *Kairos*. *Kairos* ist die Zeitrechnung Gottes. Es ist die Zeit außerhalb der Zeit, metaphysische Zeit. *Kairos*, das sind diese magischen Momente, in denen die Zeit stehen bleibt. Ich erlebe jeden Tag ein paar solche Momente, und ich liebe sie.

Zum Beispiel, wenn ich innehalte in dem, was ich gerade tue, und Tish wirklich *anschaue*. Dann nehme ich wahr, wie makellos glatt ihre Haut ist. Ich sehe den leichten Schwung ihres winzigen Elfenmündchens und ihre mandelbraunen Augen, und ich atme ihren weichen *Tish*-Duft ein. In diesen Augenblicken sehe ich, wie sich ihr Mund bewegt, aber ich höre gar nicht, was sie sagt, weil ich nichts anderes denken kann als: *Dies ist das erste Mal heute, dass ich Tish wirklich sehe, und mein Gott – sie ist so schön.*

Das ist *Kairos*.

Oder ich stehe in der *Chronos*-Zeit an der Supermarktkasse und es geht nicht weiter, weil die Kassiererin so elend langsam arbeitet, und ich bin sauer und gestresst, aber dann schaue ich in meinen Einkaufswagen und werde aus der *Chronos*-Zeit herausgehoben. Ich sehe die Berge von gesundem Essen, die ich meinen Kindern verfüttere, damit sie sich körperlich und geistig gut entwickeln können, und ich erinnere mich wieder daran, dass die meisten Mütter der Welt alles dafür geben würden, jetzt in dieser Schlange an der Supermarktkasse zu stehen mit genügend Geld, um so viel gutes Essen bezahlen zu können. Und ich schaue einfach in meinen Einkaufswagen auf den Überfluss, auf dieses Geschenk, und ich danke Gott.

Kairos.

Oder wenn ich mich in mein gemütliches Bett kuschele, meinen Hund Theo zu Füßen und Craig schlafend neben mir, und ich höre sie beide atmen. Und einen Moment lang denke ich dann: *Wie kann jemand wie ich nur so viel Glück haben und jeden Abend ins Bett gehen, umgeben von diesem Atmen, dieser Liebe, diesem Frieden, dieser Wärme? Kairos.*

Diese *Kairos*-Momente sind genauso schnell wieder vorbei, wie sie gekommen sind, aber ich markiere sie. Ich sage jedes Mal, wenn ich die *Chronos*-Zeit verlasse, in Gedanken das Wort *Kairos*. Und am Ende des Tages kann ich mich dann zwar oft nicht mehr ganz genau erinnern, welche Augenblicke *Kairos* waren, aber ich erinnere mich daran, dass es welche gegeben hat. Das bewirkt, dass sich die Anstrengungen des Elternalltags lohnen.

Wenn ich an einem Tag ein paar solcher Kairos-Momente erlebe, dann ist das für mich ein gelungener Tag. Also sage ich: *Carpe nicht den ganzen Diem, aber wenigstens ein paar Kairos-Momente am Tag.*

Das reicht mir schon.

Ein kleiner Rat

Ich halte nicht viel von Ratschlägen. Es hat sowieso jeder die Antworten in sich, weil wir ja alle aus dem gleichen Material von Gott geschaffen sind. Wenn also eine Freundin zu mir sagt: „Ich brauche mal einen Rat", dann höre ich: „Ich brauche mal Liebe", und die versuche ich ihr dann zu geben.

Liebe zu geben sieht bei mir normalerweise so aus, dass ich still bin, aufmerksam zuhöre und meine Freundin reden lasse, bis sie selbst merkt, dass sie die Antwort schon weiß. Weil ich niemals Ratschläge gebe, ist es echt komisch, dass ich wirklich jeden Tag um Rat gebeten werde. Craig hat mich einmal gefragt, was ich darüber denke, und ich sagte, dass die Leute mich vielleicht gerade deshalb um Rat fragen, weil sie wissen, dass ich keinen gebe.

Menschen brauchen meist nur einen sicheren Ort und etwas Zeit, um auszugraben, was sie ohnehin schon wissen.

Ich bekam einmal einen Anruf von einer lieben Freundin, die fand, dass sie einen Erziehungsfehler gemacht hatte. Als Mutter einen Fehler zu machen bedeutet, man tut etwas, das dem widerspricht, was man für das Beste für sein Kind hält. Ich habe eine Freundin, die sehr gesundheitsbewusst ist und Tiefkühlpizza als totales mütterliches Versagen sieht. Ich dagegen bezeichne Tiefkühlpizza einfach als Essen. Einen Erziehungsfehler zu machen ist also auch etwas sehr Individuelles. Wenn mir eine Freundin sagt, dass sie als Mutter einen Fehler gemacht hat, dann vergleiche ich das, was sie getan hat, nicht mit meinen eigenen Überzeugungen. Ich sage nicht: „Also bitte, das ist doch kein Fehler! Ich sage dir jetzt mal, was ein *richtiger* Erziehungsfehler ist, meine Liebe!"

Einen Wettstreit darüber zu beginnen, wer es am schlechtesten macht, ist mindestens genauso dämlich, wie um die „goldene Mutterkrone" zu rivalisieren.

In diesem konkreten Fall war meine Freundin so erschöpft und überfordert gewesen, dass sie ihrem Kind einen Klaps gegeben hatte. Sie betrachtete das als schlimmen Fehler, weil sie Gewalt in der Erziehung grundsätzlich ablehnt. Oh bitte, wir wollen jetzt nicht über dieses Grundsatzthema diskutieren, okay? Diese Freundin jedenfalls, die so kostbar ist wie Wasser in der Wüste, war völlig verzweifelt über ihr Verhalten, und sie bat mich um Rat. Ich sah darin eine Bitte um Liebe und reagierte entsprechend.

Ich sagte ihr, was ich tue, wenn ich kleine oder große Erziehungsfehler mache – was nebenbei bemerkt ein paar Hundert Mal am Tag geschieht. Ich versuche mich an zwei Dinge zu erinnern:

1. Wer bin ich?
2. Was ist in der Erziehung meine wichtigste Aufgabe?

Erstens erinnere ich mich daran, dass ich ein Mensch bin. **Menschen machen Fehler, und zwar ständig. Wir bleiben eigentlich immer hinter dem zurück, was wir anstreben. Wir werden ungeduldig. Wir werden wütend. Wir verhalten uns egoistisch. Wir haben es unglaublich satt, Kaufmannsladen zu spielen. Das ist okay. So ist es nun mal. Wir sind Menschen. Dagegen können wir nichts tun.**

Und dann erinnere ich mich daran, worin meine wichtigste Aufgabe als Mutter in der Erziehung besteht. **Meine wichtigste Aufgabe als Mutter besteht darin, meinen Kindern beizubringen, wie man damit umgeht, Mensch zu sein. Denn höchstwahrscheinlich läuft es auch bei ihnen genau darauf hinaus.**

Es gibt nur einen Weg, einigermaßen würdevoll mit dem eigenen Menschsein umzugehen: Sich selbst zu vergeben.

Das ist keine Sache, die man einmal erledigt und dann für alle Zeiten damit fertig ist, sondern es ist eher eine innere Haltung. Es bedeutet einfach, *hoffnungsvoll* zu sein. Es bedeutet, nicht ständig die Luft anzuhalten. Es bedeutet, sich selbst genug zu lieben, um sich noch mindestens eine Million Versuche zuzugestehen. Und genau das wünschen wir doch auch unseren Kindern, und zwar ihr Leben lang, oder? Wir wollen, dass sie sich ganz auf das Menschsein einlassen und es annehmen, statt dagegen anzukämpfen. Ich möchte, dass meine Kinder barmherzig sind mit sich selbst.

Vergebung und Gnade sind wie Sauerstoff: Wir können sie anderen nur dann geben, wenn wir vorher selbst die Maske aufgesetzt haben. Wir müssen unsere Gnadenmaske aufsetzen und dann ganz tief einatmen. Dann müssen wir unseren Kindern zeigen, wie es geht.

Wir müssen uns selbst lieben, wenn wir wollen, dass unsere Kinder sich selbst lieben. Wir müssen sie gar nicht unbedingt mehr lieben, sondern wir müssen *uns selbst* mehr lieben. Wir müssen sanft und behutsam zu uns sein. Wir müssen uns selbst vergeben und dann ... uns auch selbst irgendwie mögen, *wenn man die völlig abgedrehten Umstände bedenkt.*

Ich bekam kürzlich von einer bekannten Elternzeitschrift die Anfrage, eine Ratgeberkolumne zu schreiben.

„Worüber denn?", fragte ich.

„Darüber, wie man glücklichere Kinder erzieht", lautete die Antwort.

„Du meine Güte", sagte ich. „Ich weiß ja nicht. Ich glaube, den Kindern geht es eigentlich ganz gut. Ich würde lieber dabei helfen, Mütter glücklicher zu machen."

„Das ist auch gut", sagten sie.

Ich möchte uns daran erinnern, dass wir dadurch, dass wir Kinder bekommen haben, nicht zu einer anderen Spezies geworden sind. Wir sind immer noch Menschen. Ziemlich krasse Menschen, klar, aber immer noch Menschen. Wir machen den ganzen Tag Fehler, und das ist gut. Wir möchten, dass

unsere Kinder das sehen. Wir möchten, dass sie lernen, wie man mit Fehlern umgeht, weil es wichtig ist, das zu lernen. Wir rechnen damit, dass wir Fehler machen, wir sagen, dass es uns leidtut, wir vergeben uns selbst, wir zucken mit den Achseln und dann versuchen wir es noch einmal.

Wiederholen.

Wiederholen.

Wiederholen.

Eltern und Gott haben unzählige Versuche.

Mut ist eine Entscheidung

Lieber Chase,

morgen ist dein großer Tag. Dein erster Tag in der dritten Klasse – *wow*.

Als ich in der dritten Klasse war, gab es in meiner Klasse einen kleinen Jungen, der Adam hieß. Adam sah ein bisschen anders aus als die anderen Kinder. Er hatte komische Sachen an und manchmal roch er auch merkwürdig. Adam lächelte nie und redete mit niemandem. Er lief immer mit hängendem Kopf durch die Gegend und sah nie jemanden direkt an. Adam machte nie seine Hausaufgaben, und ich glaube auch nicht, dass seine Eltern ihn daran erinnerten oder ihm dabei halfen, so wie es deine tun. Die anderen Kinder ärgerten Adam oft, und wenn sie das taten, dann ließ er den Kopf noch tiefer hängen und noch tiefer und noch tiefer. Ich habe ihn nie geärgert, aber ich habe den anderen Kindern auch nie gesagt, dass sie damit aufhören sollen.

Ich habe nie mit Adam geredet, kein einziges Mal. Ich habe ihn nie eingeladen, sich in der Pause neben mich zu setzen oder mitzuspielen. Stattdessen saß er immer allein und spielte auch allein. Adam muss sehr, sehr einsam gewesen sein.

Ich denke manchmal noch an ihn. Ich frage mich, ob Adam sich wohl auch an mich erinnert – aber wahrscheinlich eher nicht. Wenn ich ihn vielleicht nur ein *einziges Mal* gefragt hätte, ob er mitspielen wolle, dann würde er sich bestimmt an mich erinnern.

Ich glaube, dass Gott Menschen als Geschenke in unser Leben stellt. Die Kinder, mit denen du dieses Jahr in einer Klasse bist, sind ein paar der Geschenke, die Gott für dich hat. Jedes einzelne. Wenn du mitbekommst, dass ein Kind ausgeschlossen wird oder dass jemand ihm wehtut oder dass es geärgert wird, dann spürst du vielleicht tief in deinem Inneren auch ein bisschen Schmerz, mein Schatz. Dein Vater und ich wünschen uns, dass du es merkst, wenn so etwas passiert, und dass du diesem Gefühl vertraust. Dieses Gefühl, wenn du den Schmerz von jemand anderem mitempfindest, nennt sich *Mitgefühl,* und es ist ein Zeichen von Gott, dass du etwas *tun* sollst. Gott sagt dadurch: *Chase! Wach auf! Eines meiner Kinder leidet! Tu etwas, um ihm zu helfen!*

Freu dich, wenn du Mitgefühl verspürst! Es bedeutet nämlich, dass Gott gerade mit dir spricht, und das ist etwas ganz Wunderbares. Es bedeutet, dass er dir vertraut und mit dir zusammen etwas unternehmen will.

Manchmal bewirkt der Zauber des Mitgefühls, dass du in einer schlimmen Situation sofort eingreifst. Dein Mitgefühl bringt dich vielleicht dazu, demjenigen, der einen anderen ärgert, zu sagen, dass er damit aufhören soll, und dann das Kind, das geärgert worden ist, zu fragen, ob es mit dir spielen möchte. Vielleicht fragst du auch ein Kind, das ausgeschlossen wird, ob es beim Mittagessen neben dir sitzen möchte. Vielleicht wählst du das Kind, das im Sport immer als Letztes in eine Mannschaft gewählt wird, einmal als Erstes, wenn du mit Wählen an der Reihe bist. Das ist manchmal schwer, aber du schaffst auch schwere Sachen.

Manchmal wirst du auch Mitgefühl empfinden, aber nicht sofort etwas tun. Das ist auch in Ordnung. Vielleicht beschließt du, lieber erst mit deiner Lehrerin darüber zu sprechen oder es uns zu erzählen. Wir sind in deinem Team – wir sind im Team deiner ganzen Klasse. Wegen jemandem, der leidet, Hilfe zu suchen ist *kein* Petzen, sondern es ist das *Richtige*. Wenn jemand in deiner Klasse Hilfe braucht, dann sag uns das bitte, mein Schatz. Wir können dann gemeinsam überlegen, wie wir helfen können.

Wenn Gott mit dir spricht, indem er dich Mitleid haben lässt mit jemandem, dann tu auf jeden Fall *irgendetwas*. Bitte ignoriere es nicht, wenn Gott dir leise etwas zuflüstert. Ich wünschte so sehr, ich hätte Gott nicht einfach ignoriert, als er mit mir über Adam reden wollte. Ich weiß, dass er es versucht hat, denn Adam tat mir schon leid, aber ich habe meine Angst wichtiger genommen als mein Mitleid. Ich wünschte, das hätte ich nicht getan. Adam hätte eine Freundin gebrauchen können und ich einen Freund.

Es ist uns nicht wichtig, Chase, ob du der Schlauste oder der Schnellste oder der Coolste oder der Lustigste bist. Es wird jede Menge Wettbewerbe in der Schule geben, und es ist uns nicht wichtig, ob du auch nur einen davon gewinnst. Es ist uns nicht wichtig, ob du Einser schreibst oder nicht. Es ist uns nicht wichtig, ob die Mädchen dich süß finden oder ob du als Erster ins Team gewählt wirst. Es ist uns nicht wichtig, ob du der Lieblingsschüler deiner Lehrerin bist oder nicht. Es ist uns nicht wichtig, ob du die coolsten Klamotten hast oder die meisten Fußballbilder oder den coolsten Technik-Schnickschnack. Das alles ist uns wirklich nicht wichtig.

Wir schicken dich nicht zur Schule, weil du in irgendwas der Beste werden sollst. Wir lieben dich sowieso so sehr, wie es nur geht. Du brauchst dir unsere Liebe und unseren Stolz nicht zu verdienen, und du kannst beides auch niemals verlieren. Das steht fest.

Wir schicken dich zur Schule, weil du da üben kannst, mutig und freundlich zu sein. Freundliche Menschen sind mutige Menschen. *Mutig zu sein* ist kein Gefühl, auf das man warten soll, sondern eine Entscheidung. Es ist die Entscheidung, dass Mitgefühl wichtiger ist als Angst, wichtiger, als dazuzugehören und es den anderen recht zu machen, wichtiger, als mit dem Strom zu schwimmen. Glaub mir, mein Schatz, *es ist wirklich wichtiger.*

Versuch dieses Jahr nicht, der Beste zu sein, mein Schatz. Sei einfach dankbar und freundlich und mutig. Mehr brauchst du nicht zu sein.

Kümmere dich um deine Klassenkameraden und auch um deine Lehrerin. *Ihr gehört zusammen.* Du hast ein solches Glück, dass du dieses Jahr so viele Geschenke bekommst, die du auspacken kannst.

Ich hab dich so lieb, dass ich platzen könnte. Hab Spaß an deinen Geschenken. Und danke, dass du mein allerliebstes Lieblingsgeschenk bist.

In Liebe
Mama

Mal ehrlich – was soll's?

Ich gehe mit den Kindern regelmäßig ins Fitnessstudio. Wegen der Borreliose kann ich zwar nicht intensiv Sport treiben, aber dieses unwesentliche Detail würde mich niemals davon abhalten, die kostenlose Kinderbetreuung dort in Anspruch zu nehmen. Ich liefere also meine drei in der Kinderbetreuung ab, setze mich in die Sauna und lese. Es ist eigentlich wie Yoga, aber ohne die Teile beim Yoga, die ich nicht leiden kann, wie beispielsweise die Bewegung und dass es nicht erlaubt ist, dabei zu lesen.

Wenn ich wieder aus der Sauna komme, bin ich schlauer und friedlicher und mir ist wärmer. Also treffen Adrianne und ich uns jetzt nicht mehr bei den Ergometern und sitzen einfach darauf und reden, ohne zu treten, sondern wir treffen uns in der Sauna und sitzen dort einfach nur herum und reden. Und wenn wir wieder gehen, dann schwitzen wir so sehr, dass wir beinahe selbst glauben, wir hätten mindestens einen Halbmarathon hinter uns oder uns beim Sport sonstwie so richtig verausgabt.

Kürzlich habe ich mir nach einer besonders dramatischen „Mama-Kernschmelze" neue Sportklamotten für meinen „Sauna-Sport" gekauft.

Lassen Sie mich das kurz erklären. Einmal wöchentlich habe ich einen Zusammenbruch, währenddessen ich Craig aus unterschiedlichen Gründen vorheule – ich bin einfach zu überfordert und mutlos, um selbige hier im Einzelnen zu erörtern –, dass mein Leben absolut unlebbar ist. Wir bezeichnen dieses in regelmäßigen Abständen stattfindende Ereignis bei uns zu Hause als „Mama-Kernschmelze".

Meine Freundin Erin bezeichnet es als *Versorger-Erschöpfungsanfall*. Aber wie auch immer man es nennt, zu meiner Version gehören Tränen und dramatische Sätze, von denen mein liebster und gängigster ist: „Ich halte das einfach nicht mehr aus!"

Craig hat einmal den Fehler gemacht, mich zu fragen, was konkret ich denn nicht mehr aushielte, und ... lassen Sie es mich einmal so formulieren: Er wird diese Frage nie wieder stellen.

Wenn ich nach so einer Kernschmelze langsam wieder herunterkühle, bin ich sicher, dass ich mein Leben nur verbessern kann, indem ich das Haus allein verlasse – und zwar auf der Stelle – und allen möglichen Mist kaufe. Ich weiß nicht, warum das meine Lösung ist, aber wenn ich in dem Mist-Laden ankomme, zu dem mein Wagen fährt, sehe ich da stets eine Menge anderer reichlich durchgedreht aussehender Frauen, die ziellos in den Gängen herumlaufen. Ich bin also offenbar nicht die Einzige, die das Mist-Kaufen als gangbare Lösung für „Ich halte das einfach nicht mehr aus!"-Situationen betrachten.

Bei meinem letzten Mist-Einkauf habe ich mir ein paar neue Sport-(also Sauna-)Klamotten gekauft. Ein Teil davon war ein Yoga-Top mit dicken Push-up-Einlagen im BH. *Push-up-Einlagen im BH*. Die Ironie, die darin liegt, Yoga zu praktizieren, um mit dem Universum und dem eigenen Inneren in Einklang zu kommen und zu tiefer Selbstannahme zu finden, und das in einem Shirt mit integriertem Push-up-BH, ist mir durchaus bewusst. Ich muss sogar sagen, dass es typisch *ich* ist. Ich kaufte zwei und trug eins bei meinem nächsten Besuch im Fitnessstudio.

Nachdem ich in der Sauna gewesen war, wollte ich eigentlich noch nicht wieder nach Hause, also ging ich noch ein bisschen aufs Laufband zum Walken. Ich lächelte die Frau neben mir an und merkte, dass sie mich irgendwie komisch anschaute. Natürlich ging ich davon aus, dass sie von meinen riesigen Brüsten beeindruckt war. Ich lächelte bescheiden zurück. Die Dame nickte mir zu: „Entschuldigen Sie, aber da klebt noch ein Etikett dran."

Kein Ding. Ich lasse *immer* die Etiketten dran. Sie zu entfernen gehört zu den Dingen, mit denen ich mich einfach nicht aufhalten möchte. Und weil ich oft im „Ich halte das einfach nicht mehr aus!"-Modus bin, gibt es ziemlich viele Dinge mit Etiketten bei mir.

Ich bedankte mich also bei der netten Frau und walkte weiter auf dem Laufband. Um das Schildchen kümmerte ich mich nicht weiter. *Ich habe jede Menge Probleme, meine Gute, und ein Etikett ist keins davon.*

Eine halbe Stunde später war ich dann wieder im Umkleideraum und machte mich bereit zu duschen. Ich weigere mich nämlich, meine Kinder abzuholen, bevor die zwei Stunden maximale Betreuungszeit komplett ausgeschöpft sind.

Ich ging also am Spiegel in der Umkleide vorbei und musste zweimal hinschauen. Das (sehr große) Klebeetikett, das ich die beiden vollen Stunden an meinem Shirt hatte, die ich in dem *sehr vollen* Fitnessstudio verbrachte, rief es laut in die Welt hinaus: „Polster herausnehmbar".

Eins, zwei, drei

Wenn einem der Arzt das erste Kind in den Arm legt, dann hält man die Luft an. Man hat das Gefühl, dass das Universum bestimmt einen Fehler gemacht hat und dass gleich eine Frau kommt, die geeigneter und mütterlicher ist als man selbst und einem das Kind wieder wegnimmt. Um die entsetzliche Zeit bis dahin rumzubekommen, spielt man Mutter und Kind. Man hält das Kind mit zitternden, verkrampften, schwitzigen Händen – und oft bleibt das so bis heute. Die Liebe zu dem Kind ist gefärbt von Angst. Man hat furchtbare Angst, es könnte jeden Moment sterben. Man vertraut nicht darauf, dass es sich schon in seiner Welt zurechtfindet. Man beäugt misstrauisch seine Ärzte, seine Spielkameraden, seine Lehrer und sogar seine Großeltern. Werden sie vorsichtig genug mit ihm sein? Es ist doch so *sensibel*.

Was man aber eigentlich meint ist: *Ich bin so sensibel. Ich bin wie Lazarus, der gerade aus dem Grab kommt und dessen Augen geblendet sind vom plötzlichen grellen Tageslicht. Ich kann mit der Wildheit und Zerbrechlichkeit dieser neuen Liebe nicht umgehen. Bitte seid vorsichtig mit uns.*

Man ist ganz sicher, wenn man seine Hand nur fest genug hält, wenn man ihm die richtigen Bücher vorliest, immer das gesündeste Essen auftischt und es in den besten Schulen anmeldet, wird alles gut. Man weiß aber eigentlich gar nicht mehr so genau, was *gut* eigentlich ist. Vielleicht bedeutet *gut*, dass es einem gelingt, das Kind und die Welt für immer voneinander getrennt zu halten. Vielleicht bedeutet gut, dass Sie beide diese Liebe überleben werden, diese Liebe, die so heftig ist, dass sie Sie wie ein Feuer zu verzehren droht.

Wenn man dann sein zweites Kind in den Armen hält, fängt man wieder an zu atmen. Man ist freudig erregt und besorgt. Das erstgeborene Kind wird abgelöst. Man kann nicht gleichzeitig beide Babys anschauen oder ihnen zuhören. Man schaut also das neue Baby an, während man gleichzeitig über das Erstgeborene redet. Man sagt den ganzen Tag: *Warte, mein Schatz.* Die Schuldgefühle sind unerbittlich. Wie will man sie davon überzeugen, dass sie beide der Mittelpunkt des Universums sind? Dieser neue Engel kommt einem zunächst wie ein Fremder vor, und dann kommt einem das erstgeborene Kind so vor. Plötzlich ist das erste Kind eine Art Riese, beinahe schon erwachsen. Man macht sich Sorgen, ob man auch beiden gerecht wird. Wie sieht die richtige Verteilung von Zeit, Liebe, Aufmerksamkeit, Angst und Sorgen aus? Zum ersten Mal macht man sich Gedanken darüber, wie dieser Jonglage-Akt, in dem man sich da versucht, wohl der Welt vorkommt. *Mache ich es richtig? Sage ich das Richtige? Kaufe ich die richtige Wickeltasche, das richtige Haus, das richtige Auto, die richtigen Einladungskarten für die Geburtstagsparty? Tragen sie die richtigen Klamotten? Trage ich das Richtige? Vermittele ich den Eindruck, dass ich das Muttersein in vollen Zügen genieße???*

Aber dann hat man auch wieder seine sentimentalen fünf Minuten, nicht wahr? Wenn sie einander anlächeln, wenn der Große der Kleinen das Spielzeug wiederholt, ihr übers Haar streichelt, sie an den Füßen kitzelt. **Wenn man zum ersten Mal zweistimmiges Kindergekicher aus dem Wohnzimmer hört. Wenn man mit dem Partner den beiden zuschaut, wie sie zusammen spielen, und sich einen Blick zuwirft, der besagt:** *Schau, was wir da geschaffen haben. Jetzt ist es wirklich passiert. Wir sind eine Familie!*

Dann kommt das Dritte. Und als man es zum ersten Mal im Arm hält, merkt man, dass die Hände ruhig sind und die Atmung regelmäßig und entspannt bleibt. Dieses alles Verzehrende ist weg. Liebe ist einfach nur ... Liebe. Man fühlt sich nicht mehr bedroht durch dieses Kind oder die Welt, weil man plötzlich in ihrem winzigen Gesichtchen sieht, dass sie die Welt *ist*. Und man begreift, dass man sowieso nicht ihr Beschützer ist – den hat sie nämlich schon –, sondern man ist lediglich ihr Lehrer. Man bekommt sie nur eine Zeit lang ausgeliehen.

Man beschließt, nicht mehr so viel seiner kostbaren Zeit damit zu verbringen, Gott anzuflehen, das Kind vor der bösen Welt zu beschützen. Das kommt einem plötzlich albern vor. Weil sie und Gott und die Welt alle miteinander unter dieser rosigen Haut stecken.

Und wenn man dann ihre kleinen Fingerchen zählt und in sein Inneres hineinhorcht, dann findet man dort keine Schuldgefühle. Weil man begreift, dass man den älteren Kindern gleich das größte Geschenk ihres Lebens präsentieren wird. Wer außer einem Bruder oder einer Schwester begleitet einen vom Anfang seines Lebensweges an bis zum bitteren Ende? Wenn das erstgeborene und das zweite Kind die nächsten beiden Monate neu lernen müssen, dass sie nicht der Mittelpunkt des Universums sind, dann ist das gut so. Das ist wichtig zu wissen, und es ist eine Lektion, die man am besten möglichst früh lernt. Noch ein Geschenk von Ihnen und diesem neuesten Mitglied der Familie an die anderen.

Man weiß, dass es schwerer werden wird, wenn man mit der Kleinen nach Hause kommt. Man wird im Supermarkt mehr fluchen und schwitzen. Man wird weniger Geld haben, um ihr die richtigen Sachen zu kaufen. Man sieht bei Spielverabredungen längst nicht mehr so picobello und gefasst aus, aber es macht einem weniger aus.

Weil man nämlich inzwischen mit genügend ehrlichen Eltern geredet hat, um zu wissen, dass es allen so geht. Und dass es keinen Preis gibt für die beste Außenwirkung. Man beschließt, sich das Elternsein nicht noch schwerer zu machen, indem man so tut, als wäre es nicht schwer.

Man schaut auf dieses dritte Kind, und man denkt: *Was ist an dir nur so anders?* Aber bevor man die Frage auch nur zu Ende gestellt hat, weiß man die Antwort schon. Und das eigene Herz sagt zum Herzen dieser Kleinen: *Ach, du bist gar nicht anders als die anderen beiden, aber ich bin anders. Ich lerne, wie man ohne so viel Angst lieben kann. Wie man loslassen kann in dieser brutal-schönen Welt. Wie man vertrauen kann. Ihr helft mir, leichter zu atmen, ihr drei. Jeder für sich und alle zusammen.*

Du bist zu mir gekommen, Amma, und du hast gesagt: *Es ist gut, Mama. Es wird uns allen gut gehen.* Das habe ich nicht gewusst, bevor du es mir gesagt hast, mein kleines Mädchen. Das habe ich wirklich nicht gewusst.

Freude

Der Gedanke, dass Chase jeden Tag acht Stunden lang in der Schule ist, macht mir angst. Es würde mir noch mehr angst machen, wenn er jeden Tag acht Stunden *zu Hause* wäre, aber trotzdem. So ist das mit dem Elternsein: Man hat Angst, wenn man etwas tut und auch, wenn man es nicht tut. Jedes Mal, wenn ich den Jungen sehe, wenn er aus der Schule kommt, fühle ich mich wie Geppeto, der „Vater" von Pinocchio. *Oh Mann,* denke ich. *Sieh ihn dir nur an! Er bewegt sich. Er läuft! Er ist LEBENDIG!* Chase ist ein Wunder, das ich beschützen möchte.

Als ich selbst in der Grundschule war, passierten viele Dinge, die mir peinlich waren oder die mich verwirrten oder mich traurig machten. Wie zum Beispiel, als ich von den anderen Mädchen ausgelacht wurde, weil ich fettige Haare hatte. *Du könntest mit all dem Fett Pommes frittieren,* sagten sie. Oder wenn die Jungs in der Pause beim Fangenspielen nie mich jagten. Oder als meine Freundin Jennifer mich einen *schwulen Wattebausch* nannte. Was ist eigentlich ein schwuler Wattebausch, bitte schön? Aber all diese Dinge schienen nicht wichtig genug, um darüber zu reden, und ich wollte auch nicht, dass meine Eltern erfuhren, dass nicht alles perfekt war, deshalb behielt ich diese traurigen Sachen für mich. Geheimnisse zu haben wurde mir zur zweiten Natur, was dann ein paar Jahrzehnte lang nicht gerade positive Auswirkungen hatte.

Bei der Frage, wie meine Kinder in der Schule zurechtkommen, geht es mir daher nicht um Noten, sondern um das Miteinander. Ich mache mir Sorgen darüber, wie sie in den Pausen zurechtkommen und im Schulbus.

Die meisten Kinder lernen Lesen und Rechnen und *irgend-wann* auch Stillsitzen. Aber nicht jedes lernt, dass es ihm und anderen zusteht, respektvoll behandelt zu werden. Nicht jedes Kind lernt, dass es okay und geliebt und kostbar ist und dass es mal passieren kann, verletzt zu werden und auch anderen wehzutun, solange man sich hinterher entschuldigt und versucht, das wieder in Ordnung zu bringen.

Nicht jeder lernt, dass Andersartigkeit schön ist. Und nicht jeder lernt, für sich selbst und andere einzustehen, auch dann, wenn es angst macht. Acht Jahre alt zu sein ist sehr jung, um auf dem großen Meer der sozialen Interaktion zu navigieren. Da kommt einem ja 36 schon manchmal zu jung vor.

Letzte Woche lag ich also mit Chase kuschelnd im Bett und erzählte ihm von meinen peinlichen, traurigen, erschreckenden kleinen Erlebnissen in der Grundschule. Ich erzählte ihm, dass ich Bubba und Tisha nie die Chance gegeben hatte, mir zu helfen, weil ich meine Sorgen für mich behalten hatte. Und indem ich meine Sorgen geheim hielt, wurden daraus Probleme. Das sei eine Schande, sagte ich, denn eigentlich ist es das Tolle am Kindsein, dass man eben keine Sorgen hat. Und wenn das doch mal vorkommt, dann sollte man mit seinen Eltern über diese Sorgen reden, damit daraus gar nicht erst Probleme werden. Ich sagte ihm, dass sein Papa und seine Mama immer auf seiner Seite sind und dass seine Sorgen *unsere* Sorgen sind. Das Wichtigste auf der Welt ist für uns sein Inneres, sein Herz.

Ich schlug Chase vor, dass wir jeden Abend ein Weilchen zusammen im Bett liegen und uns erinnern würden, was an diesem Tag traurig für ihn gewesen war und worüber er sich Sorgen machte. Dann würden wir darüber reden und Gott bitten, uns bei diesen Dingen zu helfen. Und wenn er wüsste, dass Gott und Mama und Papa *Bescheid wissen* und das mit im Auge haben, könnte er bestimmt viel besser schlafen.

Ich habe bei diesen Gesprächen viel über meinen kleinen Jungen erfahren. So dachte Chase zum Beispiel, dass die ersten paar Wochen in der Schule eine „Probezeit" wären und er rausgeschmissen werden könnte, wenn er nicht perfekt wäre. Kurz war ich in Versuchung, ihn in diesem Glauben zu lassen. Und der Grund, weshalb er immer nur von seinem Vater zum Baseballtraining gebracht werden will, ist der, dass es ihm peinlich ist, wie ich immer jubele und ihn anfeure, egal, ob er den Ball getroffen hat oder nicht. „Du solltest nicht jubeln und schreien: ‚Ganz toll!', wenn Leute den Ball fallen lassen, Mama. Es ist *nicht gut*, den Ball fallen zu lassen. Ich weiß ehrlich nicht, ob du Baseball überhaupt verstehst!"

Dann gibt es im Schulbus so ein Mädchen, das gern andere Kinder piesackt, und Chase hat Angst vor diesem Mädchen. Ich habe ihm gesagt, dass er eine Aufgabe von mir bekommt: Er sollte herausfinden, welche Augenfarbe das Mädchen hat. Das war alles.

Am nächsten Tag kam Chase dann aus der Schule und sagte: „Mama! Ihre Augen sind blau! Aber weißt du was? Als ich ihr in die Augen geschaut habe, um herauszufinden, welche Farbe sie haben, da hat sie aufgehört, so böse zu gucken – sie hat einfach weggeguckt! Und dann hat sie mich die ganze Fahrt nicht mehr böse angeguckt! Und auf dem Nachhauseweg hat sie mich dann gar nicht mehr angeguckt! Sie ist einfach an mir vorbeigegangen!"

Ja genau! Sieh ihnen immer in die Augen, Kumpel. Aufrichtigkeit können die Bösartigen nämlich nicht vertragen.

Ich glaube, es lohnt sich, dieses Gespräch über seine Sorgen als Ritual beizubehalten. Denn wenn wir jeden Abend unser Herz ausschütten, dann sammelt sich darin nicht so viel an, und es wird nicht so schwer, sondern es bleibt leicht und offen und es ist viel Platz darin für gute neue Dinge.

Ein Berg, auf dem ich zu sterben bereit wäre

Gemeinsam mit anderen besorgten Eltern beobachte ich die Reaktion der amerikanischen Öffentlichkeit auf die steigende Anzahl von Selbstmorden, die mit Mobbing zu tun haben. Die Menschen scheinen immer ziemlich schockiert darüber, wie viel Grausamkeit an amerikanischen Schulen herrscht. Mich hingegen überrascht diese schockierte Reaktion mehr, und es beunruhigt mich, was in den vorgeschlagenen Lösungen für dieses Problem alles *nicht* angesprochen wird.

Die allgemein akzeptierte Reaktion besteht anscheinend in der Erkenntnis, dass Schüler und Lehrer besser darüber informiert werden müssen, was Mobbing ist und wie man darauf angemessen reagiert. Das ist sicher gut, aber als einziges Vorgehen ist es ein bisschen so, als würde man panisch Wasser schöpfen, ohne zuvor das Loch im Boot ausfindig zu machen.

Jedes Mal, wenn über Mobbingfälle berichtet wird, ist die erste Reaktion: *Die Kinder von heute können ja so grausam sein.* Ich halte das allerdings nur für eine Worthülse, die wir ausstoßen, um nicht der Wahrheit ins Gesicht sehen zu müssen.

Ich glaube nicht, dass Kinder grausamer sind als Erwachsene. Ich glaube, dass Kinder ihre Grausamkeit nur nicht so geschickt verschleiern können.

Gestern habe ich im Radio einen Bericht darüber gehört, dass an Schulen und Colleges vor allem homosexuelle Schüler, übergewichtige Schüler und muslimische Schüler gemobbt werden.

Hmmmm.

Ich würde an diesem Punkt unserer Geschichte davon ausgehen, dass auch schwule, übergewichtige und/oder muslimische *Erwachsene* die beliebtesten Opfer von Mobbingattacken sind.

Kinder sind nicht grausam. Kinder sind Spiegel. Sie möchten „erwachsen" sein, und deshalb verhalten sie sich so, wie wir Erwachsenen uns verhalten, wenn wir glauben, dass die Kinder es nicht mitbekommen. Sie tun nicht das, was wir sagen, sondern das, was wir *tun*. Sie glauben, was wir glauben. Sie sagen, was wir sagen. Und wir haben ihnen beigebracht, dass homosexuelle Leute nicht in Ordnung sind, dass übergewichtige Leute nicht in Ordnung sind und dass Moslems nicht in Ordnung sind – dass diese Menschen nicht so sind wie wir und deshalb weniger wert. Wir vermitteln den Kindern, dass man ihnen mit Misstrauen und Angst begegnen sollte. Und Menschen zerstören das, wovor sie Angst haben. Das wissen wir auch.

Was Kinder in den Schulen tun und was wir in den Medien machen, ist genau das Gleiche. Der einzige Unterschied besteht darin, dass Kinder auf Schulhöfen, in Turnhallen und auf den Gängen der Schule mobben und wir es von Kanzeln, Senatssitzen oder Talkshowstühlen aus tun.

Und Menschen sind sensibel, so unglaublich sensibel. Wenn ein Mensch oft genug von anderen gesagt bekommt, dass er nicht in Ordnung ist, dann glaubt er es irgendwann. Und auf die eine oder andere Weise stirbt er.

Was also ist an alldem verwunderlich und überraschend? Eigentlich ist es doch nur logisch. Es ist langsam tröpfelnde Grausamkeit.

Ich weiß nicht viel. Aber eines weiß ich: Jedes Mal, wenn ich in den Nachrichten etwas sehe, das mir das Herz zerreißt, jedes Mal, wenn ich auf ein äußeres Problem stoße, dann liegt die Lösung dieses Problems *innen*. Das Problem bin *immer* ich, und die Lösung bin auch *immer* ich. Wenn ich möchte, dass meine Welt weniger grausam ist, muss ich freundlicher sein. Wenn ich möchte, dass meine Kinder andere Kinder so annehmen, wie sie sind, dass sie andere Kinder respektvoll behandeln und ihre Würde achten, wie es jedem Kind Gottes zusteht, dann muss ich andere Menschen auch so behandeln. Und es wäre ratsam, dafür zu sorgen, dass meine Kinder ohne den Hauch eines Zweifels wissen, dass sie in den Augen Gottes und auch in meinen und Craigs, völlig in Ordnung und richtig sind, dass sie geliebt werden, und zwar genau so, wie sie sind, ohne Wenn und Aber.

Denn Kinder, die andere Kinder mobben, sind Kinder, die letztlich Angst haben, dass irgendetwas an ihnen nicht in Ordnung ist, und die glauben, dass es ratsam ist, diesen Teil geheim zu halten.

Folgenden Brief habe ich deshalb an meinen Sohn geschrieben:

Lieber Chase,

wer auch immer du bist, wer auch immer du wirst, du bist geliebt. Du bist ein Wunder. Du bist unser in Erfüllung gegangener Traum.

Lieber Chase, solltest du eines Tages nach Hause kommen und deinem Vater und mir erzählen, dass du homosexuell empfindest, dann würde Folgendes passieren: Wir würden große Augen machen. Und wir würden dich packen und dich so fest drücken, dass du es kaum aushalten könntest, und wir würden hoffen, dass möglichst wenig Zeit vergangen ist zwischen dem Augenblick, in dem du gemerkt hast, dass du schwul bist und dem, in dem du es uns gesagt hast. Und wir würden dich lieb haben und dir eine Million Fragen stellen, und dann würden wir dich noch ein bisschen mehr lieb haben, und dann würde ich lossausen, um Regenbogen-T-Shirts zu kaufen, mein Schatz, denn wie du weißt, hat deine Mama immer gern ein passendes Outfit für den jeweiligen Anlass.

Und ich meine damit nicht, dass wir „tolerant" wären in Bezug auf dich und deine Sexualität. **Wenn es unser höchstes Ziel wäre, Menschen gegenüber tolerant zu sein, also es lediglich hinzunehmen, wenn Menschen anders sind als wir, dann wäre das kein besonders hoch gestecktes Ziel. Hinnehmen muss man Staus auf der Autobahn, aber Menschen muss man feiern.**

Jeder Mensch kommt von Gott. Wir sollten deshalb feiern, dass du einen Schritt weitergekommen wärst in dem Prozess, in dem dein Äußeres immer mehr deinem Inneren entspricht – also der zu sein, der du bist. Und es gäbe einen winzigen Teil in meinem Herzen, der einen kleinen Freudensprung machen würde bei dem Gedanken, dass ich dann wohl für immer die wichtigste Frau in deinem Leben bliebe. Und dann würden wir es allen sagen und uns nicht allzu viele Gedanken über die Reaktionen der anderen machen, mein Schatz, denn Spielverderber gibt es immer.

Weil wir Christen sind und weil wir die Bibel lieben und sie uns wichtig ist, könntest du eines Tages vielleicht unsicher sein, wie wir wohl zu dem Thema stehen, denn es gibt Stellen in der Bibel, in denen Homosexualität anscheinend als Sünde betrachtet wird. Lass uns unseren Standpunkt erklären, denn wir haben uns jahrelang informiert und die Bibel studiert und gebetet und darüber diskutiert.

Wir glauben nicht, dass Homosexualität Sünde ist, Chase. Die Bibel ist von Gott inspiriert, aber sie ist von unvollkommenen Menschen wie uns geschrieben, übersetzt und ausgelegt worden. Das bedeutet, dass in all den Jahren, in denen die Heilige Schrift von Generation zu Generation und von Kultur zu Kultur weitergeschrieben wurde, etwas Ähnliches passiert ist wie bei dem Spiel „Stille Post". Nach vielen Tausend Jahren ist es unmöglich geworden, die ganz genaue Originalaussage einer Bibelstelle zu kennen. Wir glauben, dass im Zweifelsfall Gnade wichtiger sein sollte als ein Urteil.

Deine Eltern sind also Christen, die lesen und beten und genau und sorgfältig überlegen, welche Anweisungen, Gebote und Lehren der Bibel sie befolgen. Unser Maßstab bei dieser Auswahl ist dabei immer, ob es mit dem übereinstimmt, was Jesus insgesamt lehrt. Dabei passieren uns bestimmt auch mal Fehler. Das ist bei jedem Menschen so. Aber es ist unsere Pflicht, das zu versuchen. Jeder Mensch muss mit der angemessenen Ehrfurcht seinen eigenen Zugang zu Gott und zur Bibel finden. Das ist sogar das Wichtigste, was wir in unserem ganzen Leben tun! Manche Leute finden diese Einstellung und Vorgehensweise ganz sicher skandalös und gefährlich. Aber eigentlich ist es nur skandalös, das laut auszusprechen. Tatsache ist, dass jeder Christ sich aufgrund seiner persönlichen Erkenntnisse und Überzeugungen aussucht, an welche Aussagen der Bibel er sich hält und an welche nicht.

Vor Kurzem ging es in einem Gespräch in unserem Bibelkreis darum, ob Homosexualität Sünde ist, und da habe ich Mutter Teresa zitiert und gesagt: „Wenn wir Menschen beurteilen und verurteilen, haben wir keine Zeit mehr, sie zu lieben." Dafür wurde ich sofort von einer Frau aus dem Bibelkreis getadelt, die mich an 1. Korinther 6,9-10 erinnerte (wo ein Wort steht, das man vielleicht als einen Ausdruck für Homosexualität interpretieren kann – vielleicht aber auch nicht). Ich war irritiert, denn diese Frau spricht häufig öffentlich in der Gemeinde. Sie trägt Schmuck und offene Haare. Das alles sind ebenfalls glasklare Verstöße gegen die klar formulierten Regeln des Neuen Testamentes. Offenbar wollte sie sich nicht an die Bibelstellen halten, die ihre persönlichen Freiheiten einschränkten, wohl aber die eingehalten wissen, durch die die Freiheiten anderer eingeschränkt werden. Darauf wies ich sie allerdings zu diesem Zeitpunkt nicht hin, weil sie wirklich kein schlechter Mensch ist. Die Menschen machen es ja meistens, so gut sie können, und wenn möglich, sollte man niemanden beschämen.

Ich will damit sagen, dass alle Christen unterschiedliche Kriterien dafür haben, welche Bibelstellen für sie eine so hohe Priorität haben, dass sie sie in ihrem ganz normalen Alltag befolgen. Die Bibel ist an vielen Stellen verwirrend, aber die wichtigsten Teile sind ganz klar.

Ich frage mich manchmal, ob viele Christen so gern über die nicht ganz eindeutigen Stellen in der Bibel diskutieren, damit sie nicht damit anfangen müssen, die ganz eindeutigen *zu tun*.

Das Kriterium, anhand dessen dein Vater und ich entscheiden, was wir befolgen und was nicht, ist folgendes:

Wenn eine bestimmte Aussage in der Bibel uns dazu bringt, Menschen oder Situationen nach äußeren Kriterien zu beurteilen statt nach inneren, wenn wir uns mehr Gedanken darüber machen, inwiefern sich andere Menschen ändern müssen statt wir selbst, wenn sie nicht dazu beiträgt, dass wir Gott, das Leben und andere Menschen mehr und besser lieben, wenn sie uns davon ablenkt, das zu tun, was wir hier unten eigentlich tun sollen – nämlich Gott in jedem Menschen zu erkennen, einander zu helfen, Hungernden zu Essen zu geben, Kranke und Traurige zu trösten, alles, was wir haben, für andere einzusetzen und unser Leben für unsere Freunde zu lassen –, dann gehen wir davon aus, dass wir diese Stelle noch nicht verstehen; wir lassen sie also erst einmal beiseite und machen mit dem weiter, was wir verstanden haben.

Denn alles, was ich wissen muss, ist, dass ich wiedergeboren bin. Und ich glaube, wiedergeboren zu sein bedeutet Folgendes:

Wenn man das erste Mal geboren wird, identifiziert man die Menschen, die mit im Raum sind, als Familie. Wenn man zum zweiten Mal geboren wird, dann betrachtet man die ganze Welt als seine Familie.

Christ zu werden bedeutet nicht, irgendeinem Verein beizutreten, sondern es bedeutet, sich klarzumachen, dass

wir alle in demselben Verein sind, und zwar jeder einzelne Mensch. Deshalb sollten wir um jeden Preis die Diskussionen darüber vermeiden, wer dazugehört und wer nicht. Jeder ist drin.

Das macht es ja gerade so schön – und gleichzeitig so schwierig. Wenn es nicht schön und schwierig ist, deinen Glauben zu praktizieren, dann such dir einen neuen. Und wenn geistliche Lehrer dich darin bestärken, jemanden zu meiden oder zu fürchten, dann schau ganz besonders genau hin, mein Schatz. Heb erst eine Augenbraue und dann die Hand. Denn der Satz, der in der Bibel am allerhäufigsten vorkommt, lautet: „Fürchte dich nicht." Wenn sie dir also sagen, dass schwule Menschen eine Bedrohung für die Ehe sind, dann denk genau nach.

Ich kann zwar nur aus meiner persönlichen Erfahrung sprechen, aber ich bin seit zehn Jahren verheiratet und es hat kaum eine schwule Person versucht, meine Ehe zu zerstören.

Ich sage kaum eine, weil ich mir da bei Nate Berkus[2] nicht so ganz sicher bin. Er verführt mich immer wieder dazu, dass ich vom Haushaltsgeld schönen Schnickschnack kaufe, und das macht deinen Vater manchmal ein klitzekleines bisschen wahnsinnig. Aber davon abgesehen, bin ich ziemlich sicher, dass die einzige Bedrohung für unsere Ehe Stolz, Unsicherheit, Zorn und die Verlockungen der großen weiten Welt sind.

Hab keine Angst vor Menschen, die anders sind als du, mein Schatz. „Anders" erweist sich oft als reine Illusion, also schau genau hin.

Gott hat dir die Bibel geschenkt, Chase, und er hat dich auch mit deinem Herzen und deinem Verstand ausgestattet, und ich glaube, er möchte, dass du alle drei benutzt. Damit hat er sich ein gutes System der gegenseitigen Kontrol-

---

2 Maktub: arabisch für „Alles ist geschrieben".

le ausgedacht. Es kann aber trotzdem immer noch schwer sein, Prioritäten zu setzen. Das hat Jesus vorausgesagt, und deshalb hat er uns die folgende Geschichte geschenkt:

Ein Mann kam auf Jesus zu und sagte, dass ihn all die Gesetze und Anweisungen Gottes sehr verwirrten, und er bat Jesus, sie alle auf den Punkt zu bringen und zusammenzufassen. Er fragte: „Welches ist das wichtigste Gebot?" Und Jesus antwortete: „Liebe Gott von ganzem Herzen, mit ganzer Seele und mit ganzem Verstand, und liebe die anderen so wie dich selbst." Und dann fügte er noch hinzu, dass der Rest der Bibel in diesem Gebot enthalten sei.

Benutze also dieses Gebot wie eine Linse, um den Rest zu prüfen. Und dann sorg dafür, dass du anderen dieselben Rechte und denselben Respekt zugestehst wie dir selbst. Wenn du das tust, dann kann gar nichts schief gehen.

Du bist in Ordnung, Chase. Du bist gut und richtig so, wie du bist. Du bist ein Kind Gottes, wie jeder andere Mensch auch. Nichts, was du je getan hast oder noch tun wirst, könnte dazu führen, dass Gott dich weniger oder mehr liebt. Nichts davon ist für Gott eine Überraschung. Dein Morgen ist schon für gut befunden worden.

Und deshalb haben dein Vater und ich nur eine konkrete Erwartung an dich, mein Schatz: dass du andere Menschen genau so feierst, wie wir dich feiern. Dass du jeden Tag, jede Minute daran denkst, dass es auf Gottes schöner Erde niemanden gibt, der mehr oder weniger Respekt verdient hat als du, mein Schatz.

Der Herr hat euch doch längst gesagt, was gut ist! Er fordert von euch nur eines: Haltet euch an das Recht, begegnet anderen mit Güte und lebt in Ehrfurcht vor eurem Gott.
Micha 6,8

In Liebe,
Mama

PS: Vielleicht sollten wir aber doch noch erwähnen, dass es auch absolut in Ordnung ist, wenn du heterosexuell bist. Das wäre jetzt vielleicht ein bisschen antiklimaktisch, aber dein Vater und ich würden schon damit fertig werden.

Über einen Fisch und den Himmel

Unsere erste Berührung mit dem Tod hatten wir, als Chases Fisch Jacob starb. Wir hatten im Laufe der Jahre schon einige Fische gehabt, und jedes Mal, wenn einer gestorben war, hatten wir ihn einfach durch einen neuen ersetzt, ohne dass die Kinder auch nur eine Träne vergossen hätten. Aber Jacob war etwas Besonderes. Ein prachtvoller Kampffisch. Zwei Jahre lang schwamm er in seinem Aquarium in Chases Zimmer herum und überlebte eine Million klebriger Finger und mehr als nur ein paar vergessene Fütterungen. Jacob hatte ein Auge auf unsere Sachen und wir fanden ihn weise und verantwortungsbewusst. Ich habe den Kindern einmal gestanden, dass ich ihren Papa mehr liebe als Jacob, worauf sie mit einem dermaßen hysterischen Entsetzen reagierten, dass ich mich gezwungen sah, diese Aussage zu widerrufen und zu geloben, dass ich Papa und Jacob eigentlich genau gleich lieb hätte. Jacob gehörte einfach zu uns.

Wir beschlossen, den Kindern sofort zu erzählen, dass Jacob tot war, damit es keine böse Überraschung gab. Als alle drei zusammen im Wohnzimmer spielten, setzten Craig und ich uns zu ihnen und sagten. „Wir müssen euch etwas sehr Trauriges sagen." Bei dieser Ansage erstarrten alle drei und ihre Köpfe drehten sich in meine Richtung. Ich sagte ganz ernst und ruhig: „Jacob ist heute Morgen gestorben." Ich wollte diesen Schlag nämlich nicht irgendwie abfedern, indem ich etwas schönredete.

Tish fing sofort an zu schluchzen. Ich hob sie vom Fußboden hoch, und sie drückte ihr Gesicht in mein Haar und rollte sich zu einer kleinen Selbstschutzkugel zusammen. Chase schlug sich die Hand vor den Mund und fragte, ob er Jacob noch einmal sehen könne. Ich setzte Tish auf Craigs Schoß, während Amma, die noch zu klein war, um zu verstehen, was los war, zu ihr hinübertapste. Zuerst schien sie sie trösten zu wollen, doch dann patschte sie ihr fest auf die Stirn. Aus Tishs leisem Wimmern wurde lautes Geheul. Craig und ich warfen uns einen Blick zu, der besagte: *Na, dann viel Glück,* und ich ging hinter Chase die Treppe hinauf, um mit ihm zusammen den Leichnam anzuschauen.

Chase betrat sein Zimmer und marschierte wie ein Soldat geradewegs zum Aquarium. Dort erblickte er Jacobs leblosen Körper und stellte fest, dass die lebhaft rote Färbung seines Freundes zu einem hellen Grau verblasst war. Chase fragte, woher das käme, wartete aber meine Antwort gar nicht ab, sondern bedeckte seine Augen mit seinen kleinen Zweitklässler-Händen, damit endlich die Tränen fließen konnten. Seine Schultern sackten nach unten, er ließ sich in meine Arme fallen und die Tränen liefen ihm übers Gesicht.

Ich hätte Chase so gern gesagt, dass *alles wieder gut* würde, dass ich Jacob durch einen neuen, einen größeren, schöneren Fisch, ja einen ganzen *Fischschwarm* ersetzen würde, aber das tat ich nicht.

Das hier war seine erste Erfahrung mit dem Tod, und ich wollte nicht andeuten, dass man den Tod hinters Licht führen kann, indem man einfach Ersatz beschafft. Ich wollte ihm nicht vermitteln, dass man dem Schmerz ausweichen oder aus dem Weg gehen oder ihn vermeiden kann. Er sollte die Erfahrung machen, dass der Tod unserer Trauer würdig ist, weil er endgültig ist – vorerst jedenfalls.

Also saßen wir einfach auf seinem Bett und hielten uns gegenseitig fest. Chase weinte und zitterte und flehte mich um Antworten an. Er sagte: „Es geht gar nicht um Jacob, Mama. Aber es ist doch so, dass jeder, den wir lieb haben, einmal stirbt. Wie sollen wir das denn überleben?" Und bevor ich ihm darauf antworten konnte, sagte er: „Ich weiß, was du über den

Himmel sagen wirst, Mama, aber woher weißt du, dass es den wirklich gibt? *Du weißt es nicht.* Und ich weiß nicht, ob ich daran glauben kann."

Ich hatte auf die brillanten Fragen meines Kindes nicht allzu viele brillante Antworten zu bieten. Ich war einfach nur dankbar, ihm wahrheitsgemäß sagen zu können, dass ich tatsächlich an den Himmel glaube, selbst wenn ich bezweifele, dass es dort auch nur im Entferntesten so ist, wie wir es uns vorstellen. Als er mich dann fragte, *wie* ich das denn glauben könne, sagte ich ihm, dass ich es glaubte, weil ich einfach nicht anders *könne.* Wenn ich nicht glauben könne, so erklärte ich ihm, dann würde mich ein solcher namenloser Schrecken packen bei dem Gedanken, die Menschen, die ich liebe, für immer zu verlieren, dass ich keine Hoffnung mehr hätte und innerlich sterben würde. Ich sagte ihm, dass ich glaube, weil ich keine andere Wahl habe, weil ich dazu geschaffen bin zu glauben, weil ich nicht in der Lage bin, mein Leben vor dem Tod gut zu leben, wenn ich nicht an ein Leben nach dem Tod glauben würde. Ich würde in Panik geraten und erstarren. Als er mich fragte, wie es denn wohl im Himmel sei, antwortete ich ihm, dass ich glaube, der Himmel sei ein Ort, wo jeder den anderen vollkommen liebt.

Und dann fragte er mich: „Warum Mama? Warum schickt Gott uns hierher, wo so vieles so wehtut? Warum macht er, dass wir Sachen lieben, obwohl er doch weiß, dass wir sie wieder verlieren werden?"

Ich sagte ihm, dass wir Menschen und auch Tiere nicht deshalb lieb haben, weil sie für immer bei uns bleiben, sondern weil es uns verändert, sie zu lieben, weil es uns zu besseren Menschen macht, die gesünder, freundlicher und echter sind. **Menschen und Tiere zu lieben macht uns auf die richtige Art und Weise stärker und auch auf die richtige Art und Weise schwächer. Selbst wenn Menschen und Tiere uns verlassen, selbst wenn sie sterben, bleiben wir als *bessere* Menschen zurück. Also lieben wir weiter, auch dann, wenn wir jemanden** verlieren, weil das Lieben uns etwas lehrt und uns verändert. **Und genau dazu sind wir hier.** Gott schickt uns hierher, damit wir lernen, besser zu lieben und uns besser lieben zu lassen, sodass wir besser auf den Himmel vorbereitet sind.

Als ich fertig war, schaute Chase mir direkt in die Augen. Seine Tränen versiegten für einen Moment und er sagte: „Ja, diesen Teil kann ich glauben. Das hört sich richtig an. Das glaube ich."

Ein Weilchen später kam auch Tish in Chases Zimmer, immer noch mit verweinten Augen und bebenden Lippen. Sie kletterte zu uns aufs Bett und quetschte sich zwischen Chase und mich. Dann kamen auch noch Craig und Amma hinterher und legten sich neben uns auf den Fußboden.

Tish sagte leise: „Ich möchte aber, dass Jacob wieder lebendig wird."

Chase hob den Kopf, schaute zu Tish und sagte. „Also, hier wird er ganz sicher nicht wieder lebendig, aber im Himmel. Es ist also nicht *nur* traurig, Tish." Und dann hörte er endgültig auf zu weinen. Manchmal ist die einzige Art, über die Trauer hinwegzukommen, jemand Jüngerem zu helfen, über seine Trauer hinwegzukommen.

Ich trat also durch diese Tür der Hoffnung, die Chase für uns geöffnet hatte. Auf diese Erlaubnis von ihm hatte ich gewartet, denn derjenige, der dem Verstorbenen am nächsten gestanden hat, muss als Erster den Schritt aus der Verzweiflung in Richtung Hoffnung tun. Niemand sonst darf vorauseilen und diese Tür aufstoßen. Das ist die Regel.

Ich sagte: „Hey, glaubt ihr, dass Jacob im Himmel immer noch ein Kampffisch ist? Vielleicht ist er im Himmel ja ein Friedensfisch und kann dort endlich mit seinen Freunden gemeinsam herumschwimmen und mit ihnen spielen."

Chase hatte immer noch feuchte Augen, aber gleichzeitig zeigte sich auch ein winziges Lächeln wie ein hauchzarter Regenbogen. Das ist ganz klar mein Lieblingsblick. Und das gehört zu meinen Lieblingsmomenten im Leben. Wenn man merkt: *Wow, das ist richtig schlimm, aber wir sind immer noch da. Wir stehen das durch. Nicht über oder unter oder drum herum, sondern mitten hindurch. Und guck mal, wir können sogar wieder lächeln.*

Wir saßen alle fünf eine Weile einfach still da und streichelten uns gegenseitig. Und dann planten wir ein anständiges Begräbnis für Jacob für den nächsten Morgen im Garten hinterm Haus. Wir würden ein paar Bilder für ihn malen und ein, zwei Gebete und Gedichte lesen. Und dann beendete Chase unsere Totenwache, indem er wegging, um mit seinem Meerschweinchen Romeo zu spielen.

Transzendentalist

An einem Novembermorgen waren meine Kinder sehr, sehr schlecht drauf – offensichtlich hatten sie einen Zuckerflash nach den Süßigkeiten von Halloween. Nach dem Mittagessen sagte ich, sie würden nie wieder, nie, nie, nie wieder Süßigkeiten bekommen, weil ihnen davon sämtliche Zähne ausfallen würden. Das Problem ist allerdings, dass ich selbst so gern Süßigkeiten esse. Wenn die Kinder zu Ostern oder Weihnachten Süßigkeiten bekamen, versteckte ich die gesamten Vorräte irgendwo, und im Laufe des Tages verzehrte *ich* sie dann selbst. Als ich später an diesem Tag Wäsche in den Trockner steckte, fand ich in einer von Chases Hosentaschen eine Packung Mentos. Durch die Wäsche waren sie alle zusammengeklebt, aber das reichte als Abschreckung für mich nicht aus. Ich riss die Packung auf und fing an zu kauen. *Freude.*

Aber dann biss ich plötzlich auf etwas Hartes. Seltsam. Ich untersuchte die zerkaute Masse etwas genauer und fand einen Zahn darin. Einen ZAHN! Beim zweiten Hinschauen stellte ich fest, dass es eine von meinen Kronen war. Ich war entsetzt. Es war wie in einem dieser Träume, in denen einem alle Zähne herausfallen, und man wacht auf und ist unendlich erleichtert, dass es nur ein Traum war – mit dem Unterschied, dass es in diesem Fall eben kein Traum war. Es gab kein Aufwachen.

Als Tish zu mir kam, zeigte ich ihr den Zahn, und sie fing an zu weinen. Ich dachte schon, dass sie sich Sorgen um mich machte, aber Pustekuchen, es ging gar nicht um den Zahn, wie ich gleich merken sollte:

Tish: „Was ist denn das für weißes Zeugs da an dem Zahn? Hast du etwa ohne mich Süßigkeiten gegessen?"

Ich: „Ja, Tish, das habe ich."

Tish: „Und dabei ist dein Zahn herausgefallen?"

Ich: „Tja, wie ich euch gesagt habe ..."

Tish: „Oh-oh. Da fragen wir wohl besser mal Google, was man da macht."

Google ist ihr drittes Elternteil. Man könnte sogar sagen, ihr liebstes. Sie rannte also zum Computer und gab als Suchbegriff ein: *Was mache ich, wenn mir eine Krone ausfällt?* Wir haben ein paar gute Antworten bekommen.

Ich hielt mich an Mama Googles Rat und machte einen Termin beim Zahnarzt, um mir die Krone wieder einsetzen zu lassen. Natürlich tagsüber, damit ich Craig nichts von dem Malheur zu erzählen brauchte. Ich kann mit meinem Mann nicht über den Zahnarzt reden, denn Craig ist ein absoluter Zahnarztstreber. Er geht exakt alle sechs Monate zur Kontrolle, und er benutzt jeden Tag – manchmal sogar zweimal täglich – Zahnseide.

Ich kann keine Zahnseide benutzen. Ich habe keine Ahnung, warum nicht. Ich bekomme echt schwierige Sachen hin, aber das irgendwie nicht. Das wiederum macht Craig wahnsinnig. Er legt jeden Abend Zahnseide neben meine Zahnbürste und schickt mir irgendwelche verstörenden Links über Zahnfleischerkrankungen. Er kauft mir alle paar Wochen neue Zahnbürsten, und er kriegt jedes Mal einen Anfall, wenn ich eine Verpackung mit den Zähnen öffne.

Wenn ich sage, dass Craig ein Modell für perfekte Zahnhygiene ist, dann meine ich das wortwörtlich. Es gibt nämlich ein riesiges Poster von ihm im Wartezimmer des Zahnarztes, auf dem er sein breites, schneeweißes, gesundes Zahnfleisch-Lächeln zeigt und damit uns verängstigte, schwitzende Zahnarzt-Schisser verhöhnt. Das gesamte Praxisteam betet Craig geradezu an. Wenn er bei diesem Zahnarzt einen Termin hat, dann behandeln sie ihn dort wie einen Kronprinzen. Wenn ich dagegen dort bin, ziehen sie nur die Augenbrauen hoch und werfen einander vielsagende Blicke zu: „Sie benutzen ja immer noch keine Zahnseide." Und dann bekomme ich mal wieder eine Lektion in Sachen „Benutzung von Zahnseide". Jedes Mal läuft das so. Als ob ich fünf Jahre alt wäre. Und das Schlimmste daran ist, dass ich zuhören und aufpassen und mich benehmen muss, als würde ich zum ersten Mal im Leben Zahnseide sehen, weil die einzige Alternative wäre zu sagen: „Meine Güte, ich *weiß*, wie das geht – ich mache es nur nicht." Was natürlich noch schlechter ankäme. Also schaue ich brav zu und nicke, und das Ganze ist immer so unangenehm und ärgerlich und demütigend, dass ich jedes Mal beim Verlassen der Praxis gelobe, von jetzt an jeden Tag Zahnseide zu benutzen. Aber dann tue ich es doch wieder nicht.

Mit den Kindern gehe ich dagegen richtig gern zum Zahnarzt. Sie haben nämlich einen Zahnarzt, der entdeckt hat, dass die Kinder sich praktisch Löcher in den Zähnen *wünschen*, wenn man die Praxis in einen Vergnügungspark verwandelt, mit Kinoleinwänden, einem Kicker und Videospielen! Es ist wie Disneyland, nur ohne das anstrengende Herumlaufen, dafür mit einer Kaffeemaschine und den neuesten Ausgaben sämtlicher Klatschzeitschriften.

Und als Zusatzbonus fühle ich mich beim Zahnarzt unserer Kinder auch noch wie eine verantwortungsvolle Erwachsene. Welche Mutter denkt schon daran, mit allen ihren Kindern regelmäßig zum Zahnarzt zu gehen? Eine tolle Mutter, die denkt an so was.

Zu den Zahnarztterminen der Kinder trage ich immer eine Strickjacke. Ich besitze nur eine einzige Strickjacke, weil ich eigentlich gar kein Cardigan-Typ bin, aber am Zahnarzttag sieht das anders aus. Nichts schreit so deutlich: „Ich bin eine verantwortungsvolle Mutter und war noch nie im Knast!", wie es eine Strickjacke tut.

Das ungezuckerte Sahnehäubchen bei der ganzen Sache ist, dass Craig, der Zahngesundheitsstreber, akribisch dafür sorgt, dass sich unsere Kinder zwei Mal täglich die Zähne putzen und Zahnseide benutzen, sodass sie immer perfekte Ergebnisse bei den Prophylaxeterminen haben. Und weil ich es bin, die mit ihnen zu den Terminen geht, denkt der Zahnarzt natürlich, dass ich eine verantwortungsvolle Zahnpflegemutter bin und gratuliert mir jedes Mal. Ha!

Als ich einmal ohne Craig mit den Kindern in einem Hotel übernachtet habe und es Zeit war, ins Bett zu gehen, musste ich den Kindern beichten, dass ich ihre Zahnbürsten vergessen hatte. Sie wurden weiß vor Schreck (nur zur Erklärung, Craig ist Halbasiate, daher haben sie von Natur aus eigentlich einen dunklen Teint) und waren völlig fertig. Als ich ins Bad ging, fand Tish mein Handy und rief Craig an, um mich zu verpetzen. Ich hörte, wie sie verstohlen flüsterte: „Papa – Mama hat gesagt, wir sollen *ohne* Zähneputzen ins Bett gehen. Was sollen wir denn jetzt *machen*?" Ich kam aus dem Bad gestürzt und schrie: „Tish! Was machst du da?", und Tish flüsterte weiter ins Telefon: „Ich muss jetzt aufhören, Papa, weil Mama mich anschreit."

Als wir am nächsten Tag nach Hause kamen, setzte Craig an „Was hast du …", aber ich sagte: „Fang gar nicht erst an!" Und er fing gar nicht erst an.

Tatsache ist, dass ich zwar ein Zahnreinigungsbanause bin, aber absolut penibel bei der Verwendung von Zahnweiß. Wenn ich also die strahlend weißen Berichte über die Zahngesundheit meiner Kinder entgegennehme, dann werfe ich der Zahnarzthelferin mein strahlend weißes Lächeln zu und niemand merkt etwas. Ich werde ganz kurz jemand anders – eine Zahngesundheitsstreberin im Cardigan mit perfekt gepflegten Kindern – und für ein, zwei Stunden genieße ich diese Rolle sogar. An den Zahnarzttagen werde ich zu meinem eigenen Charaktergegenstück.

Neulich Morgen hatten die Kinder wieder ihren Prophylaxetermin, also zog ich meine Strickjacke an und wir stiegen alle ins Auto. Leider merkte ich erst kurz darauf, dass ich vergessen hatte, den Kindern etwas zum Frühstück zu geben. Normalerweise habe ich für solche Fälle eine Ladung Müsliriegel im Handschuhfach, aber an diesem Tag war nur noch einer übrig. Und ich war kurz vorm Verhungern. Also sagte ich den Kindern, es seien keine Müsliriegel mehr da und Amma war stinkig, was allerdings nichts Neues war. An einer Ampel drehte ich die Musik so laut, dass die Kinder das Knistern der Verpackung beim Auswickeln nicht hören konnten, und schlang das böse Teil herunter.

Wir kamen im Zahnarzt-Disneyland an und ich saß im Cardigan in meinem gemütlichen Wartesessel und las meine Klatschzeitschriften, während die Kinder am Kicker spielten. Ich versuchte, sehr gerade zu sitzen, weil ich finde, dass verantwortungsvolle, zahnpflegebewusste, strickjackentragende Mütter eine gute Haltung haben sollten. Aber ich konnte mich nicht richtig entspannen, weil Amma so laut war. Zu laut. Ich rief sie also zu mir und flüsterte in ihr niedliches kleines Gesichtchen: „Du.musst.leiser.sein."

Da entwand sie sich mir jedoch in dramatischer Manier und starrte mich schockiert an. Und dann zeigte sie mit ihrem kleinen pummeligen Zeigefinger mitten auf mein Gesicht und schrie: „Mama! Du riechst ja nach Korn!? Warum riechst du so?", und dann warf sie sich auf den Boden und heulte. Sie weinte wie ein Kind, das aufs Übelste belogen worden ist. Wie ein Kind, das gerade erfahren hat, dass seine Mama wieder zur Flasche gegriffen hat. Wie ein Kind in so einer Erziehungssendung.

Okay. Das Wartezimmer war sehr voll, und ganz plötzlich war es mucksmäuschenstill. Und all die anderen strickjackentragenden Mütter blickten auf und sahen mich an.

Und in dem Moment fiel mir siedend heiß ein, dass ich eine große durchsichtige Wasserflasche dabeihatte, die bis oben hin gefüllt war mit Rote-Beete-Saft. Mein Arzt hatte mir das wegen der Borreliose empfohlen. Leider sah es aber aus wie ein Liter Bloody Mary.

Ganz kurz kam mir der Gedanke aufzustehen und eine Ansage zu machen: „Ähem! Hört mal zu, Leute. Das hier ist ein Missverständnis. Es ist nicht so, wie es aussieht. Eigentlich ist es sogar lustig. Unvorstellbar lustig. Ja, es ist sogar ironisch. Denn wisst ihr, ich bin nicht am Morgen schon betrunken, sondern ich war es ungefähr zwanzig Jahre lang! Aber jetzt trinke ich Rote-Beete-Saft. Und dieses schreiende, strampelnde kleine Wesen da – das meint Körnerriegel. Ich rieche nach Korn, Körnern – ihr versteht? Ist das nicht zum Brüllen komisch? Ich bin nicht betrunken!"

Aber so eine Ansage kann man natürlich unmöglich machen. Zu diesem Schluss kam auch ich relativ schnell. Das Beste, was ich jetzt tun konnte, war, mich ganz besonders nüchtern zu verhalten. Versuchen Sie mal, sich nüchtern zu benehmen, wenn Sie auch tatsächlich nüchtern sind, aber schreckliche Angst haben, die Leute könnten Sie für betrunken halten. Das ist unmöglich. Am Ende strengen Sie sich so sehr an, besonders gerade zu gehen, dass Sie wanken. Sie geben sich solche Mühe, sich deutlich zu artikulieren, dass Sie wie ein Roboter klingen. Kurz, je mehr Sie versuchen, nüchtern zu wirken, desto mehr vergessen Sie, wie nüchtern aussieht oder sogar wie es sich anfühlt, und desto betrunkener wirken Sie. Und genau das passierte mir jetzt. Ich ließ meine Zeitschrift fallen, ich stolperte, ich bekleckerte meinen einzigen Cardigan mit Rote-Beete-Saft. Überhaupt, der Cardigan. Was für ein durchsichtiger Täuschungsversuch. Ich hätte ebenso gut mein Mötley-Crüe-Shirt tragen können und Yogahosen und mich nicht so anstrengen müssen.

Irgendwie brachten wir den Termin hinter uns. Ich schaute die ganze Heimfahrt in den Rückspiegel, weil ich sicher war, dass die Praxis die Polizei oder das Jugendamt benachrichtigt hatte oder beide. Ich sah zwar keinen Streifenwagen, aber ich forderte die Kinder trotzdem auf, ganz still zu sein, damit ich mich darauf konzentrieren konnte, beim Fahren einen nüchternen Eindruck zu machen.

Ich schlingerte, fuhr wahlweise zu langsam oder zu schnell und vergaß den Blinker zu setzen, aber irgendwann hatten wir es nach Hause geschafft. Ich war völlig am Ende und ging schnurstracks zu den Süßigkeitenvorräten.

Der Polizist, dein Freund und Helfer

Es ist der 23. Dezember und ich bin mit Tish und Amma im Supermarkt. Den Einkauf haben wir schon hinter uns, jetzt stehen wir in der Schlange an der Kasse, und ich habe schon das Gelobte Land vor Augen, das da heißt: *Wir sind fertig mit dem Einkaufen, lasst uns nach Hause fahren.*

Da sehe ich, wie Amma eine Packung Fruchtgummischlangen erblickt. Ihre Augen werden groß und ich wappne mich fürs Chaos. Sie greift nach der Tüte, hält sie mir mit Tränen in den Augen hin und sagt: „Ich brauch die Slangen hier!" Ich sage: „Ja, das ist der Supermarkt-Bann. Der bewirkt bei mir auch, dass ich glaube, ich brauche all den Mist. Dieser Bann ist der Grund, weshalb du wahrscheinlich nicht aufs College gehen kannst, mein Schatz, weil kein Geld dafür da ist. Keine Gummischlangen. Leg sie zurück."

Es ist unmöglich, auch nur annähernd zu vermitteln, was für ein Drama durch die schlichten Worte *„leg zurück"* in dem Supermarkt ausgelöst wurde.

Amma warf sich auf den dreckigen Boden und schrie wie jemand, der soeben erfahren hat, dass seine gesamte Familie ausgelöscht worden ist. Ammas typischer Wutanfallstil sieht so aus, dass sie einen bestimmten Satz etwa sieben Millionen Mal mit einer Lautstärke von sieben Millionen Dezibel wiederholt, und zwar so lange, dass jeder in ihrer unmittelbaren Umgebung irgendwann entweder Selbstmord oder Totschlag ernsthaft in Erwägung zieht. An diesem Tag wählte sie die Worte: „ICH HAB SO *HUNGA*! ICH HAB SO *DURFT*!" (Ohrenbetäubender Schrei) „ICH HAB SO *HUNGA*! ICH HAB SO *DURFT*!" (Ohrenbetäubender Schrei), und so weiter. Und wir standen am Tag vor Weihnachten in einer sehr langen Schlange in einem sehr vollen Supermarkt. Jedes Mal, wenn die Schlange weiter vorrückte, musste ich Amma an ihrer Kapuze packen und sie ein Stück vorwärts zerren, während sie ununterbrochen schrie und strampelte. Und dann fing Tish an zu weinen, weil das alles so peinlich war.

Zähneknirschend sah ich Tish so drohend an wie ich konnte und knurrte ihr dann wie ein Monster im Kino zu: *„Hör auf!"* Aber so etwas beruhigt Kinder nun mal normalerweise eher nicht. Also weinte sie noch lauter. Die Leute fingen an, von uns abzurücken, andere blieben stehen, um sich das Drama anzusehen. Ich schwitzte inzwischen wie in der Sauna und wünschte mir inbrünstig, dass der Song „Die schönste Zeit des Jahres", der in einer Endlosschleife gespielt wurde, endlich *aufhören* möge. Das war nämlich gerade hier und jetzt wirklich *absolut* nicht meine Erfahrung.

Bis zu diesem Punkt hatte ich den Kopf gesenkt gehalten, aber es schien langsam an der Zeit, meinen schönsten angeschlagenen, entschuldigenden *„Was soll man da machen"*-Blick in Richtung der anderen Kunden zu werfen in der Hoffnung, damit vielleicht das eine oder andere verständnisvolle Nicken zu ernten.

Aber als ich schließlich aufblickte, wurde mir mit zunehmendem Unbehagen klar, dass es keine mitfühlenden Blicke geben würde. *Alle* starrten mich an. *Wirklich alle.* Ein älteres Ehepaar sah vollkommen verstört aus. Die Frau hatte sich ihre Hand auf den Mund geschlagen und klammerte sich am Arm ihres Mannes fest. Am Anfang kam mir das vor wie der Versuch, sich vor meinen tollwütigen Tierkindern zu schützen, und ich dachte: *Ich kann Sie verstehen, gute Frau. Mir machen sie auch Angst.* Aber dann merkte ich, dass sie nicht meine Kinder missbilligend anstarrte, sondern *mich*. Sie musterte mich völlig schamlos von Kopf bis Fuß, dann den Inhalt meines Einkaufswagens und dann sah sie wieder weg.

Also tat ich dasselbe wie sie. Ich schaute an mir selbst

herunter und dann in meinen Einkaufswagen. *Ooooh*, dachte ich. *Mist.*

Ich hatte gerade wieder einen Borreliose-Schub, und mir ging es schon eine Weile ziemlich schlecht. Der Tag zuvor war wirklich übel gewesen, genau wie der Tag davor, sodass ich vielleicht vergessen hatte zu duschen und mir die Haare zu kämmen. Zwei Tage lang. Und als ich so an mir heruntersah, merkte ich außerdem, dass ich noch mein Schlafanzugoberteil anhatte, welches ich wiederum in meine zerrissene Jeans gesteckt hatte. Wie in der siebten Klasse. Ich sah verdächtig verwahrlost aus. Und Folgendes befand sich in meinem Einkaufswagen: *Sechs Flaschen Wein und Gardinenstangen.* Was an sich noch gar nicht so schlimm gewesen wäre, wenn nicht mein kleinstes Kind ununterbrochen geschrien hätte: „ICH HAB SO *HUNGA*! ICH HAB SO *DURFT*!"

Ich schickte mich an, die Sache durchzuziehen. Ich ließ Amma einfach schreiend auf dem Boden liegen und Tish weinend neben ihr stehen, und ich betete, dass sich die Schlange bitte schneller voranbewegen möge. Ich bin mir sicher, dass sogar die Atheisten in der Schlange dasselbe Gebet beteten.

Und dann kam plötzlich ein uniformierter Polizist auf uns zu. Zuerst war ich beunruhigt, aber als er vor mir stehen blieb, lächelte er freundlich und zwinkerte mir zu. Er schaute auf die Mädchen hinunter und sagte: „Darf ich?"

Ich wusste nicht so genau, worum er mich bat, gestattete mir jedoch die Hoffnung, dass er eine grüne Minna dahatte und die beiden fortschaffen würde. Also nickte ich zustimmend.

Der Polizist streichelte Amma behutsam über den Kopf, sodass sie aufblickte, mitten im Schrei innehielt und aufstand. Tish verstummte ebenfalls und griff nach Ammas Hand. Ganz plötzlich wurde aus ihnen ein Paar erschrockener, schmuddeliger kleiner Soldaten in Hab-acht-Stellung.

Der Polizist sagte: „Hallo, ihr beiden. Habt ihr schon mal was von Ruhestörung gehört?"

Beide schüttelten den Kopf.

Der Polizist lächelte und fuhr fort: „Also, das bedeutet, dass eure Mama und die anderen Leute hier versuchen, in Ruhe einzukaufen, und dass ihr sie dabei stört, und das dürft ihr nicht. Könnt ihr bitte ruhiger sein?"

Jetzt nickten sie beide.

Der Polizist trat zurück und lächelte mich an. Ich lächelte zurück und bemerkte, dass die Mädchen sich gegenseitig in den Armen lagen und sich so fest drückten, als ginge es um ihr Leben.

Der Polizist sagte: „Elternsein ist manchmal wirklich 'ne harte Sache."

Aus irgendeinem Grund wollte ich von ihm unbedingt anders wahrgenommen werden als als geplagte und überforderte Vollzeit-Mutter, und deshalb platzte es aus mir heraus: „Ich bin aber außerdem auch noch Autorin."

Er schaute mich mit echtem Interesse an und fragte: „Ach, wirklich? Was schreiben Sie denn?"

„Ach, vieles, aber hauptsächlich einen Blog."

„Und worum geht es da?"

„Ums Elternsein."

Er zwinkerte mir zu, grinste und sagte dann: „Ach. Und liest den auch jemand?"

Und ich: „Ja, ein paar schon. In erster Linie, um was zum Lachen zu haben. Nicht so sehr, um sich Rat zu holen. Das ist ja wohl offensichtlich, oder?" Wie durch ein Wunder brachte ich die Kraft auf, um zu grinsen.

Und mein Polizist lächelte zurück und sagte Folgendes: „Wissen Sie, meine Frau und ich haben sechs Kinder großgezogen, und ich glaube, dass das eigentlich der einzige Rat ist, der einen Pfifferling wert ist: Nicht den Humor zu verlieren und weiter zu lachen. Das ist ein guter Rat. Sie machen das schon richtig."

Und dann tippte er sich grüßend an die Mütze und ging fort.

Am Ende zählt nur Freundlichkeit. Danke, Freund und Helfer. Fröhliche Weihnachten.

Die erste Hälfte unseres Heimweges vom Supermarkt waren die Mädchen still, aber dann verkündete Tish lauthals: „Kraaaaasssss, dass wir fast ins Gefängnis gekommen wären. Das erzählen wir Papa aber lieber nich'."

Und ich sagte: „Das geht aber nicht, Tish. Wir *müssen* es ihm erzählen. Was, wenn wir es ihm nicht sagen und er sieht es dann heute Abend in den Nachrichten?"

Große Augen. Wieder Schweigen.

Oh, du fröhliche ...

Über Gaben und Talente

Ich denke an die Mütter unter meinen Freundinnen, für die der Beginn des neuen Schuljahres eine schwierige Zeit ist, weil die Schule für ihre Kinder nicht der Ort ist, an dem sie ihre ganz eigene Art von Begabung zeigen können.

Für diese tollen Mütter bedeutet der Schulbeginn die Wiederkehr alter Sorgen und die Konfrontation mit neuen. Es bedeutet Tränen und verkrampfte Telefonate und gruselige Konferenzen und ständige Vergleiche und viel Angst und Wut und Misstrauen und viele Fragen: *Oh je, entwickelt sich alles in die halbwegs richtige Richtung? Und was machen wir nur falsch?*

Ich möchte gern mit Ihnen über Ihre brillanten Kinder sprechen.

Jedes Kind ist talentiert. Jedes einzelne. Ich *weiß*, dass das wahr ist.

Jedes Kind hat auf einem bestimmten Gebiet Begabungen. Und jedes Kind ist auch durch seine ganz eigenen „Problemzonen" herausgefordert. Bei manchen Kindern ist ihre Begabung im Schulunterricht am schwersten zu erkennen, aber gleichzeitig sind dort ihre Probleme und Herausforderungen am deutlichsten sichtbar. Und weil Kinder so viel Zeit in der Schule verbringen, haben diese kleinen Leute es besonders schwer.

Doch wenn wir geduldig sind und ruhig bleiben, das große Ganze im Blick haben und wirklich daran glauben, werden wir irgendwann bei jedem Kind seinen ganz besonderen und eigenen Zauber erkennen.

So wie bei einem meiner Schüler, der Legastheniker war, aber mit sieben Jahren schon einen unfassbar trockenen

Sinn für Humor hatte. Einmal traf ich ihn in der Schlange am Wasserspender an und er sagte: „Meine Güte, Mrs Doyle, es kommt mir vor, als würde ich hier schon warten, seit ich sechs war!" Der Junge war ein Genie. Ich wüsste zu gern, was aus ihm einmal wird.

Oder bei dem Schüler, der nicht laufen und sprechen konnte, weil er gelähmt war, aber dessen Lächeln während seiner strapaziösen Physiotherapie den Rest meiner Klasse dazu brachte, ihn den „Held" zu nennen. *Zweifellos eine Begabung.*

Oder bei dem kleinen Autisten, der keiner Fliege etwas hätte zuleide tun können, selbst wenn man ihn dafür bezahlt hätte. Er war der sanfteste Mensch, dem ich je begegnet bin. Und er liebte Tiere, als wären sie ein Geschenk Gottes nur für ihn ganz persönlich. Was sie natürlich auch sind. Aber das wusste niemand in der Klasse außer ihm. *Unbestreitbar eine Gabe.*

Oder bei meiner Drittklässlerin, die sich durch ihr Lesebuch stammelte wie ein Vorschulkind und auch noch nicht addieren konnte. Aber als ich eines Tages in der Pause hinter ihr stand und ihr beim Spielen zuschaute, hörte ich, wie sie vor sich hin sang. Das war der Tag, an dem ich ihre Begabung entdeckte. Und das war auch der Tag, an dem *sie* von ihrer Begabung erfuhr, weil ich völlig ausflippte. Ich ging mit ihr zu den anderen Lehrern und ließ sie vorsingen. Und als wir aus der Pause kamen, verkündete ich der Klasse, dass wir einen *Popstar* in unserer Mitte hätten. Sie strahlte. Und danach sang sie die ganze Zeit. *Ununterbrochen.* Es war sogar ein bisschen zu viel. Aber wir ließen sie, weil man ein künstlerisches Genie nicht aufhalten darf.

Oder da war der kleine Mann in Chases Klasse, der ständig Ärger hatte. Jeden Tag geriet er in irgendetwas hinein. Eines Tages kam Chase nach Hause und sagte: „Ich glaube, er tut nicht, was er soll, weil er die ganze Zeit Bilder im Kopf malt. Er kann am besten zeichnen von allen Leuten, die ich kenne.

Ich wette, der wird mal berühmt." Chase hatte recht; ich habe Zeichnungen von dem Jungen gesehen. *Einfach genial.*

Oder die Schülerin, die allen anderen in der Klasse in jedem Fach weit voraus war, aber die ihre besondere Begabung auch deutlich heraushängen ließ und deshalb keine Freunde fand. Manchmal ist es auch schwer, begabt zu sein.

Jedes einzelne Kind ist begabt. Und jedes einzelne Kind erlebt auch seine Herausforderungen. Leider sind beim derzeitigen Bildungssystem manche Begabungen und Defizite nur sehr schwer zu erkennen. Die Lehrer arbeiten an diesem Problem, und in vielen Schulen versucht man, Wege zu finden, wie man die speziellen Begabungen jedes Kindes herausfinden und feiern kann. Auch wir Eltern können dabei helfen. Wenn wir Kinder haben, die sich in der Schule schwertun, dann können wir ihnen sagen, dass sie richtig und in Ordnung sind so wie sie sind. Aber leider gibt es nur einen Weg, ihnen zu helfen, und der ist schwierig: Wir müssen *wirklich glauben*, dass unsere Kinder in Ordnung sind.

Ich weiß, das ist schwer, aber es ist nicht unmöglich. Wir können damit anfangen, indem wir Schluss machen mit der Vorstellung, dass die Schule und die Ausbildung ein Wettrennen ist. So ist es nämlich nicht.

Lernen ist wie *Weihnachten*. Wir packen unsere Geschenke eines nach dem anderen aus. Und es ist eine Tatsache, dass für jedes Kind ein schönes Geschenk unter dem Baum liegt, auf dem sein Name steht. Gott hat es selbst verpackt, und er zeigt uns auch, wann es Zeit ist, es auszupacken. Bis dahin müssen wir glauben, dass unsere Kinder gut so sind, wie sie sind.

Jedes einzelne. Die Kinder mit lauter Einsern und die autistischen und die frechen und die übergewichtigen und die schüchternen und die vorlauten und die, die hinter allen anderen *weit zurück* sind.

Denn ich glaube Folgendes: Ein Kind kann es überleben, wenn ein Lehrer oder andere Kinder ihm (manchmal versehentlich, manchmal mit Absicht) signalisieren, dass es nicht in Ordnung ist – solange es nach Hause kommt und dort am Gesicht seiner Mutter ablesen kann, dass es *absolut in Ordnung* ist. Denn das ist doch die eigentliche Frage, die alle Kinder stellen, oder?

Mama, bin ich in Ordnung?

Und letztlich wird ein Kind die Antwort der Mutter glauben und den Rest der Welt Lügen strafen.

Wenn uns unser Kind also mit Blicken und seinem ganzen Inneren fragt, ob es okay ist, dann lassen Sie uns zu ihm sagen: *Ja, mein Schatz. Du bist mehr als nur okay. Du bist mein Traum, der in Erfüllung gegangen ist. Du bist alles, was ich mir je gewünscht habe, und ich würde dich nicht gegen Millionen anderer Kinder eintauschen. Dieser Teil des Lebens, die Schulzeit, ist vielleicht hart für dich, aber auch das ist okay, denn es ist ja nur ein Teil des Lebens. Und außerdem können wir gemeinsam auch schwere Dinge schaffen. Wir sind eine Familie. Und ich bin total froh, dass ich in deinem Team bin.*

Und bevor wir uns dann ins „Helfen" stürzen, essen wir einfach zusammen ein paar Cookies, trinken dazu eine Limonade und reden über etwas anderes. Es gibt so viele Dinge, über die man reden kann.

Lassen Sie uns wie die Figur Atticus Finch aus dem berühmten Roman *Wer die Nachtigall stört* von Harper Lee sein. Atticus' Kinder Scout und Jem beobachten genau, wie sich ihr Vater verhält, als das Haus der Nachbarn bis auf die Grundmauern niederbrennt. Als das Feuer dem Haus der Finchs immer näher kommt, wirkt Atticus so ruhig, dass Scout und Jem zu dem Schluss kommen: „Es ist wohl noch nicht an der Zeit, sich Sorgen zu machen."

Wir müssen Atticus sein, mit den Händen in den Taschen, ruhig und voller Zutrauen, damit unsere Kinder auf uns schauen, selbst wenn nebenan ein Feuer tobt, und sagen: „Hmmm. Wahrscheinlich brauchen wir uns noch keine Sorgen zu machen."

Dann beobachten wir die Sache ganz genau. Wir beobachten einfach und warten und glauben bis Gott nickt und sagt: „Es ist so weit. Pack das Geschenk aus, Mama."

Und wir können dann unseren allerliebsten Mama-Spruch bringen: „Ich hab's doch gesagt. Ich hab's gesagt, Welt."

Fellfreunde

Ich habe ein klitzekleines pelziges Problem.
An einem Morgen im August fragte Craig, ob er den Zwerg-
pudel seiner Eltern für ein paar Tage zu uns holen könne. Ich
sagte zwar ja, aber nur den Kindern zuliebe.

Ich steh nicht so auf Tiere. Ich erlaube Chase, Tiersendun-
gen im Fernsehen anzuschauen, wenn ich nicht dabei sein
muss, aber ansonsten halte ich mich von Tieren lieber fern.
Dieses Lecken und Schnüffeln und Schuppen und die Federn
und das Fell ... ich meine, also mal ehrlich ... das Leben ist
doch auch so schon chaotisch genug.

Apropos chaotisch – ich habe vor Kurzem als Mutter ge-
kündigt. Im August erziehe ich nicht. Im August Mutter zu
sein steht mir einfach nicht gut. Es ist dann brütend heiß,
und die Kinder und ich haben schon *seeehr viel* gemeinsame
Zeit hinter uns, weil sie seit Juni Sommerferien haben. Verstehen Sie mich bitte nicht falsch, den Sommer an sich finde ich großartig. Ich genieße es wirklich, wenn nicht alles so
strukturiert und durchgeplant sein muss wie in der Schulzeit,
wir mehr im Augenblick leben können und so weiter und so
weiter. Wirklich. Es ist einfach wunderschön. Aber jetzt nicht
mehr. Ich weigere mich, es auch nur einen Moment länger
zu genießen, es sei denn, die Momente ändern sich erheblich.

Bei unserer Familienzusammenkunft im August habe ich
nett gelächelt und dann den Kindern meine Kündigung über-
reicht. Diese beinhaltete, dass ich ab sofort aufhöre:

1. zu lächeln, wenn jemand etwas verschüttet. Mein Reservoir
   an Nachsicht in dieser Hinsicht ist erschöpft. Das heißt,

dass ich ab sofort nicht mehr so tun kann, als ob ich nicht sauer auf euch wäre, wenn ihr fünfzehn Sekunden, nachdem ich euch Müsli, Wasser oder einen Teller mit Abendessen hingestellt habe, damit herumkleckert. Ich weiß, dass ich dann in den letzten paar Jahren immer ruhig geblieben bin und mit zusammengebissenen Zähnen gesagt habe: „Das macht doch nichts, Schätzchen", aber damit ist jetzt Schluss. In Wirklichkeit macht es nämlich doch was. Wenn ihr kleckert, dann rechnet also ab jetzt damit, dass ich sauer werde. Ja, ich weiß, es war aus Versehen, Mama!, und ich bin ganz sicher, dass euer künftiger Therapeut gern mit euch darüber reden wird, wie ihr euch bei dieser Ungerechtigkeit gefühlt habt. Ihr sollt aber wissen, dass ich mir in dieser Hinsicht bereits ganz und gar selbst vergeben habe, und ich kann nur hoffen, dass euch das dann ein Trost ist.

2. Begeisterung zu heucheln bei Geschichten, die absolut keine Pointe haben und praktisch nach jedem einzelnen Wort von quälenden, mindestens dreiminütigen Pausen unterbrochen werden. Manche Geschichten fangen nach dem Frühstück an, und wenn ihr endlich damit fertig seid, muss ich mich schon ums Mittagessen kümmern. Und oft verstehe ich noch nicht mal, worum es darin eigentlich geht. Ich habe mir fest vorgenommen, für das nächste Schuljahr den Vorschlag zu machen, dass dieses Jahr im Herbst mal Erdkunde ausfällt und eure Lehrer euch dafür beibringen, wie man Geschichten so erzählt, dass eure Zuhörer nicht gezwungen sind, euch manisch anzugrinsen, während sie innerlich über verschiedene Selbstmordstrategien nachdenken. Jedes Mal, wenn ihr sagt: „Hör mal zu, Mama ...", fühle ich mich so ausgeliefert und panisch wie eine unbewaffnete Geisel. Für den Rest des Sommers werde ich einen Buzzer mit mir herumtragen. Wenn ihr eine Geschichte erzählt, die nach zwei Minuten noch nicht zu Ende ist, werde ich sehr laut buzzern und dann weggehen.

3. euch jeden Abend vierzig Mal ins Bett zu bringen. Jedes abendliche Bettgehen ist wie eine besonders schwierige Runde beim „Whack-a-Mole", diesem Computerspiel, bei dem man immer die aus ihren Löchern hochkommenden Maulwürfe auf den Kopf „whacken" muss. Wenn ihr also nach dem offiziellen Bettgehritual wieder aus eurem Zimmer kommt, dann rechnet mit einem „Whack".

4. mir abends im Bett noch etwas von euch „vorlesen" zu lassen. Es dauert jedes Mal ungefähr sechs Minuten, bis ihr endlich ein Wort entziffert habt, und das bedeutet bei einem Buch mit hundert Wörtern – grob überschlagen –, dass wir bis zu meinem Tod dieses Buch „vorlesen". Und komischerweise entbrennt ihr nur dann so fürs Selberlesen, wenn ihr schlafen sollt. Dann habt ihr mich in der Hand und könnt mit jedem Wort, das ihr radebrecht, sechs Minuten länger aufbleiben. Und obwohl ich ja eigentlich gute, liebevolle, stolze Gedanken haben sollte, wenn ihr lest und euer frisch gewaschenes Haar süß duftet, kann ich dann nichts anderes denken als: Oh Mann, liest du schlecht! Also von jetzt an gilt: Vorgelesen wird in der Schule. Wenn das bedeutet, dass ihr bei Schulbeginn im September beim Lesen nicht mit euren Klassenkameraden mithalten könnt, dann sei's drum. Ein bisschen Bescheidenheit hat noch niemandem geschadet.

5. Schiedsrichterin zu sein. Wenn ihr streitet, werde ich nicht mehr eingreifen, um euch voreinander zu retten. Ich mache es jetzt so wie eine Freundin, die zu ihren Kindern sagt: „Wenn ihr streiten wollt, dann seid bereit, bis zum bitteren Ende zu streiten."

6. mit Kochen, Putzen, Spielen, Unterrichten, Lächeln ... und sogar Reden. Wenn ihr Hilfe braucht, ruft Oma und Opa an. Die Nummer steht am Kühlschrank. Ich bin in meinem

Zimmer. Bitte klopft erst an, nachdem ihr euch um alles gekümmert habt, was fürs neue Schuljahr besorgt und organisiert werden muss und nachdem ihr euch für mehrere außerschulische Aktivitäten eingetragen habt.

In ewiger Liebe
Mama

Jedenfalls machte Craig den Vorschlag, den Pudel zu hüten, ein paar Tage nachdem ich meine Kündigung als Mama eingereicht hatte, und ich dachte: *Jackpot.* Mein Hintergedanke dabei war nämlich, dass die Kinder dann vier Tage mit dem Hund spielen würden und es ihnen wie eine Familienaktivität vorkommen würde, ohne dass ich dafür einen Finger krumm machen musste. Mein persönliches Ziel für den Hundebesuch war es, meine Abneigung gegen die Hundedame so gut wie möglich zu verbergen.

Und dann kam sie und ich verliebte mich auf der Stelle in sie. Ich kam zu dem Schluss, dass ich einen eigenen Hund brauchte, und zwar *sofort.*

Also schrieb ich bei Facebook, ich bräuchte Rat „für eine Freundin", die überlege, einen Hund aus dem Tierheim zu holen. Ich konnte nicht zugeben, dass diese „Freundin" in Wirklichkeit *ich selbst* war, weil ich auf gar keinen Fall wollte, dass irgendjemand versuchte, mich zur Vernunft zu bringen und mir die Sache auszureden.

Als Antwort auf meine Frage machte meine Freundin Mandy den Vorschlag, „meine Freundin" könnte doch einen Rettungshund adoptieren. Mandy verbringt den größten Teil ihrer Zeit damit, sich um Tierheimhunde zu kümmern. Nachdem ich zugegeben hatte, dass es sich bei „meiner Freundin" in Wirklichkeit um mich selbst handelte, erkundigte sich Mandy, was für einen Hund wir denn suchten. Ich sagte ihr, dass ich einen sehr ruhigen, quasi *komatösen* Hund suchte. Ich wünschte mir einen Hund, der das heimische Sofa genau so sehr liebt wie ich. Sie versprach, die Augen offen zu halten, wenn sie in den Tierheimen der Gegend unterwegs war.

Irgendwann schickte mir Mandy dann eine Mail folgenden Inhalts: „Vielleicht habe ich deinen Hund gefunden. Ich habe gerade bei einem Lhasa Apso einen Verhaltenstest durchgeführt, und er ist der entspannteste, sanfteste Hund, der mir jemals untergekommen ist. Er ist weiß, ungefähr fünf Jahre alt und durch einen starken Unterbiss so hässlich, dass er schon wieder süß ist. Er wurde streunend auf der Straße aufgegriffen und bisher wollte ihn niemand haben."

Als ich das las, war mir klar: *Das ist mein Hund.* Mit Ausnahme von Ehemännern suche ich mir nämlich immer das hässliche Entlein aus. Craig lässt mich inzwischen nicht einmal mehr den Weihnachtsbaum wählen. Als ich Craig erzählte, dass Mandy unseren Hund gefunden hätte, sagte er: „Nein, Glennon. Ich kann im Moment nicht sehen, dass wir einen Hund anschaffen. Nein. Auf keinen Fall."

Ich sah ihn kurz an und lächelte.

Er überlegte ebenso kurz und sagte dann: „Okay, ich bin fertig. Wann können wir ihn anschauen?"

Am nächsten Tag erzählten wir den Kindern, dass wir im Tierheim ein paar heimatlose Hunde besuchen und ihnen einfach ein Weilchen unsere Zuwendung geben würden. Als wir im Tierheim ankamen, führten uns die Leute dort durch einen endlosen Gang mit Hundezwingern. Alle Hunde bellten wie wahnsinnig, und es war ein bisschen chaotisch und einschüchternd. Amma bekam Angst und weinte, und ich ehrlich gesagt auch.

Aber als wir dann das Ende der langen Reihe erreicht hatten, kam im letzten Zwinger dieser kleine flauschige Kerl ganz ruhig auf uns zu, steckte seinen Kopf durchs Gitter, wedelte mit dem kleinen Schwanz und leckte Chase die Hand. Kein Bellen oder Hochspringen. Craig sagte später, Theo hätte so gewirkt, als wollte er sagen: „Ach, da seid ihr ja endlich. Ich hab *gewusst*, dass ihr kommt."

Wir nannten ihn Theo. Den Namen fanden wir passend, weil Mandys Mädchenname Theobald war und weil sie den Hund für uns gefunden hatte. Erst später erfuhren wir, dass Theo wörtlich übersetzt „Geschenk Gottes" bedeutet.

Am nächsten Tag bekamen wir einen Anruf vom Tierheim, dass Theo nun noch kastriert und auf Vordermann gebracht werden würde und wir ihn dann abholen könnten. Da er ja ein Streuner gewesen war, müsse er gebadet und getrimmt werden.

Ich rief Craig an und sagte: „Ehemann! Ich finde, die sollen ihn auf keinen Fall baden und trimmen, bevor er nach Hause kommt."

Craig machte eine lange Pause und fragte: „Aber warum denn nicht, Schatz?" (Und ich fand, dass er dabei übertrieben erschöpft klang.)

Ich antwortete: „Ich möchte nicht, dass er denkt, er müsse hübsch und sauber sein, damit wir ihn wollen! Auf gar keinen Fall. Er kommt so nach Hause, wie er ist. Wir werden ihn selbst baden und bürsten und trimmen. Ich mag ihn auch so."

Craig: „Ich kann nicht behaupten, dass ich das wirklich verstehe."

Ich: „Das macht nichts, weil ich es so gut verstehe, dass es für uns beide reicht."

(Schweigen.)

Während unseres Telefonats hörte ich, dass ein zweiter Anrufer anklopfte. Schwester.

Ich: „Ich muss Schluss machen, Schwester ruft gerade an."

Ehemann: *(Seufzt erleichtert.)*

Ich: „*Schwester!* Die wollen Theo baden und trimmen, bevor er zu uns kommt, und das geht gar nicht!"

Schwester: „Warum denn nicht?"

Ich: „Weil ich nicht möchte, dass er das Gefühl hat, dass er so, wie er ist, nicht gut genug ist."

Schwester: „Ooookay. Ich versuche mal, das zu verstehen.

Also, du willst nicht, dass er das Gefühl hat, dass er so, wie er ist, nicht gut genug ist?"

Ich: „Wieso wiederholen die Leute eigentlich ständig das, was ich sage, seeeeeehr langsam, sodass sich das dann anhört, als ob ich verrückt wäre?"

Schwester: „Die Dinge, die du sagst, klingen schon verrückt, *bevor* sie wiederholt werden. Wir hoffen einfach nur, dass du selbst *hörst*, wie verrückt es ist, wenn wir es noch einmal wiederholen."

Ich: „Egal. Hör zu, Schwester, Amma ist jetzt hübsch, aber erinnerst du dich noch, wie sie kurz nach ihrer Geburt aussah? Wir haben doch auch nicht auf einer *Verschönerung* bestanden, bevor wir *sie* mit nach Hause genommen haben."

Schwester: (Schweigen.) „Du bist unvernünftig, Schwester."

Ich: (Zurückschweigen.) „Also. Hm. Wo wir beim Thema Unvernunft sind, Schwester, ich fühle mich verpflichtet, dich darauf hinzuweisen, dass ich es absolut unvernünftig finde, dass du immer noch versuchst, mich mit Vernunftgründen zu überzeugen, nachdem du mich jetzt schon vierunddreißig Jahre kennst."

Schwester: „Da ist was dran, Schwester. Wirklich. Geh und hol deinen Hund. Wir baden und trimmen ihn dann später."

Ich: „Okay. Aber kastrieren sollen die ihn. Ich möchte nicht, dass Theo glaubt, dieser Teil der Vereinbarungen wäre meine Idee gewesen. Das geht auf deren Kappe."

Schwester: (Schweigen.) „Gut, Schwester."

Noch in derselben Woche holte ich Theo dann aus dem Tierheim ab. Ich war extrem nervös wegen des Gesprächs mit der Mitarbeiterin dort, also rief ich meine Freundin Christy an, die sich mit Hunden auskennt. Als sie ans Telefon kam, sagte ich: „Oh weh, ich bin auf dem Weg zum Tierheim. Was ist, wenn sie mich fragen, ob ich Antidepressiva nehme oder wenn sie meinen Blog lesen? Und was mache ich, wenn sie mich fragen, ob ich schon mal im Gefängnis war oder so?"

Und Christy sagte: „Glennon! Ausatmen und dann tief einatmen. Du adoptierst kein Kind, sondern holst einen Hund aus dem Tierheim. Das ist etwas anderes. Meide einfach gewisse Themen und alles wird gut."

Also atmete ich tief durch und betrat das Tierheim. Das Gespräch führte ich mit einer sehr netten Hundetrainerin namens Feather, und alles war gut. **Jeder, der sein Leben der Aufgabe widmet, Tieren oder kleinen Kindern zu helfen, muss ein netter Mensch sein. Denn das sind die einzigen beiden Berufungen, für die es kein anderes Motiv geben kann als Freundlichkeit und Liebe.**

Wenn man mit Tieren oder Kindern arbeitet, dann ist normalerweise niemand dabei, den man beeindrucken kann, und Prestige oder Respekt oder Geld verschaffen sie einem meist auch nicht. Da ist nur man selbst, die Kinder oder Tiere und Gott.

Wie zu erwarten lief also alles bestens, und dann tauchte auch noch Schwester im Tierheim auf. Weil Schwester *immer* auftaucht. Und da sie ja jetzt zu John gehört, erscheint der ebenfalls. Das macht ihm nicht viel aus, denn er ist von Natur aus ein Erscheiner.

Schwester war wegen des neuen „Familienmitglieds" aufgeregter als ich. Am Abend zuvor war sie schon mit einem Hundeautositz, einem Hundebett mit Zebramuster und einem 30 Dollar teuren Hundehaarentwirrungsspray mit Erdbeer-Bananenduft angekommen. Ja, ich weiß ... aber so ist Schwester nun mal. Als sie den Hund brachten, hatte Schwester ihn zuerst auf dem Arm.

Auch als Tish geboren wurde, war Schwester die Erste, die sie berührte. Noch vor mir und Craig, Das ist normal bei uns. Meine Babys sind ihre Babys.

Theo saß auf der gesamten Heimfahrt auf meinem Schoß. Er zitterte ein bisschen und ich auch. Ich weinte auch, denn nach meinem jahrelangen Adoptionswunsch hatte Gott mich jetzt auf eine etwas andere, aber tolle Art überrascht.

Als wir nach Hause kamen, wartete Craig im Flur und Theo ging direkt zu ihm hin und legte sich auf den Rücken, den Bauch nach oben, offen für ein bisschen Zärtlichkeit. Am nächsten Morgen ließen wir die Kinder von Theo wecken, eines nach dem anderen. Die Kinder hatten nicht mitbekommen, dass wir den Kleinen schon am Abend zuvor abgeholt hatten, und sie freuten sich wie verrückt, als sie davon wach wurden, dass ihnen unser eigener Hund das Gesicht ableckte.

Ich weiß nicht, was all diese Liebesexperimente sollen, die Gott da mit mir macht, aber ich glaube, dass ich eines Tages einfach schmelzen werde vor so viel Liebe in meinem Leben.

Die goldene Münze

Eine Freundin stellte mir kürzlich folgende Frage: „Wie können wir unseren Kindern das Selbstbewusstsein mitgeben, das sie brauchen, um in dieser Welt zu bestehen, und sie gleichzeitig zur Bescheidenheit erziehen?"

Mein kleines Hirn wendete diese Frage immer wieder wie einen Pfannkuchen, der nicht gar wird. Normalerweise ist es so, dass, wenn mir jemand eine Erziehungsfrage stellt, ich daraus eine Frage für Erwachsene mache. Aus: *Wie bringe ich mein Kind dazu, freundlicher zu anderen zu sein?*, wird: *Wie werde ich freundlicher zu anderen?*

Nachdem ich das hundertsechzehnte Erziehungsbuch gelesen hatte, das allen anderen widersprach, gab ich den Versuch auf, eine bessere Mutter zu werden, und beschloss stattdessen, ein besserer Mensch zu werden.

Normalerweise betrachten wir Selbstbewusstsein und Bescheidenheit als Charaktereigenschaften. „Sie ist so *selbstbewusst*." – „Er ist so *bescheiden*." Aber diese Charakterzüge sind auch leicht vorzutäuschen. Unsichere Menschen verbergen ihre Unsicherheit oft, indem sie angeben, und stolze Menschen verstecken sich gern hinter falscher Bescheidenheit. Offenbar benimmt sich ein Mensch selbstbewusster, je unsicherer er ist und umgekehrt. Das ist ziemlich verzwickt.

Und dann gibt es Leute wie mich, die das beides ständig vermischen. Ich schreibe zum Beispiel einen Blogbeitrag über Bescheidenheit und frage mich dann hinterher den ganzen Tag, ob das nicht vielleicht der beste Beitrag über Bescheidenheit ist, den die Welt je gesehen hat. Sie merken schon: Der Charakterzug, auf den ich am stolzesten bin, ist meine

Bescheidenheit. Ich bin so bescheiden, dass es kaum noch auszuhalten ist. Haha.

Auch wenn ich das Gefühl habe, dass ich in dieser Geschichte mit dem Selbstbewusstsein und der Bescheidenheit ein hoffnungsloser Fall bin, glaube ich, dass es wichtig ist, sich darüber Gedanken zu machen. Wenn wir nämlich bescheiden sind, aber kein Selbstbewusstsein haben, dann verpassen wir die Chance, das zu werden, *was* wir sein wollen, wenn wir groß sind. Und wenn wir selbstbewusst, aber dabei unbescheiden sind, dann können wir nicht werden, *wer* wir werden wollen, wenn wir groß sind.

Wenn ich hier einfach so drauflosschreibe, ist das dann ein Zeichen von Selbstbewusstsein oder von Bescheidenheit? Ich lege dabei meine Fehler und Mängel offen – das wirkt bescheiden, aber da ich davon ausgehe, dass es andere genug interessiert, um es zu lesen, und sie meine Makel vielleicht sogar charmant finden, steckt da vielleicht doch Selbstbewusstsein hinter meiner Bescheidenheit?

Schreiben, malen, schauspielern, schöpferisch sein, lautstark leben – sind all das Akte des Selbstbewusstseins oder der Bescheidenheit? Ich bin zu dem Schluss gekommen, dass sie beides sind. Selbstbewusstsein und Bescheidenheit sind zwei Seiten derselben Medaille. Es sind Charakterzüge, die von den beiden Überzeugungen herrühren, die mir am meisten am Herzen liegen. Ich glaube, die meisten unserer Charakterzüge sind die sichtbaren Auswirkungen dessen, was wir für wahr halten.

Ich bin selbstbewusst, weil ich glaube, dass ich ein Kind Gottes bin. Ich bin bescheiden, weil ich glaube, dass jeder andere Mensch ebenfalls ein Kind Gottes ist.

Beides geht immer Hand in Hand. Wenn ich bescheiden bin, es mir aber an Selbstbewusstsein fehlt, dann liegt das daran, dass ich den Anteil, den Gott von sich selbst in mich hineingelegt hat, noch nicht angenommen habe. Es bedeutet, dass ich nicht an das Wunder glaube, dass Gott mich zu einem ganz eigenen Zweck geschaffen hat, sodass ich des Raumes, den ich auf dieser Erde einnehme, würdig bin. Und dass aufgrund der Tatsache, dass ich ein Kind Gottes bin, niemand mehr Respekt, Freude oder Friede verdient als ich. Als Kind Gottes habe ich das Recht zu sprechen, zu fühlen, zu denken und zu glauben, was ich glaube. Diese Träume in meinem Herzen, diese Ideen in meinem Kopf, die sind real, und sie haben einen göttlichen Ursprung, und deshalb sind sie es wert, von mir erkundet zu werden. *Einfach weil ich ein Kind Gottes bin.* Und glücklicherweise gibt es nichts, was ich diesem Titel noch hinzufügen könnte, um ihn noch aufzuwerten und beeindruckender zu machen. Und es gibt auch nichts, was ich anstellen könnte, um diesen Titel zu verlieren.

Ich bin nicht selbstbewusst, weil ich hübsch oder schlau oder sportlich oder begabt oder besonders nett bin. Das alles kann sich nämlich ändern oder man kann es sogar ganz verlieren. Sondern ich bin einfach deshalb selbstbewusst, weil ich ein Kind Gottes bin.

Deshalb bin ich auch fähig, ehrlich zu schreiben. Nicht weil ich eine so brillante Autorin bin. Da gibt es viele weitaus bessere. Ich verlasse mich ganz auf die Überzeugung, dass ich ein Kind Gottes bin und als solches das Recht habe, in Liebe meine Meinung zu sagen. Diese Sache mit dem Schreiben ist einer meiner Träume, und ich handle meinen Träumen entsprechend, weil ich glaube, dass Gott auch der Schöpfer meiner Träume ist. Wenn ich diesen Träumen entsprechend handle, können wundervolle Dinge passieren. Wie könnte es auch anders sein? Ein Kind zu sein ist ein Freifahrtschein, Mut zu haben, Risiken einzugehen und sich vor Freude im Kreis zu drehen. Und wenn ich falle, was soll's? Er wird immer da sein, um mich wieder aufzusammeln. Das ist sein Job. Er ist mein Vater.

Wenn ich also nicht den Ehrgeiz habe, die „beste" Mutter oder Hausfrau oder die bestangezogene Frau oder was auch immer zu sein, dann liegt das nicht daran, dass es mir nicht wichtig wäre, wichtig zu sein, sondern es liegt an meiner Überzeugung, dass ich ohnehin schon für ihn das Wichtigste auf der Welt bin. Wieso sollte es mich interessieren, in irgendeiner Rubrik mit anderen zu konkurrieren, wenn ich doch in der wichtigsten schon längst gewonnen habe? Wieso sollte ich mich um einen Penny streiten, wenn ich sechs Richtige im Lotto habe?

Wenn ich selbstbewusst, aber nicht bescheiden bin, dann liegt das daran, dass ich noch nicht ganz akzeptiert habe, dass *jeder* sechs Richtige im Lotto hat. Wenn ich auf andere herabblicke oder sie links liegen lasse, dann liegt das daran, dass ich noch nicht begriffen habe, dass Gott sich uns in Gestalt anderer Menschen nähert. Wenn ich selbstbewusst, aber nicht bescheiden bin, dann bin ich innerlich verschlossen, und ein verschlossenes Inneres ist eine traurige Angelegenheit. Es ist das Ende.

Ein Herz kann nicht mehr größer werden, wenn es beschlossen hat, Gott nicht mehr hereinzulassen. Es gibt immer Platz für mehr. Ein Herz vergrößert sich in genau dem Maße, in dem der Mensch, dem es gehört, das zulässt.

Durch Bescheidenheit werde ich mit Lob und Kritik an meinem Schreiben, meinen Ideen und Überzeugungen fertig. Weil ich mir bewusst mache, dass es weder beim Lob noch bei der Kritik eigentlich um mich geht. Wir versuchen doch alle nur, die Wahrheit zu finden. Also versuche ich, unterschiedliche Standpunkte und Sichtweisen nicht als Grund zu sehen, mich zurückzuziehen, sondern als Chance, kleine Schritte in Richtung Ringmitte zu machen – und wenn nur, um meinen Gegner ein bisschen mehr aus der Nähe zu sehen. Mehr als so ein Perspektivenwechsel ist in der Regel nicht nötig, um mich daran zu erinnern, dass ich eigentlich gar keine Gegner habe ... außer meinem Stolz.

Ich bin ein Kind Gottes, und alle anderen sind es auch. Wir stehen alle auf derselben Seite. Und deshalb sehe ich auch in jedem anderen Menschen wieder eine andere Facette Gottes.

Er hat so viele Facetten, wie es Menschen auf dieser Erde gibt. Ich glaube, deshalb hört er auch nicht auf, Menschen zu erschaffen. Er ist noch nicht fertig damit, uns immer mehr von sich selbst zu zeigen.

Ich werde also immer wieder daran erinnert, dass jeder Mensch, dem ich begegne, das Wichtigste auf der Welt ist – auch wenn er mich noch nicht so behandelt, wie ich behandelt werden möchte. Es gibt keine Hierarchie in Bezug auf Wichtigkeit. Jeder von uns ist *unendlich wichtig*. *Wir strahlen heller als die Sonne*, und das ist so, weil jeder von uns ein Kind Gottes ist.

Das sind die beiden Seiten der goldenen Medaille, von der ich möchte, dass jedes meiner Kinder sie für immer in der Tasche trägt:

Sei selbstbewusst, weil du ein Kind Gottes bist. Sei bescheiden, weil auch alle anderen Menschen Kinder Gottes sind.

Ein bisschen weiter Richtung „gut"

In letzter Zeit beschäftige ich mich intensiver mit Übungen, die mir dabei helfen, innerlich aufzutanken und Frieden zu finden. Die meisten dieser Techniken sollen präventiv wirken, sie sollen also zur Anwendung kommen, bevor ich mich aufrege, und sie sollen mich daran erinnern, dass mit mir und der Welt alles in Ordnung ist. Es sind Dinge, die mir guttun und mir helfen, meinen inneren Frieden zu bewahren – zu einem gewissen Grad.

Aber ich habe drei kleine Kinder, und ich bin davon überzeugt, dass sie sich morgens ganz früh zusammenrotten, um sich zu überlegen, wie sie mich möglichst effektiv fertigmachen können. Tatsache ist jedenfalls, dass mein innerer Frieden nicht durchgängig erhalten werden kann, egal, wie viel ich lese, schreibe, bete oder meditiere, weil es nämlich sehr entschlossene Kräfte gibt, die in dieser Hinsicht gegen mich arbeiten.

Gestatten Sie mir, Ihnen hierfür ein konkretes Beispiel zu geben.

Neulich beim Abendessen verlangten Craig und ich von den Kindern, ihre Teller leer zu essen, obwohl das Essen zugegebenermaßen miserabel schmeckte. Eine Nanosekunde bevor wir die Ansage machten, lachten wir noch, unterhielten uns über Papas Arbeitstag, planten das bevorstehende Wochenende und kamen uns allgemein wie eine nette und intakte Familie vor. Und dann – wir hatten uns wieder einmal selbst einen Hinterhalt gelegt – herrschte plötzlich Heulen und Zähneklappern und Anarchie. Absolutes Chaos von einem Augenblick auf den anderen.

Ich weiß, dass es Mütter gibt, die solche Situationen mit links bewältigen. Wenn ihre Kinder einen Wutanfall bekommen, dann verändert sich ihre Miene kein bisschen, sondern signalisiert ihrer Umwelt höchstens mit einem müden Lächeln: „Tja – so sind sie eben, die Kleinen", und sie tun dann mit größter Ruhe und Selbstverständlichkeit, was eben getan werden muss, um deeskalierend auf die Situation einzuwirken. Das ist allerdings nicht meine spontane Reaktion auf solche Situationen.

Meine spontane Reaktion besteht darin, auszuflippen. Meine spontane Reaktion besteht in dem Gedanken, dass dieses Chaos natürlich der Beweis dafür ist, dass ich nicht nur mein Leben ruiniere, sondern auch das aller Menschen, mit denen ich zusammenlebe, dass wir als Familie eine einzige Katastrophe sind und dass im Laufe der gesamten Weltgeschichte keine einzige Mutter jemals gezwungen war, das Drama, die Lautstärke und das allgemeine Leid dieses Augenblicks zu ertragen. Meine spontane Reaktion besteht darin, meine Kleider zu zerreißen, mich auf den Boden zu werfen und unwürdige Erklärungen auszustoßen wie: „Ich halte das nicht mehr aus!" Mein erster Impuls besteht darin, meine Angst auszugießen wie Benzin in ein loderndes Feuer und mir eine totale Mama-Kernschmelze zu gönnen. Und das, so behauptet Craig, ist nicht besonders hilfreich.

Nach einigen Jahren des Mutterseins wurde mir klar, dass ich eine Strategie brauche, um meinen inneren Frieden wiederzuerlangen, wenn ich ihn bereits verloren habe. Weil ich ihn nämlich immer wieder verlieren werde – und zwar häufig.

Und an dieser Stelle kommt Joan Didion ins Spiel.

Mrs Didion ist eine ernsthafte Schriftstellerin. Jedes Wort, das sie wählt, ist präzise und perfekt gewählt. Es ist sonnenklar, dass Mrs Didion weiß, wovon sie spricht. In einem Essay mit dem Titel „Selbstachtung" zeigt Mrs Didion die einzige Strategie auf, die mir zuverlässig hilft, meinen Mama-Frieden wiederzuerlangen, wenn ich ihn wieder einmal verloren habe: Ihr wurde einmal geraten, sich eine Papiertüte über den Kopf zu ziehen, wenn sie nicht aufhören könne zu weinen. Es gibt tatsächlich einen physiologischen Grund dafür, dass diese Methode wirkt, aber schon allein die psychologische Wirkung ist unschätzbar. Es ist extrem schwierig, sich selbst weiterhin als tragische Heldin zu sehen, wenn man mit dem Kopf in einer braunen Papiertüte steckt. Etwa so ernst zu nehmen, als würden Sie versuchen, unter einer eiskalten Dusche wohlig-warme Gedanken zu entwickeln.

Es sind die kleinen Übungen, die uns helfen, den Tag zu überstehen und unseren inneren Frieden wiederzuerlangen. Was wir brauchen, ist gar nicht unbedingt ein anderer Beruf oder eine andere Erziehungsphilosophie oder eine andere Wohngegend oder ein anderer Ehemann. Manchmal ist es einfach tiefes Durchatmen, ein Glas Wasser oder eine Papiertüte.

Ich halte inzwischen in allen drei Etagen unseres Hauses solche Papiertüten für den Fall der Fälle bereit. Und wenn meine Kinder wirklich einmal durchdrehen, dann ziehe ich mir meine Tüte über den Kopf, verstecke mich darin und atme. Ta-da! Auf der Stelle stille Zeit, Sauerstoff und der Gedanke, dass die Dinge vielleicht gar nicht so dramatisch und furchtbar sind, wie es meine Kinder oder der Tütenkopf vermuten lassen.

Ich male Smileys auf die Papiertüten, weil ich weiß, dass in einem großen Teil der Kindheitserinnerungen meiner Sprösslinge diese Tüten vorkommen werden, und ich möchte, dass es positive, lächelnde Erinnerungen sind. Und außerdem gefällt es mir, dass mich diese Smiley-Gesichter so zufrieden aussehen lassen, auch wenn ich im Innern der Tüte finster gucke und hyperventiliere und den Tag bedaure, an dem ich geboren wurde. Und ich finde, dass diese Daumen-hoch-Geste die Wirkung noch komplettiert.

Und noch ein Rat: Wenn Sie beschließen, diese Strategie bei sich zu Hause anzuwenden, dann erliegen Sie nicht der Versuchung, Löcher für die Augen auszuschneiden. Ich habe das einmal versucht, aber es macht alles kaputt; denn Augenlöcher bedeuten nun mal, dass man das Chaos dann immer noch sehen kann ... und dass das Chaos einem auch in die wahnsinnigen Augen sehen kann.

Keine Augenlöcher also!

Es ist hilfreich, solche „kleinen Übungen" zu absolvieren, um sich selbst daran zu erinnern, dass das Leben viel zu wichtig ist, um ernst genommen zu werden.

DURCHHALTEN

Heulen und Radfahren

Für Robert

Ich glaube, dass wir Menschen hier unten den Himmel auf die Erde bringen sollen, und einmal habe ich das selbst miterlebt.

Vor ein paar Jahren habe ich einmal an einer Sponsoren-Fahrradtour teilgenommen, mit der Spenden für die AIDS-Forschung gesammelt werden sollten. Tausende von Teilnehmern ließen sich für ihre Teilnahme an der 600 km langen Fahrradfahrt von North Carolina nach Washington D.C. sponsern, und einer von diesen Tausenden von Menschen war ich.

Dabei war ich eigentlich gar keine typische Teilnehmerin, denn ich hatte bis zu diesem Zeitpunkt noch nie aktiv etwas für einen guten Zweck getan. Es sei denn, man zählt meine Spring-Break-Reise ins Indianerreservat dazu, die allerdings ehrlich gesagt eher dem Zweck diente, an Peyote (das ist ein Rauschmittel) heranzukommen. Was die Wahrscheinlichkeit meiner Teilnahme außerdem verringerte, war meine heftige Abneigung gegen jegliche Art körperlicher Anstrengung.

So ist beispielsweise allgemein bekannt, dass ein Versuch meinerseits, eine Haustür aufzuschließen, die sich nicht aufschließen lässt, dazu führen kann, dass man mich in Tränen aufgelöst auf den Stufen antrifft. Oh, wie ich das hasse. Das Suchen der Hausschlüssel in der Handtasche, das Erkennen des richtigen Schlüssels am Schlüsselbund, das Drehen des (falschen) Schlüssels im Schloss, das Ausprobieren weiterer

Schlüssel, das Herunterwerfen und Wiederaufsammeln der Schlüssel, das gleichzeitige Jonglieren mit den Einkaufstüten, der Stress mit den quengelnden Kindern, die neben einem stehen und endlich ins Haus wollen, und das Schwitzen.

Als Chase acht war, fing er an, Fragen nach „schlimmen Wörtern" zu stellen. Wir beschlossen, sie ihm alle beizubringen, damit sie ihre Anziehungskraft verloren, aber ich brachte es einfach nicht fertig, das F-Wort laut auszusprechen. Chase sagte: „Ist schon okay. Ich glaube, ich weiß, welches du meinst. Es ist das Wort, das du immer sagst, wenn du die Tür nicht aufkriegst, oder?"

„Ja, genau das", sagte ich. „Genau das Wort sollst du nicht sagen!"

Und trotzdem hatte ich mich bereit erklärt, bei der AIDS-Tour mitzumachen. Ich weiß eigentlich auch nicht so genau, warum. Ich glaube, ich wollte einfach auch mal ein Mensch sein, der bei so etwas mitmacht. Und es ist nett von Gott, dass er Dinge auch dann wundervoll macht, wenn wir sie aus wenig überzeugenden Gründen tun.

Der größte Teil der Fahrt war die Hölle, und zwar unter anderem deshalb, weil ich das letzte Mal mit sieben auf einem Fahrrad gesessen hatte. Ja, ich *besaß* nicht einmal ein Fahrrad. Jedes Mal, wenn Dana mich vor der Tour fragte, ob ich nicht mit ihr trainieren wolle, blieb ich auf dem Sofa sitzen, schloss die Augen und sagte ihr, ich würde mit „Visualisieren" trainieren. Und obwohl es zu meinen Tour-Vorbereitungen auch gehörte, mit dem Rauchen und Trinken aufzuhören, begann ich mit dem Aufhören *offiziell* erst um 2:00 Uhr morgens am Starttag. Diese Methode des Aufhörens erwies sich dann allerdings als längst nicht so effektiv und hilfreich, wie es mir meine Trinkkumpane versprochen hatten.

Brutalerweise waren die Tagesetappen, die wir auf dem Rad zurücklegen sollten, 160 Kilometer lang und das bei 35 Grad Hitze. Wir hatten so große offene Wunden am Hintern, dass wir stündlich ein Produkt namens *Butt Paste* (Hinternpaste) auftragen mussten, das wir allerdings lieber niemals kennengelernt hätten. Und am Ende jedes verdammten Tages kamen wir ins „Camp" und pellten uns aus unseren klatschnassen Radlerhosen, um neben anderen Fahrern in einem Truck zu duschen. In einem TRUCK! Und dann mussten wir auf freiem Feld schlafen. Es war wie Woodstock, nur ohne Musik und Drogen, aber dafür mit Schmerzen. Nachts stürmte es oft furchtbar, dann regnete es in die Zelte hinein, sodass wir alle die ganze Nacht in unseren eiskalten, kleinen Privatteichen lagen, bis am Morgen die Sirene ertönte, das Signal, dass es weiterging. Dann standen wir auf, setzten uns den Helm auf den klatschnassen Kopf und schwangen unseren roten, schmerzenden Pavianhintern wieder in den Sattel. Den größten Teil des Tages verbrachte ich damit, in die Pedale zu treten und zu weinen, in die Pedale zu treten und zu weinen.

Und ich war nicht die Einzige, die weinte. Ich hatte nur wegen des heftigen Alkohol- und Nikotinentzugs doppelt so viele Gründe zu heulen, aber es gab wirklich viele Tränen. Tränen über die Unbarmherzigkeit der Sonne und darüber, dass man die unermüdliche Entschlossenheit anderer Fahrer miterleben musste. Tränen wegen der Familien und Freunde, die am Straßenrand standen und ihre Fahrer anfeuerten und jubelten und pfiffen und Plakate hochhielten, auf denen beispielsweise stand: „DU BIST EIN HELD". Das zerreißt einen. Es zerriss alle. Man kann sich nicht als Held feiern lassen, wenn man nicht absolut am Tiefpunkt angekommen ist und weint. Das geht einfach nicht. Also weint man einfach und tritt in die Pedale.

Dana, Christy und ich hatten damals zusammen eine WG, und Christi erklärte uns wegen unserer Teilnahme an der AIDS-Tour für total verrückt. Am meisten störte sie daran, dass es die abendlichen Wein- und Fernsehquizrituale so nachhaltig störte. Christy war es nicht gewohnt, tagelang ohne uns zu sein, also fuhr sie uns nach North Carolina hinterher und brachte uns Plätzchen in unser „Camp". Danach quartierte sie sich in einem netten kleinen Hotel ein. Ich flehte sie an, mich mitzunehmen, aber sie sagte: „Auf gar keinen Fall!" und versprach, dass ich ihr dafür eines Tages noch dankbar sein würde.

Die Tour ist jetzt zehn Jahre her, und bisher war mir ehrlich gesagt noch keinen einzigen Augenblick danach, mich bei ihr zu bedanken.

Am nächsten Morgen kam Christy wieder, fuhr den halben Tag mit dreieinhalb Stundenkilometern im Auto neben Dana und mir her, rauchte dabei Zigaretten, spielte in voller Lautstärke „Eye of the Tiger" und „Livin' on a Prayer", winkte andere Autos an sich vorbei und zeigte den Fahrern einen Vogel, wenn sie hupten.

Also, wenn das keine wahre Freundschaft war!

An der Strecke gab es alle paar Stunden Plätze, wo riesige Zelte aufgebaut waren und Sanitäter herumschwirrten, um Wunden zu versorgen, keuchenden Fahrern Sauerstoff zu verabreichen und Kranke in die Klinik zu bringen. Ich nutzte die Pausen, um Energieriegel zu inhalieren, noch ein bisschen zu weinen und mir Pickel auszudrücken. Wenn man ständig schwitzt, dann bekommt man nämlich Pickel, und das war besonders blöd, weil ein süßer männlicher Mitfahrer offensichtlich Interesse an mir hatte. Also behielt ich meinen Mini-Spiegel in der Tasche meiner Radlerhose, auch wenn das extrem unbequem war, und sobald wir an einer Raststation ankamen, holte ich den Spiegel hervor und drückte mir die Pickel aus, bevor der Schnuckel mich gefunden hatte.

Dana beobachtete diesen Ablauf jedes Mal mit extremem Ekel. Sie schnappte nach Luft, kippte sich flaschenweise Wasser über den Kopf und sagte: „Mensch, guck dich doch mal an. Wir *sterben* hier und du denkst noch an so was!" Und dann sagte ich: „Sterben ist noch lange kein Grund, sich gehen zu lassen!" Und ich kriegte tatsächlich mein Date nach der Tour. Ja. Wirklich.

Und dennoch. Es gab Etappen, die dauerten Stunden. Stunde um Stunde nichts als die brennende Sonne und Schmerzen und Reue, und man konnte an nichts anderes denken als daran, wie die Entscheidung für diese wahnsinnige Aktion vielleicht doch noch rückgängig zu machen war. Und dann, mitten in der schlimmsten Verzweiflung, sah ich einen *Berg*. Wie ein schlechter Scherz tauchte am Horizont auch noch ein Berg auf. Immer wieder. Ein Berg nach dem anderen. Gerade wenn man dachte: *So, jetzt müssen wir aber fertig sein, jetzt kann unmöglich noch ein Berg kommen*, kam noch einer. Und ich wurde wütend. SO WÜTEND. *„Verdammt, was soll das, Gott?* Kommt da jetzt wirklich noch so ein bescheuerter Berg? Jetzt, wo sowieso schon alles so schlimm ist? Jetzt, wo wir uns im wahrsten Sinne des Wortes den Allerwertesten aufreißen, um etwas Gutes zu tun?"

Das Problem bei der ganzen Angelegenheit war, dass Aufgeben keine Option war. Bei so einer Sache kann man unmöglich aufgeben. Selbst für notorische Aufgeber wie mich kam Aufgeben nicht infrage. Das sagte zwar niemand laut, aber es war allen klar. Genauso klar war mir aber auch, dass ich den nächsten Berg unmöglich schaffen konnte. Ich konnte einfach nicht mehr. Mein Geist war willig, aber mein Körper war so gut wie tot. Ich war also im Grunde schon besiegt, als ich mich dem Berg näherte.

Und da schloss ein dünner, bleicher, glatzköpfiger Mann auf seinem Fahrrad erst zu mir auf und kam dann neben mich. Der Mann war extrem hohlwangig, seine Augen lagen tief in den Höhlen, seine Beine bestanden nur aus Muskeln und Knochen, und er war so dürr wie ein magersüchtiger Jockey.

Ich schaute den grauen Mann irritiert an, aber da legte er mir die Hand auf den Rücken. „Ruh dich einfach aus, ich schiebe dich." Und ich weinte und ließ mich schieben. Ich begriff nicht, wie er das schaffte; wie er mich diesen Berg hinaufschieben konnte, mit einer Hand an seinem Lenker und der anderen auf meinem Rücken. Aber ganz langsam schafften wir es auf den Berg hinauf bis auf den Gipfel. Ich krächzte ein Dankeschön, und er schaute mich mit seinen tief liegenden Augen direkt an und sagte: „Ich danke *dir*." Und dann machte er kehrt und fuhr den Berg wieder hinunter, um den nächsten Fahrer hochzuschieben, der es aus eigener Kraft nicht mehr schaffte.

Als ich mich umdrehte, sah ich, dass es mindestens zwanzig von diesen Engeln gab – zwanzig Männer, die Radfahrer und Radfahrerinnen, welche doppelt so groß und schwer waren wie sie selbst, den Berg hinaufschoben. Sie warteten an der Strecke am Fuß der Berge, von denen sie wussten, dass wir sie allein niemals schaffen würden, und sie schoben uns hinauf. Immer einen nach dem anderen. Und dann fuhren sie wieder hinunter, um dem Nächsten zu helfen und dann noch einem und noch einem. Bis wir alle auf der anderen Seite des Berges angekommen waren.

Später erfuhren wir dann, dass sie die „AIDS-Engel" genannt wurden und alle sehr krank waren. Viele von ihnen starben innerhalb weniger Jahre, aber so lange sie noch konnten, waren sie bei jeder AIDS-Tour im ganzen Land dabei, warteten an der Strecke am Fuß der Berge, um gesunden Fahrern hinüberzuhelfen.

Verstehen Sie? Sie waren sterbenskrank, aber sie waren die Stärksten. Die Schwachen werden die Starken sein. Ich begreife das immer noch nicht. Aber als mich diese Männer auf die Gipfel schoben, da habe ich den Himmel gespürt.

Und als wir in Washington D.C. die Ziellinie überquerten, da spürte ich wieder den Himmel, denn dort waren Tausende von uns und Tausende von ihnen. Die Straßen von Washington waren gesäumt von Menschenmassen, manchmal zehn, zwölf, zwanzig Reihen tief, die schrien und weinten, und dieser Lärm der Freude war ohrenbetäubend. Und all das zusammen ergab ein so lautes Rauschen, dass ich die Menschen durch meinen Tränenschleier hindurch einfach nur anschaute, weil ich sie nicht mehr hören konnte. Sie waren unseretwegen gekommen, weil wir der Liebe wegen gekommen waren. Sie waren gekommen, weil wir etwas wirklich sehr Schweres geschafft hatten und weil sie sich dafür bedanken und ein Teil von all dem sein wollten. Ich sah meine Freunde dort in der Menge mit Transparenten, auf denen stand: „WIR SIND SO STOLZ AUF DICH, G." Und ich sah Schwester und Bubba und Tisha, die auch Transparente hochhielten, aber ich kann mich nicht mehr daran erinnern, was daraufstand, weil ich mich nur noch an ihre Gesichter erinnern kann – überwältigt von der Kraft dieses Augenblickes. Die Menschenmenge pfiff und johlte und alle läuteten mit Glocken und schrien durch Megafone. Cheerleader sprangen und hüpften und zeigten ihre Künste, Feuerwehrautos ließen ihre Sirenen aufheulen und Kinder hielten Transparente mit der Aufschrift: GOTT SEGNE EUCH, IHR HELDEN – GOTT SEGNE UNS ALLE.

Und es gab keinen einzigen Fahrer, weder zu meiner Rechten noch zu meiner Linken oder hinter oder vor mir, der nicht weinte. Wir heulten alle wie Schlosshunde. Wenn wir noch in der Lage waren, das Gleichgewicht zu halten, griffen wir einfach nach der Hand des Fahrers, der neben uns fuhr, weil es zu intensiv war, um es allein auszuhalten. Und unsere Tränen und unser Schweiß vermischten sich mit dem Schweiß und den Tränen der anderen. Und es war nicht mehr wichtig, ob wir schwul waren oder heterosexuell oder jung oder alt oder gesund oder sterbenskrank. Wir hatten etwas Echtes durchgemacht. Es hatte höllisch wehgetan, aber wir hatten es zu Ende gebracht. Gemeinsam.

Namaste oder: Warum nicht höflich sein?

Jeder
ist Gott, der zu uns spricht.
Warum nicht höflich sein und
ihm
zuhören?
(Hafiz)

Ich liebe Gott, wer auch immer er ist, und ich wäre ihm gern näher. Dabei ist mir der Gedanke gekommen, dass man anderen Frauen ja oft sehr schnell näherkommt, wenn man nett zu ihren Kindern ist – einfach freundlich und einfühlsam –, und wenn man erkennt, was das Besondere an ihnen ist. Kurz, wenn man versucht, die Kinder der Frau so zu sehen, wie sie selbst als Mutter sie sieht. Und dann wurde mir noch einmal bewusst, dass Gott uns nach seinem Ebenbild geschaffen hat. Er ist sozusagen unser aller Vater und Mutter. Und deshalb habe ich mich gefragt, ob es nicht auch ein Weg sein könnte, Gott näherzukommen, wenn ich freundlich und einfühlsam zu seinen Kindern bin und auf das Besondere an ihnen achte.

Ich musste daran denken, wie viele Menschen viel Zeit investieren, um Gott in Büchern zu finden, wo doch vielleicht der direkte Weg zu Gott über das Herz seiner Kinder führt.

Kürzlich hat mir eine Freundin ein Buch mit dem Titel *Nomaskar* geschickt. Der Autor ist Priester, ein großer Anhänger von Mutter Teresa, und er hat sich mit ihrem geistlichen Leben beschäftigt. Ich liebe Mutter Teresa. Ich liebe sie für das, was sie getan hat, und vielleicht sogar noch mehr für die *Gründe*, aus denen sie es getan hat. Ich glaube, sie hat nach der Wahrheit gelebt, also achte ich ganz genau darauf, wer und wie sie war.

Der Grund, weshalb Mutter Teresa unter den Leprakranken und Armen und Sterbenden in den Straßen von Kalkutta gearbeitet hat, war nicht primär der, dass Jesus es ihr aufgetragen hatte, sondern sie tat es, weil nach ihrem Verständnis *Jesus selbst* leprakrank und arm in den Straßen von Kalkutta lebte oder im Sterben lag. Und weil sie Gott liebte, fand sie es richtig, ihm zu helfen, denn es wäre ja absurd gewesen, Gott in einer Kirche anzubeten, während er gleichzeitig krank und verarmt auf der Straße starb. Für Mutter Teresa war es widersinnig, darüber zu weinen, dass Jesus vor zweitausend Jahren gekreuzigt wurde, aber keine Träne darüber zu vergießen, wenn Jesus heute auf den Straßen von Kalkutta oder Haiti oder in einer Schule in Dortmund gekreuzigt wird.

Mutter Teresa hat in jedem Menschen Gott gesehen, und wenn sie einen sterbenden leprakranken Menschen berührte und seine Wunden versorgte, dann *stellte sie sich nicht nur vor*, dass sie damit Jesus half, in Würde zu sterben, sondern sie *half* Jesus *tatsächlich*, in Würde zu sterben. Sie half Jesus, wie sie es ausdrücken würde, „in der erschütternden Verkleidung der leidenden Armen."

Sie hatte begriffen, dass jeder Mensch Jesus ist. Sie hatte die Bedeutung des Wortes *Nomaskar* oder *Namaste* begriffen. *Nomaskar* oder *Namaste* bedeutet nämlich: „Ich ehre den Geist Gottes in dir, den ich auch in mir selbst ehre". Gott in mir erkennt Gott in dir. Und Gott in mir *ehrt* Gott in dir. Wenn Mutter Teresa also einem Menschen begegnete, dann faltete sie die Hände, senkte den Kopf und sagte „Namaste". Und wenn sie Gott sehen wollte, dann schaute sie nicht nach oben oder in die Ferne, sondern sie schaute der Person, die ihr in dem Moment gegenüberstand, in die Augen. Das ist auf jeden Fall schwerer. Und besser.

Also. Ich habe mit Gott über all das geredet, und ich gehe auf gar keinen, gar keinen, gar keinen Fall nach Kalkutta. Das ist so gar nicht mein Ding. Ich bin die Schwester von *Schwester* ... keine Schwester der Barmherzigkeit. Sie verstehen, was ich meine.

Aber ich schaue mir genau die Nachrichten an und ich höre meinen Freunden zu, und ich höre von den traurigen Geschichten der Menschen, von ihrer inneren Einsamkeit und dem Leiden an ihrer Vergangenheit, und deshalb weiß ich, dass *Kalkutta überall ist*. Wir leben alle in irgendeiner Art von Armut – Armut an Hoffnung, Armut an Frieden, Armut an Liebe. Mutter Teresa bezeichnete materielle Armut immer als die Art, die am leichtesten zu lindern ist.

Jeder leidet. Und weil Gott in jedem Menschen ist, würde ich gern freundlicher zu den Menschen sein. Das Mindeste, was ich versuchen kann, ist doch, den Menschen nicht noch mehr Leid zuzufügen, als sie ohnehin schon aushalten müssen.

Deshalb habe ich beschlossen, mich vor jedem zu verneigen, der mir über den Weg läuft. Es ist nur ein ganz leichtes Neigen des Kopfes. Gerade so viel, dass es mich daran erinnert, kein Idiot zu sein; denn egal, mit wem ich rede, ob es ein Kind ist oder ein Schuldirektor oder ein Tankwart oder ein Freundfeind oder Craig, es ist immer auch *Gott*, mit dem ich rede.

Und wenn ich mich verneige, sage ich damit: *Namaste. Gott in mir erkennt und ehrt Gott in dir.* Ich spreche das nicht laut aus, aber ich trage es bei mir, so wie Juden eine Kippa tragen, um sich stets bewusst zu machen, dass sie immer unter der Hand Gottes sind. Oder wie Muslime fünf Mal am Tag beten, um sich selbst in Erinnerung zu rufen, wem sie dienen. Die Welt und die Menschen darin sind so schön, wenn man wach und empfänglich dafür ist. Und deshalb sind die leichte Verneigung und das *Namaste* für mich eine kleine Übung, um mich selbst daran zu erinnern, was real und echt ist, was für ein erstaunliches Leben ich doch führe und was für ein Geschenk die Menschen sind, denen ich begegne.

Ich weiß, dass das vielleicht alles ein bisschen verrückt klingt, aber ich habe beschlossen, mir keine Gedanken mehr darüber zu machen, ob etwas verrückt klingt oder nicht. Robin P. Williams sagt: „Ihr habt nur einen kleinen Funken Verrücktheit geschenkt bekommen, den dürft ihr nicht verlieren." Und vielleicht kann die Welt ja ein bisschen verrückte Liebe auch ganz gut gebrauchen. Also lasse ich mich auf meinen Funken Verrücktheit ein, und ich fache ihn sogar noch an. Und ich *verneige* mich. Und dadurch geschieht irgendwas. Es *funktioniert*. Ich fange an, Gott überall zu sehen.

Es ist, als ob mich dieses kleine Verneigen aus der furchtbaren Trance herausschnipst, in die ich mich jeden Tag einlullen lasse und in der ich dann vergesse, dass alles und jeder wunderbar ist. Einschließlich mir.

Namaste.

Schwierig

Dieser Lebensstil – auszusprechen, was man denkt – ist schwierig. Er ist in vielerlei Hinsicht gut und richtig, aber er ist auch schwer. Die meisten Leute, die meine Geschichten lesen, kennen mich nicht, aber für die Leute, die mich kennen, ist es schwierig. Manchmal frage ich mich, ob es auch für unsere Nachbarn schwierig ist, so viel über uns erfahren zu müssen. Wenn ich sie draußen treffe und sie stellen mir die obligatorische Frage: „Wie geht's?", dann ist das schon seltsam, weil sie es oft längst wissen. Dadurch sind wir uns gleichzeitig näher, aber auch ferner. Inzwischen ist es so, dass ich am Gesichtsausdruck eines Menschen sehen kann, ob er meinen Blog liest oder nicht. Wenn mich jemand auf einen Kaffee einlädt, dann möchte ich am liebsten sagen: „Gerne. Könntest du bitte vierhundert extrem persönliche Essays über dich mitbringen, damit wir dieselbe Ausgangsposition haben?"

In vielerlei Hinsicht ist aber dieses Leben, in dem ich deutlich und für alle hörbar sage und lebe, was ich denke, am schwersten für *mich selbst*.

Meistens schreibe ich gern. Es hilft mir, es heilt mich und es stellt meinen kreativen Wesensanteil zufrieden, der ständig herauswill. Es hilft mir, Dinge zu verstehen, und es zwingt mich, vor mir selbst Rechenschaft abzulegen.

Ich habe vor Kurzem einen Text über meine Hoffnungen und Träume geschrieben, und darin auch erwähnt, dass ich fest davon überzeugt bin, dass mein viertes Kind in Ruanda lebt. Eine meiner Leserinnen kommentierte das folgendermaßen: „Hallo, Glennon ... darf ich dich vorsichtig daran erinnern, dass du bereits vier Kinder hast? Bitte unterschlage nicht das eine, für das du die Entscheidung getroffen hast, es nicht auf dieser Erde großzuziehen. Ich frage mich, ob dein Wunsch, ein Kind zu adoptieren, vielleicht auch mit dem Bedürfnis zu tun hat, diese Entscheidung wiedergutzumachen."

Mannomann.

Erstens: Diese Person hat natürlich absolut das Recht, so zu reagieren. Die meisten meiner Leser haben sich zwar auf die ungeschriebene Regel geeinigt, die Dinge, die ich mit ihnen teile, nicht gegen mich zu verwenden, aber es ist natürlich niemand verpflichtet, sich an diese Regel zu halten. Ich betrete das Feld jeden Tag bewusst und freiwillig ohne Rüstung und Waffen, und natürlich besteht immer das Risiko, dass hin und wieder jemand auf mich schießt. Das passiert eben. Es tut weh, und ich will als erste Reaktion wirklich jedes Mal mit dem Schreiben aufhören, tue es aber dann doch nicht. Wenn ich am liebsten meinen Computer zuklappen und mir mein Leben wieder zurückholen möchte, mich einfach zu einer schützenden Kugel zusammenrollen möchte, dann tue ich es doch wieder nicht. Ich komme doch wieder zurück, weil ich weiterlieben und offen bleiben möchte, auch wenn weder Liebe noch Offenheit leicht sind.

Liebe ist nicht warm und kuschelig oder klebrig süß. Wirkliche Liebe ist knallhart. Sie reißt einem das Herz heraus, man setzt es wieder ein und hält es dann am nächsten Tag wieder genau der Welt hin, die es einem herausgerissen hat.

Liebe bedeutet, auf Leid und Trauer und Zerbrochenheit zuzugehen, statt davor wegzulaufen. Sie bedeutet, die andere Wange hinzuhalten, bis man Striemen darauf hat. Sie bedeutet, nicht dem überwältigenden Drang nachzugeben, einfach alles hinzuschmeißen, um sich nur noch um sich selbst zu kümmern.

Es ist ermüdend und unbequem. Manchmal ist es auch grässlich, so als würde man mit bloßen Händen in Bergen von Mist nach Gold suchen.

Ich versuche, mein Leben so zu leben, wie der Zimmermann vor zweitausend Jahren seines gelebt hat. Einmal stand er auf einem Berg und erklärte einer großen Menschenmenge, die an seinen Lippen hing, wie man *gut liebt*, und alle waren schockiert über das, was er sagte, weil es so ganz und gar nicht den Vorstellungen der damaligen Kultur entsprach. Doch die Menschen spürten, dass das, was er sagte, die Wahrheit war. Eigentlich erzählte er ihnen gar nichts Neues, sondern er erinnerte sie nur an all das, was bereits in ihr Herz geschrieben war, was sie tief in ihrem Inneren längst wussten.

Als ich zum ersten Mal las, was Jesus über die Liebe sagt, klang es für mich alles so wahr und richtig, dass mir fast das Herz zersprang. Es klang hart, aber wahr. Jesus sagt, wenn einem jemand wehtut, soll man diesen Menschen lieben und ihm immer und immer und immer wieder auch die andere Wange hinhalten. Ich glaube, siebenmal siebzig Mal hat er gesagt. Ich schreibe jetzt seit über fünf Jahren, also komme ich inzwischen wahrscheinlich an diese Zahl heran. Das bedeutet, dass der 539. Leser, der meine Gefühle verletzt, einen Tritt in den Allerwertesten bekommt.

Aber die Person, die meinen Wunsch, ein Kind zu adoptieren hinterfragt und interpretiert hat, ist nicht Nr. 539. Weil also mein Jesus darauf besteht, muss ich auch die andere Wange hinhalten. Das Schöne daran ist, dass man gezwungen ist, den Blickkontakt zum Ohrfeiger abzubrechen. Die leichte Drehung des Kopfes verändert den Blickwinkel. Jetzt schaut man plötzlich von der Person, die einen verletzt hat, weg und zwar nach vorn, auf etwas Besseres und Schöneres. Der Herzschlag verlangsamt sich und die Hände schwitzen nicht mehr.

Und hier stehe ich nun. Ich habe den Kopf gedreht. Ich habe eine neue Perspektive. Ich versuche, das zu tun, was meine Freundin Meghan oft vorschlägt, nämlich „auf die Liebe in dem zu hören, was da zu mir gesagt wird".

Ich habe keinerlei Zweifel daran, dass mein Wunsch, ein Kind zu adoptieren, etwas mit meiner Abtreibung zu tun hat. Dieser Wunsch hat mit vielem in meinem Leben zu tun: Zum Beispiel damit, dass unsere Eltern uns eine große Wertschätzung der Familie vermittelt haben oder mit der Leidenschaft von Schwester für die Machtlosen, mit meiner Gabe des Bemutterns, mit Geld und anderen Mitteln, die Gott mir anvertraut hat, mit meinem Glauben, meiner Beziehung zu meinem Mann, meinen Erfahrungen in der Arbeit mit Kindern aus sozial benachteiligten Familien und so weiter und so weiter.

Meine Träume sind die Summe all dessen, was ich erlebt habe, jeder Begegnung mit Menschen, jedes Buches, das ich gelesen habe, jeder Freundin, die ich geliebt habe, jedes Fehlers, den ich gemacht habe, und jedes Liedes, das ich gesungen habe. Es wäre absolut albern, so zu tun, als hätten die Abtreibung und der Adoptionswunsch nichts miteinander zu tun. Es ist doch ganz offensichtlich, dass alles mit allem zu tun hat.

Was aber geradezu darum bettelt, hier angesprochen zu werden, ist die Andeutung der Leserin, dass mein Adoptionswunsch der Versuch sei, mich von den Schuldgefühlen wegen meiner Abtreibung zu befreien.

Bitte lassen Sie mich eines klarstellen: *Ich schäme mich nicht für meine Abtreibung*. Ich weiß, dass es für manche Leute schwer ist, sich das anzuhören; denn wenn man Christ ist und eine Abtreibung hinter sich hat, dann sollte man sich eigentlich für den Rest seines Lebens auf die Brust schlagen, mit den Zähnen knirschen und Buße tun, sich sodann Kreuzzügen anschließen, um Abtreibungen mit allen erforderlichen Mitteln ein für alle Mal abzuschaffen, unter Tränen vor großen und kleinen Gruppen erklären, dass die Abtreibung der schlimmste Fehler war, den man jemals gemacht habe, und erklären, dass man jeden Abend für das Baby im Himmel betet. Dann wird das sündige Subjekt von der christlichen Gemeinschaft wieder angenommen und als Vorzeigeobjekt benutzt.

Aber ich werde nichts von alledem jemals tun, und zwar weil *für mich* nichts von alledem wahr ist. Ich weiß, dass es für manche Leute so ist, und das respektiere ich, denn jede hat ihren eigenen Weg, aber für mich ist es nicht wahr. Ich habe in Anbetracht meiner Möglichkeiten und Mittel zum damaligen Zeitpunkt das getan, was ich für richtig hielt. Ich habe es bereut und mich entschuldigt, ja – aber in erster Linie bei mir selbst. Ich bemitleide das Mädchen von damals, das so verloren war, und ich bin stolz darauf, dass sie diesen schrecklichen Tag und alle danach überstanden hat. Ich schäme mich nicht. Ich weiß, dass mir vergeben worden ist. Ich fühle mich ganz und vollständig und heil, und ich weiß, dass Gott meine Hand vor, während und nach der Abtreibung nie losgelassen hat. Gott und ich sind in dieser Angelegenheit miteinander im Reinen.

Maya Angelou sagt: „Ich habe damals getan, was ich konnte und wie ich es konnte. Jetzt, wo ich es besser weiß, mache ich es auch besser." Amen dazu. In meinem Leben ist kein Platz für Scham und Reue. Ich bin zu erfüllt. Mir ist zu sehr vergeben, ich werde zu sehr und zu umfassend geliebt, bin zu voll mit Ideen, Träumen und Leidenschaft, um mein kostbares Leben damit zu vergeuden, so zu tun, als wäre ich verkrüppelt durch etwas, das so imaginär ist wie Scham. Scham ist eine Illusion. Sie verschwindet so schnell.

Ich habe verworrene Gefühle zum Thema Abtreibung. Ich glaube, dass „Probleme" wie Abtreibung eigentlich nur einfach „Menschen" sind, also ist es am besten, sie auch so zu betrachten. Immer Mensch für Mensch, jede Person einzeln. Ich empfinde keine Scham über meine Abtreibung, aber ich finde auch nicht, dass Abtreibung etwas Gutes ist. Ich glaube, dass es bessere Möglichkeiten gibt.

Wenn man Abtreibung furchtbar findet, ist es vielleicht eine gute Idee, ehrenamtlich in der Jugendarbeit mitzumachen. Dort kann man einem oder einer Jugendlichen zum Mentor werden, sie beraten und ihnen helfen, ihnen andere

Möglichkeiten aufzeigen, wie sie Liebe und Verbundenheit erleben können, damit sie nicht an den falschen Orten danach zu suchen brauchen. Vielleicht wäre es klug, sich zu engagieren, bevor es zu spät ist. Ich habe das Gefühl, dass Hassdemos vor Abtreibungskliniken etwas zu spät ansetzen. Und jemandem, der vor 15 Jahren eine Abtreibung hatte, unaufgefordert irgendwelche psychologischen Hinweise zu geben, ist *definitiv* zu spät.

Ich halte mich weiter an meine Immer-eine-Person-nach-der-anderen-Strategie. Wenn mir also eine junge Freundin anvertrauen würde, dass sie schwanger ist und an eine Abtreibung denkt, dann würden Craig und ich ihr sagen, dass wir sie lieben und dass es viele Möglichkeiten gibt. Wir würden ihr anbieten, dass sie bei uns wohnen könnte und dass für sie und das Baby gesorgt würde, und zwar praktisch und finanziell. Wir würden ihr auch sagen, dass wir das Baby für sie großziehen würden, wenn sie das nicht tun will.

Und wenn sie zu dem Schluss käme, dass eine Abtreibung für sie die einzige Lösung wäre, dann würden wir ihre Hand halten und sie durch die schwere Entscheidung hindurch lieben und dafür sorgen, dass sie wüsste, dass sie im Augenblick nach der Abtreibung noch ganz genau so geliebt wäre wie an dem Tag ihrer Geburt.

Das Einzige von Bedeutung, was wir einander anbieten können, ist Liebe. Nicht Ratschläge, kein Hinterfragen der Entscheidungen, die wir getroffen haben, keine Vorschläge für die Zukunft, sondern einfach nur Liebe.

Was weißt denn du schon?

Gestern ist mir zufällig eine alte Freundin über den Weg gelaufen, die mir gesagt hat, dass sie meine Blogge-schichten liest und dass sie ihr gefallen. Sie sagte: „Vielen, vielen Dank, dass du das schreibst."

Statt mich zu zieren und ihren Dank und das Kompliment abzuwiegeln, antwortete ich: „Danke." Es ist ziemlich schwie-rig zu lernen, Kritik und Komplimente mit Würde entgegen-zunehmen, aber ich werde besser darin.

Dann sagte meine Freundin: „Machst du dir eigentlich nie Gedanken darüber, dass du zu viel von dir preisgeben könn-test? Machst du dir keine Sorgen, dass dich vielleicht wegen deiner bewegten Vergangenheit niemand mehr einstellt, wenn du wieder in den Beruf zurückwillst?"

Wow. Nein. Darüber habe ich mir nie Gedanken gemacht.

Ich raste nach Hause und schrie schon von der Haustür aus: „EHEMANN! Machst du dir manchmal Sorgen, dass mich vielleicht keiner mehr einstellen wird, weil ich der gan-zen Welt von meiner bewegten Vergangenheit erzählt habe?"

Mann: „Ja, der Gedanke ist mir schon mal gekommen."

Ich: „Und warum hast du mir das nie gesagt?"

Mann: „Weil es dazu doch sowieso schon zu spät war."

Ich: „Ach so."

Hm.

Scheint so, dass ich mich in den ewigen „Nicht mehr für den ersten Arbeitsmarkt vermittelbar"-Orbit katapultiert habe, indem ich die Wahrheit gesagt habe. Eine der uner-warteten Segnungen des Schreibens! Vielleicht sollte ich anfangen, auch noch ein paar Dinge zu schreiben, die ich gar nicht getan habe, damit die Sache endgültig in trockenen Tüchern ist.

Ich gehe in Rente, ohne je richtig gearbeitet zu haben! Für immer im Ruhestand! Für immer in Jogginghosen! Freude.

Vom Segen der Kraftausdrücke

Unter bestimmten Umständen sorgt eine vulgäre Ausdrucksweise
für eine Erleichterung,
die selbst das Gebet nicht zu bewirken vermag.
Mark Twain

Ich bekomme viel Post von besorgten Lesern, in der es um meine gelegentliche Verwendung von Schimpfwörtern und Kraftausdrücken geht. Diese Leser sind der Meinung, dass eine solche Sprache eine Beleidigung Gottes ist – und somit auch für alle, die an ihn glauben, also sie selbst. Ich mag meine Leser sehr, und wenn sie durch etwas, das ich schreibe und vor allem, wie ich es schreibe, beleidigt werden, dann mache ich mir darüber natürlich Gedanken.

Vielleicht führt Gott ja eine Liste mit schlimmen Wörtern und zählt mit, wie oft wir sie benutzen. Vielleicht sind diese Wörter, die in jedem Land, jeder Kultur und jeder Ära unterschiedlich sind, die „schändliche Rede", von der es in der Bibel heißt, dass wir sie vermeiden sollen. Vielleicht.

Aber vielleicht meint Gott damit ja in Wirklichkeit auch die schändlichste Art von Gerede, an der sich auch seine Kinder manchmal beteiligen: Getratsche, üble Nachrede, undankbares Gerede, rassistisches, sexistisches und klassenorientiertes Gerede, Sarkasmus und abfällige, abschätzige, missbilligende, desinteressierte Bemerkungen, und vielleicht sogar böse Aussagen wie *nicht mein Problem* und *die anderen sind schuld* und *ich kümmere mich nur um meine Angelegenheiten* und der unheimlichste Satz von allen: *ist doch selbst schuld.*

Oder vielleicht ist damit auch eine Sprache gemeint, die der Abgrenzung dient. Fromme Menschen tun das manchmal. Wenn bestimmte fromme „Insider-Begriffe" verwendet werden, um anzudeuten, dass manche Menschen zu Gott gehören und andere nicht, dann ist das geradezu obszön.

Wenn hingegen die „vulgären" Wörter nun einer Schwester dabei helfen, ihrer Seele Luft zu machen, ihre Kunst zu erschaffen, mit anderen Menschen in Beziehung zu treten, es rauszulassen – ich glaube, dann wäre Jesus dafür. Das glaube ich wirklich. Ich glaube, Jesus mag Echtheit, in welcher Form auch immer. Wir haben alle tief in unserem Innern tiefe Brunnen der Vulgarität – tief genug jedenfalls, dass wir reichlich damit zu tun haben, unsere eigenen Quellen auszuschöpfen, bevor wir uns mit denen anderer beschäftigen.

Ich habe vor Kurzem im Radio eine Predigt von dem Pastor einer der größten Gemeinden des Landes gehört, in der er leidenschaftlich an alle Christen appellierte, sich vor *weltlicher* Musik zu schützen. Als Beispiel nannte er Rap-Musik und sprach mit Abscheu über die obszönen Texte vieler Songs. Er sagte, dass erwachsene Christen sich um jeden Preis davon fernhalten sollten.

Diese Predigt ging mir wirklich nach.

Ich höre manchmal Gangster-Rap. Lachen Sie nicht. Ich mag Kunst, jede Art von Kunst, die aufrichtig und echt ist. Und auf Rap trifft das hin und wieder zu.

Manchmal, wenn ich mir so einen Song anhöre, einen wütenden Song über Armut und die Sackgassen im Leben und über die unweigerlichen Folgen wie Hoffnungslosigkeit und Gewalt, dann denke ich: *Jesus würde dieser Song bestimmt gefallen.* Ich glaube nicht, dass er sich die Ohren zuhalten und weglaufen würde, weil er es zu derb oder vulgär fände.

Ich glaube nicht, dass er wegen des rüden Tonfalls und ein paar Kraftausdrücken *beleidigt* wäre. Tatsache ist doch, dass Leute mit Ecken und Kanten Jesus nie abgeschreckt haben. Das war eher bei den nach außen hin perfekten Pharisäern der Fall, und die bezeichnete Jesus als „Nattern" und „weiß getünchte Gräber". Giftig. Außen strahlend, innen voller Verwesung.

Ich glaube nicht, dass Jesus den Leuten geraten hätte, ihr Radio auszuschalten, wenn Gangster-Rap läuft, sondern ich vermute, er hätte sogar gesagt, dass sie es *lauter drehen und genau hinhören sollten*, selbst wenn so ein Text Unbehagen bei ihnen auslöst. Er würde ihnen sagen, dass sie sich die Geschichten von Menschen, die ausgegrenzt am Rande der Gesellschaft leben und nach jemandem schreien, der sie hört und sich für sie einsetzt, doch ruhig einmal etwas genauer anhören sollten. Er würde sagen: „*Klingt doch ganz ähnlich wie die Psalmen, oder?*" Und statt seinen Anhängern bequeme Grüppchenbildung zuzugestehen (*Die sind so schlecht / wir sind so gut; wir dürfen uns nicht von ihnen runterziehen lassen!*), glaube ich, dass Jesus sie auffordern würde, sich vielleicht einmal die Verzweiflung und den Zorn in diesen Songs etwas genauer anzuhören und sich zu fragen: *Inwiefern habe ich mit diesem Problem zu tun? Was kann ich als ein „Nächster" dieser Leute unternehmen, um mehr Gleichheit und Gerechtigkeit zu erreichen?*

Jesus hat nicht gesagt: „Liebe deinen Nächsten, es sei denn, er passt dir irgendwie nicht."

Wir haben den eindeutigen und klaren Auftrag erhalten, einander zu lieben, und ich glaube einfach nicht, dass wir uns den Luxus erlauben können, Leute auszugrenzen, die uns persönlich nicht so liegen.

Wenn dieser Pastor rechtschaffen wütend wäre über die Armut und über das Elend um ihn herum, hätte er seiner wohlhabenden Anhängerschaft vielleicht nicht geraten, sich von diesen Leuten fernzuhalten, sondern das Essen im Restaurant nach dem Gottesdienst ausfallen zu lassen, um stattdessen warme Mahlzeiten in der nächsten Suppenküche für Bedürftige auszugeben. Vielleicht könnten sie auch hingehen und ein paar von diesen Gangstern kennenlernen. Vielleicht hätten sie sich alle zusammen so wie Jesus auf den Weg machen können in Gefängnisse oder auf die Straße, statt einfach wegzugehen.

Zur Zeit Jesu gab es eine Gegend namens Samaria, und als Jude ging man nicht nach Samaria. Damals waren die Samariter „die da". Sie wissen schon – moralisch fragwürdig. Samaria, das war so etwas wie die Bronx oder Berlin-Hellersdorf. Juden nahmen große Umwege in Kauf, um nicht durch Samaria reisen zu müssen. Sie machten einen großen Bogen um die Gegend. In den Evangelien ist aber immer wieder die Rede davon, dass Jesus jedes Mal mitten *durch* Samaria ging, wenn er unterwegs war. Mitten hindurch, dieser Jesus. Mit seinen zwölf Jungs. Ganz entspannt.

Dass Jesus jemanden aus Samaria als Beispiel dafür nahm, wie man seinen Nächsten lieben soll – den barmherzigen Samariter –, war eigentlich ein Skandal. Vielleicht ist Gangster-Rap ja wie Samaria. Vielleicht sind manche vermeintlich banalen Blogs das ebenfalls, und vielleicht sind viele Orte, die wir meiden, Samaria. Vielleicht gibt es an diesen Orten Menschen, von denen wir etwas lernen können.

Vor Kurzem schickte mir ein Pastor folgendes Zitat:

Das Problem mit dem Schwimmbecken des Glaubens besteht heutzutage darin, dass der meiste Lärm aus dem seichten Teil kommt. Ich bin in den tiefen Teil gegangen, und das hat alles verändert.

Es ist ziemlich einfach, seine Zeit im Nichtschwimmerbecken des Glaubens zu verbringen. Das ist keine echte Hingabe. Man kann einfach hineinsteigen, in fest gefügten Kreisen herumstehen und Leute beobachten. Man kann die lackierten Zehennägel der anderen begutachten und sich beim Klatsch und Tratsch auf den neuesten Stand bringen. Man kann reden und reden und reden und zu ganz tollen Schlussfolgerungen und Urteilen gelangen, ohne sich das Make-up zu ruinieren. Das ist wichtig, weil man ja nie wissen kann, wann jemand die Kamera zückt. Man kann wirklich ein ganzes behagliches Leben dort verbringen und einfach herumstehen und gehört werden. Am seichten Ende des Beckens braucht man noch nicht einmal *schwimmen* zu lernen. Toll.

Ich glaube, der Grund, weshalb wir oft von den Leuten im Tiefen nichts hören, ist der, dass sie zu tun haben, weil sie *tatsächlich schwimmen*. Im tiefen Teil des Beckens muss man sich nämlich bewegen, und da ist es dann natürlich schon ein bisschen schwerer, immer cool auszusehen. Es ist ermüdend und sogar unheimlich, weil man dort nur man selbst ist und der eigene Kopf und das Herz in der Stille der Tiefe. Im tiefen Teil gibt es kein Geplauder oder Sicherheit in der Menge, weil sich dort nicht viele Menschen aufhalten. Die meiste Zeit ist man dort sogar allein, und man hat keinen festen Boden unter den Füßen. Man muss einfach darauf vertrauen, dass einen das Wasser trägt, und es bleibt einem gar nichts anderes übrig, als zu strampeln und nach Luft zu schnappen und von Kopf bis Fuß klatschnass zu werden.

Der Mönchsorden der Benediktiner mit Klöstern auf der ganzen Welt lebt nach der Ordensregel des heiligen Benedikt, die das Zusammenleben in der Gemeinschaft regelt. Ich lese diese Ordensregel immer, bevor ich mich mit Konflikten in mir selbst oder mit anderen auseinandersetze. Eine der Empfehlungen lautet ungefähr: *Ertragt mit großer Geduld die körperlichen und charakterlichen Schwächen der anderen. Und wenn sich der Stachel des Streits erhebt, dann vergebt täglich und seid auch bereit, Vergebung anzunehmen.*

Wenn Sie Kraftausdrücke als Schwäche betrachten, dann haben Sie doch bitte Geduld mit uns Fluchern und vergeben Sie uns täglich. Wenn Sie jemand sind, der Intoleranz in Bezug aufs Fluchen als Schwäche betrachtet, dann ertragen Sie uns bitte mit großer Geduld und vergeben Sie uns täglich. Halten Sie durch. Versuchen Sie, Gott auch in uns zu sehen. Schwimmen Sie im tiefen Teil des Beckens. Und folgen Sie dem heiligen Benedikt, der sagt: „*Höre mit den Ohren des Herzens.*"

Gaben sind Brücken

Frag nicht, was die Welt braucht.
Frag, was dich lebendig macht,
und dann geh los und tu es.
Denn was die Welt braucht,
sind Leute, die lebendig geworden sind.
Howard Thurman

Ich glaube, Gott schenkt jedem Menschen ein, zwei Begabungen, damit wir anderen etwas ganz Besonderes zu bieten haben. Aber manchmal glauben wir irrtümlich, dass die Dinge, die wir besonders gut können, jeder kann. Wir merken nicht, dass unsere Gaben einzigartig und es deshalb wert sind, mit anderen geteilt zu werden. Ich kann zum Beispiel gut schreiben und gut zuhören. Mir war aber gar nicht bewusst, dass diese Fähigkeiten etwas Besonderes sind – bis zu einem Nachmittag in der Küche meiner Freundin Michelle.

Wir sprachen über eine Party, die bald stattfinden sollte, und ich sagte: „Weißt du, Michelle, Partys stressen mich total, weil alle tolle Sachen zum Essen mitbringen und ich besitze nicht mal Platten, auf denen ich eine Leckerei anrichten könnte, wenn ich denn eine zubereiten könnte, was ich, nebenbei bemerkt, gar nicht will. Deshalb meide ich manchmal Feiern, weil mich dieses Mitbringen von Essen nervt und stresst. Ich fühle mich ehrlich gesagt schon überfordert, wenn ich in einen Laden gehen soll, um eine Tüte Chips zu holen. Ich weiß auch nicht, warum das so ist. Bei uns zu Hause gibt es ein Schild, auf dem steht: WIR KÖNNEN SCHWERE DINGE

SCHAFFEN. Manchmal glaube ich, dass ich noch einen zweiten Spruch darunterschreiben sollte, und zwar: ABER LEICHTE SACHEN KRIEGEN WIR NICHT HIN!"

Michelle sagte: „Ja, stimmt, du bringst keine tollen Salate mit, aber weißt du, was du mitbringst? Du schaffst es irgendwie, dass ich mich wirklich wichtig fühle, wenn wir miteinander reden. Du hörst mir wirklich zu. Deshalb habe ich dich so gern auf meinen Partys dabei. Weil du eine tolle Zuhörerin bist."

Und ich dachte: *Hmmmm.*

Wenn mich jetzt Leute einladen und fragen, was ich mitbringen kann, dann sage ich: „Ich bringe meine außerordentlich guten Zuhör-Ohren mit." Wenn die betreffenden Leute mich mögen, dann geht das klar. Sie verstehen es. Wenn es für sie nicht in Ordnung ist, dann laden sie mich eben nicht mehr ein. Eine Win-Win-Situation.

Eine weitere Gabe, die ich habe, ist das Schreiben.

Dana ist eine meiner liebsten und besten Freundinnen der Welt. Vor Kurzem hat sie ihren Vater verloren, eine Erfahrung, die sie tief erschüttert hat. Dana ist ein Papa-Kind, und sie hat ihren Vater und ihre Beziehung zu ihm in einer Trauerrede gewürdigt, die sie selbst verfasst und beim Trauergottesdienst vorgetragen hat. Können Sie sich das vorstellen? Eine Woche nachdem sie diesen wichtigen Menschen verloren hatte, stand sie vor Hunderten von Trauergästen – seinen Freunden und seiner Familie – und sprach in wunderbaren Worten darüber, wie großartig er war und was für einen Verlust sein Tod für alle bedeutete. Das gehört mit zu den bemerkenswertesten Dingen, die ich jemals erlebt habe, zumindest aber zu den tapfersten. Ich fand es geradezu heldenhaft.

Ein paar Tage vor dem Trauergottesdienst bat mich Dana, diese Trauerrede für ihren Vater noch einmal durchzugehen; nachdem ich das Ganze ein paarmal mit kritischem Blick durchgelesen hatte, musste ich ihr sagen, dass sie meiner Expertenmeinung nach vielleicht überlegen sollte, statt des *Aber* im dritten Absatz ein *Und* zu verwenden. Kurz: Dana brauchte meine Hilfe absolut nicht. Sie fragte mich aber trotzdem nach meiner Meinung, weil sie weiß, dass ich schreibe. Und nur aufgrund der Tatsache, dass ich Autorin bin, durfte ich an einem der wichtigsten Augenblicke im Leben ihrer Familie teilhaben. Es war eine solche Ehre für mich, diesen Liebesbrief an ihren Papa lesen zu dürfen – sogar als Erste – und bei dem Trauergottesdienst dann das Gefühl zu haben, da vorn am Altar neben ihr zu stehen, als sie die Rede hielt.

Das hat mich dazu veranlasst, noch einmal an all die Gelegenheiten zu denken, bei denen ich durch mein Schreiben die Gelegenheit hatte, an wichtigen Augenblicken im Leben meiner Freunde teilzuhaben.

So haben mich beispielsweise meine Freundin Joey und ihr Verlobter Brock gefragt, ob ich ihnen bei der Formulierung ihrer ganz persönlichen Eheversprechen helfen könnte. Das waren verdammt gute Eheversprechen. Und weil ich etwas beigetragen hatte, hatte ich das Gefühl, dass wir irgendwie alle drei miteinander verheiratet sind – Joey, Brock und ich. Und ich habe schon so viele Toasts formuliert und ausgebracht auf Menschen, die ich liebe. Es zeigt sich also, dass meine Gabe zu schreiben auch eine Eintrittskarte in das Leben anderer Menschen ist.

Und ich merke, dass diese Brücke, die unsere Gaben darstellen, immer in zwei Richtungen führt: die Gaben der anderen sind genauso auch Eintrittskarten in mein Leben.

Meine Freundin Gina beispielsweise hat die Gabe der Gastfreundschaft. Gina öffnet nicht nur ihr wunderschönes Zuhause, um Gäste zu empfangen und zu bewirten, sondern sie setzt dafür ihr ganzes Herz ein. Sie reißt ihre Türen auf und lädt die Menschen dazu ein, hereinzukommen und das Leben zu feiern. Es ist ihre besondere Gabe, dass sie eine Atmosphäre schafft, in der sich ihre Gäste geliebt und wertgeschätzt fühlen. Gina hat meine letzten vier Geburtstagsfeiern organisiert, und sie schmeißt jedes Jahr eine gigantische

Weihnachtsparty für uns alle. Es stresst sie nicht, Gastgeberin zu sein, sondern sie liebt es. Es ist ihre Gabe, Menschen willkommen zu heißen. Und weil sie diese Gabe nutzt und auch mit anderen teilt, wird Ginas Gesicht in den Erinnerungen an Feste in meiner Familie immer einen ganz besonderen und wichtigen Platz haben. Durch Ginas Gabe gibt es zwischen ihr und mir viele, viele Brücken.

Und dann ist da noch Schwesters beste Freundin Allison. Allison ist Künstlerin, und ihr Medium ist die Kamera. Hinter der Kamera fühlt sie sich zu Hause. Gott hat Allison die Gabe geschenkt, wichtige und besondere Augenblicke zu erkennen und im Bild festzuhalten. Ihre Freunde und ihre Familie laden Allison zu den wichtigen Ereignissen in ihrem Leben ein, damit sie diese magischen Momente festhalten und so für immer bewahren kann. Und so wird auch Allison selbst zu einem Teil dieser Ereignisse und Erinnerungen. Sie ist damit zutiefst verbunden. Es ist ganz seltsam: Bei Veranstaltungen und Anlässen ist Allison ganz unauffällig, aber wenn man sich später dann ihre Fotos anschaut, merkt man, dass sie dort eigentlich viel präsenter gewesen ist als alle anderen, weil sie die wirklich bedeutsamen Momente gesehen und dokumentiert hat.

Ich glaube, manchmal bringen wir da auch etwas durcheinander. Wir glauben, dass die Gabe oder die Gaben, die wir haben, uns unbedingt auch Geld oder/und Anerkennung einbringen müssen. Manchmal passiert das auch tatsächlich, aber der Normalfall ist es nicht. Das Einzige, was eine Gabe bewirken muss, ist, Freude zu bereiten. Man muss die Sache finden, die einem zutiefst Freude bringt, und sich keine Gedanken darüber machen, was dabei herauskommt.

Die Gabe, die man hat, kann hilfreich für andere sein, zum Beispiel, wenn man eine gute Zuhörerin ist, aber sie kann auch etwas schräg und absolut einzigartig sein. So ist beispielsweise eine von Schwesters vielen Gaben, dass sie in Trödelläden unglaubliche Dinge findet und die dann auch noch zu Schnäppchenpreisen ergattert. Sie ist immer bestens angezogen, und wenn ihr jemand ein Kompliment macht, beispielsweise über eine tolle Bluse, dann strahlt sie und ruft: „Fünfzig Cent! Die habe ich für fünfzig Cent gekriegt!" Und dann versucht sie normalerweise noch, der Person, von der sie das Kompliment bekommen hat, die Bluse zu schenken, was oft ein bisschen peinlich ist. Mit dieser Gabe tut sie viel Gutes, weil sie immer in Läden einkauft, deren Erlöse für gute Zwecke bestimmt sind. Shoppen ist bei ihr also eine reine Wohltätigkeitsaktivität, und außerdem ist es ökologisch absolut vorbildlich. Aber das eigentlich Wichtige daran ist, dass sie sich dabei *lebendig* fühlt. Es ist eine Gabe, die ihr Freude und Befriedigung verschafft, und glückliche Menschen machen die Welt besser.

Mir bringt das Schreiben Freude und Befriedigung. Aus meiner Gabe ist zufälligerweise auch ein Beruf geworden. Manche Anteile dieser Begabung sind wundervoll, andere dagegen nicht so sehr. Am glücklichsten bin ich, wenn ich einen Text zu Ende gebracht habe, der ausdrückt, was ich wirklich glaube und denke. Das ist alles. Mich so auszudrücken, dass verstanden wird, was ich meine, macht mir große Freude.

Sie werden Ihre Gabe daran erkennen, dass sie Ihnen Freude und Befriedigung verschafft, selbst wenn Ihnen die Tätigkeit an sich gar nicht so leichtfällt. Sie üben Ihre Gabe vielleicht ganz still und leise aus, und irgendwann wird das von jemandem bemerkt, und Sie werden gebeten, diese Gabe mit anderen zu teilen. Und wenn Sie bereit sind zu teilen, dann wird Ihre Gabe zu einer Brücke.

Es kann natürlich auch sein, dass nie jemand fragt oder dass Sie zu viel Angst haben, um Ihre Gabe mit anderen zu teilen. Denken Sie beispielsweise an Emily Dickinson. Ihre Gabe war das Dichten, aber sie teilte sie nicht mit anderen. Als man dann nach ihrem Tod ihren Nachlass fand, wurde ihre Gabe zu einer Brücke zu den Herzen von Millionen von Menschen. Es ist nur schwer zu verhindern, dass eine Gabe irgendwie und irgendwann ihre Wirkung entfaltet – vorausgesetzt, sie wird genutzt. Ich glaube nämlich, Gott wünscht sich wirklich, dass wir miteinander in Verbindung kommen. Er muss sich wünschen, dass wir ein Teil des Lebens und der Erinnerung der anderen werden, und er muss sich wünschen, dass unser Herz mit den Herzen anderer Menschen in Verbindung kommt.

Jeder Mensch ist eine Insel, aber Gott schenkt uns Gaben, um sie als Brücken ins Leben der anderen zu nutzen. Wenn wir unsere Gabe vor anderen ausbreiten, dann können wir darüber direkt ins Herz der anderen gelangen.

Gastgeberstress

Echte Gastfreundschaft heißt,
Fremde zu deren Bedingungen willkommen zu heißen.
Diese Art von Gastfreundschaft kann nur bieten,
wer den Mittelpunkt seines Lebens im eigenen Herzen gefunden
hat.
(Henri Nouwen)

Mit den Brücken ist es allerdings so, dass ich mich wohler dabei fühle, über sie ins Leben anderer Menschen zu gehen, als sie in meins hineinzulassen. So versetzt mich beispielsweise die Aussicht in Angst und Schrecken, Leute zu mir nach Hause einzuladen. Ich verstecke mich sogar manchmal im Bad, wenn es an der Tür klingelt, bis ich sicher bin, dass der potenzielle Besucher wieder weg ist.

Andere Menschen zu mir nach Hause einzuladen ist etwas so Intimes. Ich meine, unser Haus ist schließlich der Ort, *wo wir leben*. Es ist der Ort, wo unser Melton-Chaos aufbewahrt wird, unsere Flecken und unsere Gerüche und unser Staub. Und ich habe gehört, dass Hausstaub zu 99 Prozent aus abgestorbenen Hautzellen besteht. Massenweise tote Melton-Hautzellen!! *Ach, bitte kommt doch herein und macht es euch zwischen den abgestorbenen Hautzellen unserer Familie gemütlich.* Das ist doch komisch, oder? Außenstehenden unser Inneres zu zeigen ist für mich eine große Sache und macht mir Angst. Mich im übertragenen Sinne durch mein Schreiben zu öffnen fällt mir viel, viel leichter. Das *Echte* in der real existierenden Welt, das bringt mich ins Schwitzen.

Letzte Woche kamen meine Cousinen unangekündigt bei uns vorbei, und während sie nach oben gingen, um sich die Kinderzimmer anzuschauen, praktizierte ich tiefe Bauchatmung, während ich panisch die fast leere Speisekammer durchforstete. Ich griff nach dem einzigen Inhalt, einer Tüte Nudeln und einer Flasche Essig, stellte dann aber beides wieder hin und packte stattdessen Craig bei den Schultern. Ich sah ihm tief in die Augen und sagte: „Zu Hilfe! Was sollen die Leute essen?"

Denn genau das ist das Problem. Ich weiß es einfach nicht. Und selbst wenn ich wüsste, was Leute so essen, dann wüsste ich nicht, wie ich diese Sachen *zubereiten* soll. Und selbst wenn ich sie zubereiten *könnte*, dann hätte ich nicht das *Zeugs*, das nötig wäre, um das Essen aufzutischen. Jedes Mal, wenn jemand in meiner Küche ist und fragt: „Hey, G, wo ist denn dein ...?" (bitte Entsprechendes einsetzen: Fondueset? Käsemesser? Curry?), muss ich antworten: „Was auch immer das sein mag, ich habe es nicht."

Vor Kurzem kam Schwester vorbei, um bei uns zu kochen – das tut sie gelegentlich, um den Kindern etwas Gutes zu tun. Von der Küche aus rief sie mir zu: „Hey, G, wo hast du denn die Pfannen?", und ich schrie zurück: „Ich habe keine."

Nach dem schockierten Schweigen, das ich schon gewohnt bin, schrie sie wiederum zurück. „Was, du hast keine Pfannen? Nicht mal eine einzige? Wie kochst du denn ohne Pfannen?"

„Tja. Da sagst du was. Es ist echt schwierig."

Daraufhin kam sie zu mir ins Wohnzimmer, starrte mich volle zwei Minuten ungläubig an, und als sie schließlich ihre Sprache wiederfand, murmelte sie fassungslos immer wieder: „Keine einzige Pfanne ... sie hat keine einzige Pfanne im Haus!"

Ich holte tief Luft und sagte: „Nun mach mal halblang. Gut, ich habe keine Pfanne. Na und? Dagegen kann ich doch nichts machen. Jeden Tag bete ich das Gelassenheitsgebet der

Anonymen Alkoholiker, in dem es doch auch heißt ‚... und hilf mir, die Dinge anzunehmen, die ich nicht ändern kann', und dann akzeptiere ich eben die Tatsache, dass ich keine Pfanne habe. Und mal ehrlich, ich finde, dass du schon ein bisschen abwertend klingst. Die Tatsache, dass du vermutlich mehrere Pfannen besitzt, bedeutet doch noch lange nicht, dass wir uns alle deinem Lebensstil des Überflusses anpassen müssen. In Afrika hungern Kinder, Schwester, und in meinem Haus ehrlich gesagt auch, und du läufst hier völlig abgehoben in der Gegend herum, verurteilst die Pfannenlosen und brüstest dich mit deinen vielen Pfannen!"

Da holte Schwester tief Luft, ging wieder in die Küche und rief den Pizza-Service an.

Sie sehen also, dass für mich schon von vornherein jede Form von Gästebewirtung, zu der eine Pfanne erforderlich ist, gar nicht erst infrage kommt. Eine weitere Herausforderung in Sachen Gastgebertum ist Wasser. Mir ist aufgefallen, dass Leute, die zu Besuch kommen, in der Regel Wasser trinken möchten. Nun ist es aber so, dass bei mir die Gläser immer noch schmutzig aussehen, wenn sie aus dem Geschirrspüler kommen. Wenn ich meinen Gästen Wasser aus einem schmutzigen Glas anbiete, könnten sie glauben, dass auch ich und meine Familie schmutzig sind. Also kaufe ich Wasser in Flaschen. Wenn ich aber meinen Gästen Wasser aus Flaschen anbiete, habe ich Angst, sie könnten denken, dass ich ein Ökobanause bin und mir unsere Umwelt egal ist. Also, egal, was ich tue, es ist immer ein Risiko. Ich analysiere deshalb möglichst schon im Vorfeld jeden Gast und versuche einzuschätzen, welche Art von Wasser ihn weniger verärgert. Bäumeumarmer bekommen deshalb milchige Gläser und Leute mit schicken Hosenanzügen bekommen Flaschen.

Und Wein. Guter Gott. Bitte fragen Sie nicht nach Wein. Früher, als ich selbst noch getrunken habe, gab es Wein aus dem Tetrapack, aber man hat mir gesagt, dass es schäbig sei,

Gästen Wein aus dem Tetrapack anzubieten. Ich habe aber nie gelernt, wie man eine Weinflasche entkorkt, denn wer bitte schön hätte sich wohl damals richtige Weinflaschen mit *Korken* leisten können? Außerdem haben all meine Weingläser *Ringe* wie der Saturn und manche zusätzlich noch Lippenstiftspuren. *Vielen Dank, lieber Geschirrspüler, dass du deinen Job so super erledigst. Was tust du hier eigentlich den lieben langen Tag?* Und was ist mit den Krümeln in der Besteckschublade, mit der Toilette, auf der meine drei Engel schon mal das Spülen vergessen, und mit den Hundehaufen im Garten, die Craig übersehen hat? Schon beim Gedanken an all das fange ich an zu schwitzen. Also lasse ich zu, dass meine Angst vor Peinlichkeiten verhindert, dass ich bei uns zu Hause Gäste empfange.

Ich sage mir zwar, dass das in Ordnung ist, weil die Gastgeberinnenrolle nun mal einfach „nicht mein Ding" ist, aber eigentlich halte sogar ich selbst das für eine faule Ausrede. **Es gibt nun mal einfach Dinge, die wir tun sollten – und zwar unabhängig davon, ob es nun unsere Lieblingsbeschäftigung ist oder nicht –, weil wir uns durch sie weiterentwickeln und wachsen und mit anderen Menschen in Kontakt kommen. Es ist genau wie mit frischer Luft – man sollte jeden Tag ein bisschen davon einatmen, egal, ob man wahnsinnig Lust darauf hat oder nicht. Es hilft einfach.**

Und das gilt auch dafür, die Wahrheit zu sagen. Ja, es ist schwierig, aber die Menschen sollten es trotzdem tun. Frische Luft ist nicht nur etwas für Leute, die gern im Freien sind; die Wahrheit zu sagen ist nicht nur etwas für ehrliche Leute und Gastfreundschaft ist nicht nur etwas für Superhausfrauen. Ich glaube, Menschen zu uns nach Hause einzuladen – ob es nun ein makelloses Eigenheim ist oder eine rostige alte Wellblechhütte – ist eine wichtige Übung.

Wir sollen frische Luft schnappen, die Wahrheit sagen und unser Herz, unser Denken und unseren Raum für andere öffnen, und zwar egal, ob uns all das leichtfällt oder

nicht. Denn bei Gastfreundschaft geht es nicht um schicke Tischdeko, genauso, wie es beim Schreiben nicht um schöne Worte geht. Bei beidem geht es darum, zuzulassen, dass andere einen *sehen*. Es geht darum, Leute *jetzt* hereinzulassen und nicht damit zu warten, bis alles perfekt ist.

Tief in meinem Innern glaube ich also, dass in Wirklichkeit nichts anderes als Egoismus, Stolz und Faulheit dahinterstecken, wenn ich mich selbst über meine „Besucherphobie" lustig mache. Und ich fürchte, dass ich dadurch etwas wirklich Großartiges verpasse, denn jede geistliche Übung bringt ja letztlich irgendwann viel Segen.

In der Bibel gibt es die Geschichte, wie Jesus einmal mit seinen zwölf Jüngern in das Haus der beiden Schwestern Maria und Martha zu Besuch kommt. Martha gerät bei den Vorbereitungen in Hektik, denn jetzt mal ehrlich – das ist *Jesus*, und die beiden wissen durchaus, wer er ist. Und er kommt plus zwölf. Da ist wirklich Stress angesagt. Martha fängt also an zu kochen und zu putzen und versucht alles zusammenzusuchen, was sie als Gastgeberin so braucht, und bei alledem wird sie fast panisch. Und dann sieht sie auch noch, dass ihre kleine Schwester Maria einfach so zu Füßen von Jesus sitzt. Maria kocht nicht und räumt nicht auf und bietet den Gästen auch nicht hektisch irgendetwas an. Sie sitzt einfach in aller Ruhe da und hört zu und saugt die Gegenwart von Jesus auf. Und Martha ist immer noch in der Küche, packt ihren Ehemann bei den Schultern und schreit: *„Was sollen Gott und die Leute essen?"* (Ja, ja, ich weiß, in der Bibel ist keine Rede von einem Ehemann.)

Sie ist so sehr damit beschäftigt, für Jesus alles perfekt zu machen, dass sie ihn selbst dabei verpasst. Sie verpasst seinen Besuch komplett, und es geht ihr richtig schlecht dabei. Als es ihr schließlich reicht, rennt Martha ins Wohnzimmer und schreit: „Jesus Christus!!! Kannst du bitte meiner Schwester mal sagen, dass sie mir helfen soll? Ich bin hier ganz allein. Und ihr seid zu dreizehnt!"

Und Jesus erwidert darauf etwas ganz Fantastisches: „Martha, du machst dir um so viele Dinge Sorgen. Maria hat den besseren Teil gewählt, und das soll ihr nicht genommen werden."

Aber den besseren Teil wovon denn? Den besseren Teil von Gastfreundschaft? Ist es möglich, dass es bei echter Gastfreundschaft gar nicht um perfektes Essen oder ein frisch geputztes Haus oder schöne Tischdeko geht?

Könnte „der bessere Teil" der Gastfreundschaft das *Zuhören* sein? Wenn man nicht beides gleichzeitig schaffen kann – also die Gäste zu bewirten und sich Zeit für sie zu nehmen –, könnte es dann vielleicht der bessere Teil sein, sich ganz auf den Gast zu konzentrieren, statt zu versuchen, ihn mit allem möglichen Drumherum zu beeindrucken oder zu sättigen?

Könnte dann der bessere Platz im Wohnzimmer sein, zu Füßen des Gastes, statt irgendwo weit weg in der Küche? Vielleicht geht es beim Gastgeben weniger um die Gastgeber als um den Gast. Vielleicht ist das Gästeempfangen eine heilige geistliche Übung, weil jeder Mensch, der über unsere Schwelle tritt, ein Geschenk ist, ja Jesus selbst ist?

Wenn wir wirklich hier auf der Erde sind, um zu lernen, dann hat uns jeder Gast etwas beizubringen. Vielleicht geht es bei Gastfreundschaft gar nicht um mein Haus oder mein Essen oder um das Fehlen von irgendwelchen Sachen. Vielleicht geht es nur darum, Menschen wahrzunehmen, ihre Anwesenheit und ihr Dasein richtig aufzusaugen.

Nachdem ich mich mit *diesem* Gedanken ein paar Tage lang immer wieder beschäftigt hatte, sagte ich Craig, dass ich den Sprung wagen wollte. Ich würde für meine besten Freunde eine Party schmeißen. Craig fand die Idee toll, weil wir mit meiner gedanklichen Vorarbeit jede Menge Entschuldigungen dafür haben würden, dass nichts so richtig vorbereitet war. Wir waren nämlich gerade erst in unser neues Haus eingezogen.

„Ja", sagte ich, „brillant! Wir werden es ganz und gar auf unsere Art machen und nicht wie Martha Stewart oder die Martha aus der Bibel. Auf unsere Art."

Also lud ich mit folgender E-Mail unsere besten Freunde ein:

Liebste Freunde,

ich habe beschlossen, mich meinem „Gaststreberproblem" zu stellen, indem ich euch alle in der Woche nach unserem Umzug in unser neues Haus einlade. Bitte beachtet Folgendes:

Bringt Essen mit. Hier gibt es nämlich keins. Bringt auch eine Sitzgelegenheit mit, weil wir hier nicht viele haben. Die Bekleidung darf aus keinem anderen Stoff als Flanell sein – kommt also bitte in Pyjamas. Keine Angeberklamotten. Bitte geht zur Toilette, bevor ihr kommt, denn mein Badputzspray ist mir ausgegangen. Was auch immer ihr gern trinken möchtet, bitte bringt auch das selbst mit. Außerdem wäre es gut, ein Trinkgefäß mitzubringen, aus dem ihr das besagte Getränk zu euch nehmen möchtet. Ich habe derzeit vollkommen den Überblick verloren, welche Getränke man aus welchen Gläsern trinkt. Es gibt zu viele unterschiedliche Arten von Gläsern. Wenn ihr dazu meine Meinung wissen wollt, ich finde es absolut übertrieben.

Und ein Letztes: Gegen 22:00 Uhr werdet ihr sagen: „So, wir sollten jetzt gehen", und dann werde ich sagen: „Ach nein, bleibt doch noch!" Bleibt dann nicht. GEHT. Ich bin nämlich in Wirklichkeit hundemüde und versuche nur, nett zu sein, weil mir Etikette wirklich extrem wichtig ist.

Liebe Grüße,
G

Alle meine besten Freunde kamen zu der Nicht-Party. Sie kamen alle im Pyjama, hatten Snacks dabei, jede Menge Getränke und auch noch gute Laune.

Wir aßen ihr Essen, tranken ihre Getränke, und Gott sei Dank öffnete irgendjemand anders die Weinflaschen. Alle quetschten sich auf unsere einzige Couch und ich saß zu ihren Füßen, weil ich ein Bodenhocker bin. Den ganzen Abend habe ich sie aufgesaugt. Als ich so zu meinen Freunden hochschaute, die lachten und sich wohlfühlten, da wurde mir klar: *Geht doch. Ich brauche so etwas wie das hier nicht mehr zu verpassen, weil sie alle ganz und gar dabei sind und weil sie mich trotzdem lieben, vielleicht sogar noch mehr als vorher.* Der ganze Abend fühlte sich so herzlich und wundervoll an, dass ich nicht einmal sauer war, dass die meisten bis 22:15 Uhr blieben.

Und jetzt bin ich eine Gastgeberin – ohne Stress.

Noch Platz für eine(n) mehr

Craig und ich überlegen, ganz offiziell Mitglieder einer Gemeinde hier bei uns in der Nähe zu werden. Für uns ist das eine ziemlich große Sache, weil wir uns eigentlich vor ein paar Jahren selbst das Versprechen gegeben haben, uns für keine Kirche oder Gemeinde zu entscheiden. Wir konnten keinen Grund finden, weshalb das nötig sein sollte, und wir können es eigentlich auch immer noch nicht. Wir finden es wichtig, das Glaubensleben unserer Familie selbst zu leiten und diese Aufgabe nicht an jemand anders abzutreten. Wir finden, dass es gefährlich sein kann, die Interpretation von Gott und der Bibel blind von anderen Menschen zu übernehmen. Gott spricht schließlich auch heute noch direkt mit jedem von uns.

Aber wir haben uns in diese kleine Gemeinde in der Nähe verguckt, und wir fragen uns manchmal, ob unser „freier Glaube" nicht nur ein anderes Wort war für „nichts zu verlieren". Wir wissen ja, dass Glaube, der auch nur einen Pfifferling wert ist, ein Leben lang in Beziehungen mit anderen Menschen geschliffen wird.

Gemeinde ist nur die verbindliche und freiwillige Verpflichtung, einen Lebensstil der Liebe, der Demut und des Helfens zu pflegen, und zwar gemeinsam mit anderen Menschen, denen man erlaubt, sich um einen zu kümmern, genauso, wie man selbst bereit ist, sich auch um sie zu kümmern. Es ist eine Gruppe ganz normaler Menschen, die versuchen, einander und die Welt auf eine Weise zu lieben, die über das rein Menschliche hinausgeht.

Deshalb ist es ein ziemlich schwieriger Lebensstil, aber für mich auch der einzige, der mir sinnvoll scheint. Wenn Leute mich fragen, ob der Glaube, ob die Gemeinde, mich stützt, dann sage ich: „Irgendwie schon." Aber meistens ist es eher eine Herausforderung.

Wegen all dieser Aspekte hatte ich Angst, in diese neue Gemeinde einzutreten, und zwar weil ich nicht so tun möchte, als ob ich etwas Bestimmtes glaube, wenn es in Wirklichkeit gar nicht so ist. Ich möchte nicht so tun, als hätte ich keine Zweifel. Und ich möchte nicht, dass meine Kinder Dinge über Gott lernen, die ich dann mühsam wieder zurückerklären oder richtigstellen muss. Bevor ich also in eine Gemeinde eintrete, brauche ich unbedingt die Erlaubnis einer verantwortlichen Person dort, dass ich anders sein darf.

Also lud ich eine Pastorin der Gemeinde zu uns nach Hause ein.

Ich hatte Angst.

Wir redeten zwei Stunden lang, und ich teilte ihr alle meine Bedenken und Befürchtungen mit. Ich warnte die Pastorin, dass ich eine Querdenkerin und ein Störenfried sei. Ich sagte ihr, dass ich Jesus zutiefst und wie verrückt liebe, es aber vielleicht ein Problem sein könnte, dass ich ihn anscheinend oft *ziemlich* anders verstehe als viele andere Christen. Da ich auch die anderen Christen liebe und nicht vor den Kopf stoßen will, sei es vielleicht doch besser, gemeindlich ungebunden zu bleiben, statt eine fröhliche Gemeinde zu verstören.

Ich erklärte, dass ich alle möglichen Zweifel und Fragen und auch negativen Gefühle in Bezug auf die Rolle der Kirche im Laufe ihrer Geschichte hatte, dass ich die Gemeinde aber trotzdem liebe. Ich sagte, ich fühle mich wie Augustinus, der ja gesagt hat: „Die Kirche ist eine Hure, aber sie ist meine Mutter." Wenn ich ein Mitglied ihrer Gemeinde werden solle, bräuchte ich die Erlaubnis, mit dem nötigen Respekt, aber auch frei heraus meine Meinung zu äußern. Ich bräuchte die Erlaubnis, ich selbst zu sein. Ich wollte, dass sie von Anfang an wusste, was ich glaube, weil mir ganz klar sei, dass ich irgendwann all meine Überzeugungen in ihrer Gemeinde äußern würde.

Die Pastorin sagte, sie könne das alles gut verstehen und sie wolle mich wirklich gern in ihrer Gemeinde haben. Ich glaube, sie mag mich. Sie sagte, dass die Gemeinde ganz gut zu mir passen würde. Sie habe nichts gegen ein, zwei Querdenker und Störenfriede in ihrer Herde. Es gebe dort auch noch Platz für einen mehr von der Sorte.

Wir werden also sehen. Wenn ich in eine Gemeinde komme, ist meine größte Angst immer: „Ach, Jesus, was werden sie meinen Kindern hier über dich beibringen?"

Und was glauben Sie wohl, was ich getan habe? Ich habe mich für die Sonntagschule gemeldet. Das Team hat sich gefreut, doch sie ahnen noch nicht, dass ich ein Problem bin. Gott helfe ihnen.

LOSLASSEN

Schatzsuche

Obwohl mich die Idee seit Jahren fasziniert und ich schon viel darüber gelesen habe, begreife ich immer noch nicht, was Zen ist. Lassen Sie uns das Ganze zunächst einmal etwas vereinfachen und uns darauf einigen, dass Zen für vollkommenen Frieden steht, der aus der Überwindung menschlichen Leids durch Meditation zustande kommt. Stellen Sie sich den lächelnden Buddha vor, den, der das Geheimnis des Lebens kennt: Er ist erleuchtet, ist jenseits jeglichen Wünschens und Verlangens, jenseits jeglicher Frustration und jenseits jeglichen Leidens. Zen.

Wenn es ein Wort gibt, das absolut exakt das Gegenteil dessen ausdrückt, wie ich persönlich das Leben erlebe, dann ist das *Zen*. Ja, ich finde das Leben ständig und nervtötend schwierig.

Vor einer Weile erzählte mir Schwester von einer Mutter in Ostafrika, die bei der Menschenrechtsorganisation, für die Schwester arbeitet, um juristischen Beistand gebeten hatte. Ihre fünf Jahre alte Tochter war von einem Nachbarn vergewaltigt worden. Seit zwei Wochen versuchte sie nun bereits zu erreichen, dass der Vergewaltiger verhaftet und ihre Tochter kostenlos medizinisch versorgt würde, weil sie nicht die zwei Dollar hatte, die für die Behandlung nötig gewesen wären. Weil sie mit ihren Anliegen immer wieder abgewiesen wurde, hatte sie zwei Wochen lang nicht zur Arbeit gehen können, sodass ihre fünf Kinder zu Hause hungerten – und immer noch neben dem Vergewaltiger wohnen mussten.

In dem Buch „Die Nacht" von Elie Wiesel beschreibt ein Holocaust-Überlebender, dass er dabei zuschauen musste, wie Nazis jüdische Babys lebendig in Feuergruben warfen und wie erwachsene, gebildete, uniformierte Männer öffentlich jüdische Kinder henkten.

Ich habe drei liebe Freundinnen, die in diesem Monat gerade erleben, wie sich ihre Ehen, die Gesundheit ihrer Eltern und die Träume, die sie für ihre Familien hatten, vor ihren Augen in Luft auflösen.

Und die Umweltverschmutzung, die Klimaerwärmung – *Jesus*. Wie sollen uns denn unsere Kinder jemals vergeben, dass wir so weitermachen, als hätten wir noch einen Ersatzplaneten auf Lager?

Wenn sich der Schleier hebt und die Gier, die Rücksichtslosigkeit, die Untätigkeit zu sehen sind, die zu all diesen Katastrophen geführt haben, dann möchte ich einfach nach draußen gehen und schreien. Aber wie kann ich gegen all das wettern, wenn ich so viel von derselben Gier, der Rücksichtslosigkeit und Lethargie auch bei mir selbst feststelle?

Der lähmende Schmerz und die Unmöglichkeit des Lebens sind der Grund, warum ich glaube, dass am Glauben etwas wahr sein muss. Nicht unbedingt am Christentum, so wie es zurzeit verstanden und praktiziert wird, sondern an *Jesus*, seiner Geschichte, dem Kreuz. Denn wenn ich den Mann ansehe, der da leblos und blutend am Kreuz hängt, dann verstehe ich ihn als genau das Symbol, das ein Gott schickt, der um den Zustand unserer Herzen und unserer Welt weiß, um die Wahrheit zu verkörpern. Damit wir uns verstanden fühlen. Und sogar geliebt.

Als ich das Buch „Die Nacht" von Elie Wiesel zu Ende gelesen hatte, war ich ein anderer Mensch als vorher. Ich stellte mir vor, Elie Wiesel hätte nach dem Krieg bei mir im Wohnzimmer gesessen und mir erzählt, wie die Nazis seine Familie umbrachten.

Er hätte mir erzählt, dass Tausende von Familien so etwas erleben mussten. Und die Erde hat sich trotzdem weitergedreht – während Menschen auf der ganzen Welt sich weiter anzogen, frühstückten und zur Arbeit gingen, Picknicks veranstalteten und Radio hörten. Genauso, wie so etwas auch heute noch passiert.

Er hätte mir erzählt, dass jetzt in diesem Moment genauso etwas Grauenvolles auch mit machtlosen Menschen auf der ganzen Welt geschieht, dass die Menschheit durch das Leid seiner Familie und das Leid seines Volkes nichts dazugelernt hat. Dass unsere Welt immer noch nicht sagt: „Genug jetzt! Es reicht!" Er würde aber auch hinzufügen, dass er immer noch Hoffnung hat und dass Verzweiflung keine Option ist. Und dann würde es wieder still werden im Raum.

Ich könnte mir beim besten Willen nicht vorstellen, dem jungen Elie Wiesel dann den lächelnden Buddha zu zeigen und zu behaupten, dass er sein Leid mit genug Meditation *transzendieren* könne. Ich kann mir nur vorstellen, ihm ein Bild von Jesus zu zeigen, wie er blutend und zerschlagen und verspottet und bespuckt und gottverlassen am Kreuz hängt. Und ich kann mir vorstellen, ihn mit zitternden Händen und bebender Stimme zu fragen: „Fühlt es sich so an?"

Menschen, die einen Weg gefunden haben, den kollektiven Schmerz der Welt und auch ihr persönliches Leid „wegzu-transzendieren", machen mich neugierig, aber Hochachtung habe ich vor Menschen, die nicht versuchen, dauerhaft vor dem Leid davonzulaufen, sondern die *darauf zugehen*; vor Menschen, die es ertragen können, mit anderen mitzuleiden und selbst Verzweiflung dabei zu erleben.

Ich habe Hochachtung vor Menschen, die, erleuchtet oder nicht, die Ärmel hochkrempeln und ihr bequemes Leben für leidende Menschen aufgeben oder die aufmerksam genug sind, um zuzugeben und sich dafür interessieren, dass das Leben brutal sein kann. Die begreifen, dass nicht alle in den Genuss einer so behaglichen Lebensrealität kommen wie sie selbst.

Vor zehn Jahren überraschte meine hoffnungsvolle, treue, fröhliche Pastorin unsere Gemeinde mit den Worten: „Das Leben ist schmerzvoll, und jeder, der euch etwas anderes erzählt, will euch etwas verkaufen."

Ich wand mich auf meinem Platz und dachte: *Du liebe Güte. Wie pessimistisch!* Aber jetzt bin ich älter, und ich denke: *Wie wahr!*

Das Leben ist schwierig und erschreckend und ungerecht und insgesamt ganz schön überwältigend. Das Leben ist das Kreuz. Und wenn Sie finden, dass das überdramatisiert ist, dann schauen Sie doch einmal ein bisschen aufmerksamer die Nachrichten im Fernsehen. Und danach lesen Sie dann etwas über den Sextourismus und moderne Sklaverei, und verbringen Sie den nächsten Nachmittag in der Cafeteria Ihrer Realschule vor Ort und beobachten, wie Kinder behandelt werden, die anders aussehen oder sich anders verhalten als die Masse. Und dann schauen Sie auf dem Heimweg noch auf der Kinderkrebsstation im Krankenhaus vorbei. Und dann reden wir weiter.

Leben ist Leid.

Aber ...

... in all dem Leid ist auch Schönheit zu finden.

Das Leben ist brutal, aber es ist auch schön. Das Leben ist *brutal schön*. Also halte ich angestrengt Ausschau nach dem Schönen. Ich versuche, die Stimme der Angst zu ersticken, die möchte, dass ich vor dem Leid und dem Schmerz davonlaufe, und stattdessen auf die Stimme der Liebe zu hören, Gottes Stimme, die mich dazu auffordert, zum Leid *hinzulaufen*.

Ich versuche zuzulassen, dass mein Herz aufgebrochen wird, denn ein gebrochenes Herz ist gleichzeitig ein Ehrenzeichen und das machtvollste Werkzeug auf der Welt.

Diese Stimme der Liebe – sie wird Ihnen helfen, einen Schatz zu finden, aber zuvor wird sie Sie direkt mitten in ein Minenfeld führen. Deshalb schreibe ich: um im Schmerz Schätze zu finden. Und beim Schreiben verändern sich meine

Erinnerungen ein ganz klein wenig, und am Ende sehe ich Ereignisse schöner, als sie tatsächlich waren. Oder vielleicht sehe ich auch erst, wie schön sie eigentlich waren, wenn ich sie zum ersten Mal zu Papier bringe.

Ich weiß nicht, was Zen ist. Ich kenne einfach nur Dankbarkeit. Ich bin dankbar für die Schönheit mitten in allem Schmerz. Ich bin dankbar für die Schatzsuche im Minenfeld des Lebens. Ob diese Schatzsuche gefährlich ist oder nicht, ich möchte nicht weg aus diesem Minenfeld, weil dort die Wahrheit und Schönheit und Gott sind.

Jubeljahr

Lassen Sie uns über Immobilien reden. Vor ein paar Jahren haben Craig und ich unser erstes eigenes Haus gekauft. Wir hätten das Haus bezahlen können, aber wir entschieden uns trotzdem für ein Darlehen ohne Tilgung mit flexibler Verzinsung, weil wir damals noch daran glaubten, dass es im Leben Abkürzungen gibt. Vor Kurzem wurden wir irgendwie wach und begannen, uns unbequeme Fragen bezüglich unseres Kredits zu stellen – Fragen wie: *wem* bezahlen wir das Geld eigentlich jeden Monat, und *wie viel genau?* Wir stellten fest, dass wir 100.000 Dollar Schulden hatten und dass das Kleingedruckte in unserem Kreditvertrag bedeutete, dass wir bis in alle Ewigkeit Zinsen für unseren Kredit bezahlen würden, ohne auch nur einen Cent zu tilgen. Und wenn wir unsere monatliche Kreditrate nicht anpassten, würde diese sich monatlich um 1.000 Dollar erhöhen.

Craig und ich machten uns Sorgen und zerbrachen uns den Kopf und beteten und gelangten schließlich zu der Entscheidung, dass es das Beste sei, unser Haus zu verkaufen. Wir zogen einen sogenannten „Leerverkauf" in Erwägung, eigentlich ein etwas unlauteres Geschäft, um unsere Verluste möglichst gering zu halten. Als Härtefallgrund hätten wir meine Borreliose-Erkrankung angeben können.

Nach dem Frühstück ging Craig zur Bank, wo er in der Schlange hinter einer alleinerziehenden Mutter stand, die den Bankangestellten weinend anflehte, ihr Haus vor der Zwangsversteigerung zu retten. Ihre beiden kleinen Kinder hingen an ihrem Rockzipfel und sahen müder und verängstigter aus, als Kinder in diesem Alter eigentlich aussehen sollen.

Als Craig nach dem Bankbesuch nach Hause kam, sagte er: „Liebling, wir machen das nicht. So eine Verzweiflungstat überlassen wir Menschen, denen es wirklich schlecht geht. Wir verkaufen das Haus einfach ganz normal, lösen den Kredit ab, und dann fangen wir noch mal ganz von vorne an."

Ich sagte: „Was? Lass uns darüber lieber noch mal gründlich nachdenken."

Craig hob eine wohlgeformte Braue und sagte: „G, es ist die richtige Entscheidung. Wenn wir unbedingt einen Leerverkauf bräuchten, dann würden wir es so machen. Aber das muss nicht sein. Wir haben das Geld, und deshalb werden wir es einsetzen."

Ich sagte: „Aber *brauchen* ist ein kniffliges Wort."

Und Craig: „Nein, ist es nicht."

Und ich seufzte noch einmal ganz laut und sagte: „Okay", und war erschrocken darüber, gleichzeitig aber auch unglaublich stolz darauf, Craigs Frau zu sein.

Wir machten also einen Termin bei einem Finanzberater und erklärten ihm unser Dilemma. Er stellte Fragen über unsere Ziele als Familie und über unser Geld, und wir erzählten ihm, dass unser Traum von Frieden und Freiheit an die Stelle unseres Traumes vom Eigenheim getreten sei. Wir sagten, dass es Dinge gäbe, die wir gern tun würden, und Orte, an die wir gern reisen würden, dass wir Geld ausgeben und auch spenden wollten, dass wir uns dabei aber wie gelähmt fühlten, weil inzwischen ja faktisch nicht wir selbst, sondern der Kreditgeber die Entscheidungen für unsere Familie traf. Wir würden gern herausfinden, wie unsere Entscheidungen aussähen, wenn wir diesen Boss feuerten. Ich äußerte außerdem noch meinen Wunsch, dass Craig den Druck der immens hohen finanziellen Belastungen loswürde. Wir teilten ihm mit, dass wir uns sorgfältiger und bewusster aussuchen würden, wem wir unser Geld geben, und dass wir gern ein bisschen einfacher leben und mit leichterem Gepäck reisen wollten. Er fragte uns, ob wir einen Leerverkauf in Erwägung ziehen würden, woraufhin wir erklärten, dass wir nicht mit ehrlichem Gewissen sagen könnten, dass wir kein Geld hätten. Wir sagten, dass es unserer Meinung nach das Richtige sei, die Sache einfach durchzustehen und von vorn anzufangen.

Das alles sagte überwiegend Craig, während ich schmollte.

Dann war von unserer Seite aus alles gesagt, und wir warteten darauf, dass er uns jetzt für verrückt erklären würde. Aber das tat er nicht, sondern er schaute uns an und sagte: „Ich verstehe Sie, und für mich klingt das alles absolut plausibel. Sie wollen frei sein. Das verstehe ich, und ich glaube, dann sollten Sie das wirklich so machen. Und ich bin auch mit Ihnen einer Meinung, dass Sie das ohne Leerverkauf abwickeln sollten. Sie haben noch viel Zeit, um sich finanziell wieder etwas aufzubauen, und ich glaube, dass Sie das auch schaffen werden. Verschaffen Sie Ihrer Familie Freiheit und machen Sie dann so weiter, wie es zu Ihnen passt."

Wir boten unser kleines Haus zum Verkauf an, und innerhalb von zwei Wochen war der Kaufvertrag unterschrieben. Wir legten der Bank 140.000 Dollar auf den Tisch und waren schuldenfrei. Allerdings mussten wir unsere Rücklagen für den Ruhestand, unsere gesamten sonstigen Ersparnisse und Chases Ausbildungsversicherung auf den schicken braunen Tisch der Firma legen, die mit der Abwicklung beauftragt war.

Also fingen wir wieder von vorn an. Mit nichts.

Von vorn anfangen sieht für uns so aus, dass wir ein Drittel dessen für Miete ausgeben, was wir zuvor als monatliche Zinsrate für den Hauskredit bezahlt haben. Es sieht so aus, dass wir unsere Besitztümer auf das reduziert haben, was in zwei kleine Container in einem Lager passen würde. Es sieht so aus, dass wir, wenn im Haus etwas kaputtgeht, mit den Achseln zucken, den Vermieter anrufen und ihn bitten, sich darum zu kümmern. Es sieht so aus, dass Craig, wenn ein wichtiger Deal in seinem Job platzt, nur sagt: „Nicht so schlimm, unsere laufenden Kosten sind ja gering." Und es sieht auch so aus, dass ich mir meine Haarfarbe im Discounter kaufe. Wenn ich mir allerdings das Ergebnis anschaue, sollte ich vielleicht doch lieber an anderen Stellen sparen.

Was soll's!

Was soll's ist unser neues geistliches Motto und Mantra. **Was soll's** ist göttlich. Aber das Wichtigste am Neuanfang ist, dass es sich gut anfühlt, aus tiefstem Herzen zu wissen, dass wir jederzeit aufbrechen könnten, wenn wir irgendwo gebraucht werden. Wir sind frei. Und was kann man sich für Geld Besseres kaufen als Freiheit?

Wir haben im Zusammenhang mit Geld so große Angst: *Was, wenn wir alles verlieren; was, wenn wir plötzlich mit nichts dastehen, was, wenn, was, wenn, was, wenn?* Wir scheuen Risiken und haben sogar Angst davor, uns zu entspannen wegen dieses *Was, wenn* ... Tatsache ist jedoch: Craig und ich sind zurzeit mittendrin in so einem *Was, wenn*. Oder vielmehr einem *Dann*.

Alles ist weg. Und das ist gut so. Es ist sogar besser als gut so. Wir besitzen zwar vielleicht nichts, aber wir sind auch niemandem außer Gott und einander etwas schuldig. Wir lachen und singen und tanzen immer noch, nur dass wir es jetzt in einer Küche tun, die nicht uns, sondern jemand anderem gehört. Aber vielleicht ist es ja ohnehin nur eine Illusion, dass man etwas besitzen kann.

Es ist, als würden wir hören, wie Gott sagt: *Hey Leute, habt ihr wirklich gedacht, dass es das Haus war und das Geld, die euch Sicherheit und Wärme und Fröhlichkeit geben?* Ich fühle mich wie ein Kind, das endlich den Mut gefunden hat, vom Beckenrand aus ins Wasser zu springen und das jetzt merkt: *Ja! Papa hat mich aufgefangen, genau wie er es versprochen hat. Das macht Spaß!*

Craig und ich fühlen uns hellwach und sehr jung. Erinnern Sie sich noch an das Gefühl, das Sie hatten, als Sie ganz frisch verheiratet waren? Wie Sie zu zweit aufgebrochen sind in die große weite Welt wie Pioniere und wie Sie das Gefühl hatten, dass *alles* möglich ist? So fühlen wir uns. Wie frisch verheiratet. Ohne ein Bankkonto, auf das wir unser Vertrauen setzen können, sind wir auf Gott und aufeinander angewiesen. Und so müssen wir jeden Tag wieder neu lernen, dass Gott und wir genug sind. Wir müssen ein Weilchen aus dem Glauben leben. Die seltsame Wahrheit ist, dass wir uns frei fühlen wie die Vögel, seit wir die Verantwortung unserer Versorgung nicht mehr uns selbst aufbürden, sondern an Gott abgegeben haben.

Wohin du auch gehst

M ein Vater Bubba ist ein weiser Mann. Ich habe dieselben Überzeugungen über das Leben wie er, mit einer wichtigen Ausnahme: Bubba hat uns beigebracht, *niemals aufzugeben*. In meiner Kindheit und Jugend war es immer wichtig, gut zu überlegen, ob ich Ballett- oder Geigenstunden nehmen wollte, weil ich wusste, dass ich bis zu meiner eigenen Beerdigung tanzen und Geige spielen müsste.

Ich denke heute anders über das Aufgeben. Ich glaube, dass es manchmal ganz genau richtig ist aufzugeben. Aufzugeben, wenn etwas wirklich nicht funktioniert, erfordert Achtsamkeit in Bezug auf einen selbst, und es erfordert Mut.

Craig und ich haben einmal aufgegeben.

Wir haben auf ein Gefühl ganz tief in unserem Inneren gehört – an der Stelle, die man nicht ignorieren kann –, dass unsere Familie eine größere Veränderung brauchte. Wir wollten das Leben billiger, einfacher und *langsamer*. Ich ging unter in den unzähligen Aktivitäten eines typischen Vorstadtfamilienlebens: Sitzungen des Elternbeirats, Geburtstagspartys, Wohltätigkeitsveranstaltungen, Karten schreiben, Sportveranstaltungen, Verabredungen zum Spielen, Verabredungen mit Freundinnen am Abend und und und. Ich fühlte mich wie ein Kind in der Achterbahn, das eigentlich viel lieber im Bollerwagen durch die Gegend gezogen werden würde. Die Borreliose mit ihren Krankheitsschüben hat mich gelehrt, mehr Rücksicht auf meine Bedürfnisse zu nehmen und auf die Sehnsüchte meiner Seele zu achten, da es immer sein kann, dass Gott sie dort als Trittstein zu dem Leben hingelegt hat, das für mich am besten ist.

Eine meiner Herzenssehnsüchte ist es, an einem Ort zu leben, der zu meinem Inneren passt. Mein Inneres ist langsam. Ich wollte an einem Ort leben, wo es in Ordnung ist, langsam zu sein.

Ich wollte die gemeinsame Zeit mit den Kindern genießen und lesen und schreiben und beten und heil werden, und zwar nicht nur von der Borreliose, sondern von *allem*. Ich wollte weniger Möglichkeiten, weniger Lärm, weniger Autos und Geschäfte, weniger Ausflüge und Termine, zu denen ich mich schick anziehen muss. Ich wollte mehr Raum – nicht mehr Platz im Sinne eines begehbaren Kleiderschranks, sondern eher „Niemand weit und breit zu sehen"-Raum. Ich wollte mehr unverplante Zeit. Ich wollte nicht so viele Leute kennen, die wenigen dafür aber intensiver. Ich wollte jeden Sonntagmorgen in eine Kleinstadtgemeinde gehen. Ich wollte irgendwo sein, wo es nicht so viel zu kaufen gibt, wollte weniger Sitzungen und Treffen, die ich verpasse. Weniger, weniger, *weniger*. Ich wollte *meine Familie zurück*.

Nachdem wir also das Haus verkauft hatten, zogen wir um. Wir nahmen die Kinder aus der Schule, packten unsere Sachen und mieteten ein kleines Haus an der Chesapeake Bay, in einer Kleinstadt wie aus einem Norman-Rockwell-Gemälde, in der das einzige Geschäft eine Eisdiele/Klatsch-und-Tratsch-Umschlagplatz ist. Es ist genau so, wie wir es uns erträumt haben.

Das Leben hier ist *Familie*. Hier sind wir ein Wir. Statt fünf Ichs sind wir hier ein Wir. Das bisschen, was zu erledigen ist, erledigen wir gemeinsam. Wir schauen Chase nach, wie er hinunter zu unserem Anleger schlendert, den Kescher über die Schulter geschwungen wie ein asiatisch angehauchter Tom Sawyer. Wir erleben, wie er „*NEUN* Shrimps, Mama!" fängt, und wir applaudieren und pfeifen und jubeln. Wir fahren mit unserem elektrischen Golfcart zu Bubba und Tish rüber, um Bubba die Shrimps zu verkaufen. Wir lassen Amma das Golfcart lenken, die trotz ihrer Winzigkeit schon lenken kann wie eine Große. Wir kichern mit Tisha, während Chase und Bubba um den Preis für die Shrimps feilschen und sich schließlich auf zehn Cent pro Stück einigen. Bubba händigt Chase 90 Cent aus und grummelt dabei irgendwas von „Inflation". Wir wissen alle genau, dass er die Shrimps in dem Augenblick, wenn wir außer Sichtweite sind, wieder ins Wasser werfen wird.

Auf dem Rückweg halten wir an einem Maisfeld, denn nichts bringt eine Quengelfahrt so schnell wieder auf Kurs, wie an die Seite zu fahren und einen kleinen geschockten Melton-Po mit Nachdruck zwischen zwei Maisstängel zu setzen und dort eine Auszeit zu verordnen. Ich lächle und winke besorgten Passanten zu, während Tish schreit: „Das kannst du doch nicht *machen*, Mama!"

Ich habe mehr Raum in meinem Tag und meinem Herzen, um Tish einfach Tish sein zu lassen. Wenn das Kind eine halbe Stunde damit verbringen möchte zu entscheiden, welche Wollstrumpfhose es bei 35 Grad am Strand anziehen möchte, dann bitte schön. Wir haben Zeit. Zeit zu bemerken, wie schön sie mit ihrer braunen Haut aussieht, wie mutig sie ist, wenn sie vom Anleger in die Bucht springt, und wie sanft und behutsam sie oft mit ihrer kleinen Schwester umgeht.

Ich lerne langsam, dass meine Tochter nicht nur ein herausfordernder Teil *meines* Alltags ist; sondern sie ist eine vollständige Person mit ihrem eigenen Alltag. Es gibt in ihrem Leben schwierige und weniger schwierige Tage, genau wie bei mir. Hier nehme ich sie mehr und besser wahr.

Und die süße Amma. Amma wird immer größer, und zwar in jeder Hinsicht. Sie wird etwa fünfzig Mal am Tag wütend, und in ihrem Zorn zeigt sie auf mich und schreit: „Ich bin so *bös* auf dich, Mami!" Und genau an dieser Beschuldigung erkenne ich, dass die Ablösung begonnen hat. Amma lernt, dass ich nicht nur nicht die Lösung für all ihre Probleme bin, sondern für manche sogar die Ursache. Also schlägt und tritt sie wild um sich auf ihrem Auszeit-Stuhl und schreit: „Ich bin so *bös!*" Worauf ich dann antworte: „Ach, mein süßes Mädel, das kannst du wirklich laut sagen."

Mittwochnachmittags sitzen wir auf der Verandatreppe, lecken Eis am Stiel und warten darauf, dass Craigs roter Truck die Hauptstraße heruntergefahren kommt. Dann schaue ich zu, wie meine Kleinen hüpfen und springen, während Craig aus dem Wagen aussteigt und sich für den Ansturm bereit macht. Ich schaue zu, wie Craig sich abmüht, um sich aus dem Knäuel ihrer klebrigen Hände und schmuddeligen Arme und Beine zu befreien, weil er zuerst mich begrüßen will. Ich sehe seinen Anzug und die Krawatte und die blank geputzten Schuhe, rieche den Duft seines Rasierwassers, und ich weiß, dass er sich im Laufe der nächsten Tage von einem Geschäftsmann in einen Naturburschen verwandeln wird. Sein glatt rasiertes Gesicht wird jeden Tag ein bisschen mehr zuwachsen, und der Duft seines Rasierwassers wird dem Geruch von Schweiß, Salz und Sonnencreme weichen. Sein Oberhemd wird durch nichts ersetzt als dunkle, glatte Haut und Tätowierungen. Tätowierungen, die bedeuten: *Familie.*

Das Leben hier bin ich. Etwas verändert sich, und zwar innerlich wie äußerlich. Ich habe seit Monaten nichts mehr gekauft, und mir fällt auch nichts ein, was ich bräuchte. Ich habe mir seit 63 Tagen weder die Augenbrauen gezupft noch mir die Nägel lackiert oder auch nur einen Föhn benutzt. Es gefällt mir, langsam zu merken, wie ich eigentlich aussehe. Ein bisschen ungepflegt vielleicht – aber nicht zu schlimm. Craig hat sich jedenfalls noch nicht beschwert. Vor einiger Zeit habe ich gelesen, dass es einem Mann nicht darauf ankommt, wie eine Frau *aussieht*, sondern wie sie ihn *ansieht*. Ich überprüfe diese Theorie auf ihre Richtigkeit. So weit, so gut.

Das Leben hier ist auch Gemeinde. Unsere winzige Kirche ist nur ein paar Schritte von unserem Haus entfernt, also gehen wir jeden Sonntag zu Fuß dorthin. Tish trägt ihre knallpinkfarbene Handtasche und stolpert über ihre

Silberglitzerballerinas. Schicke Schuhe und Handtaschen sind nach Tishs Ansicht Gottes allerbeste Erfindungen.

Am Ostersonntag saßen wir neben einer winzigen alten Dame, die aussah, als hätte sie sich seit Karfreitag für den Gottesdienst herausgeputzt. Ich bewunderte ihre akkurat ondulierten weißen Haare, ihren maßgeschneiderten Hosenanzug, die blassrosa lackierten Fingernägel und ihre zierlichen Hände, in denen sie eine flotte rosa karierte Clutch hielt. Sie trug eine Halskette mit passenden Ohrringen und perfekt aufgetragenen zuckerwattefarbenen Lippenstift. Während des Gottesdienstes schaute ich auf ihre Knöchel hinunter und sah dort eine tintenblau tätowierte Krabbe durch ihre Feinstrumpfhose blitzen. Sie bemerkte meinen Blick und zwinkerte mir zu. Mein Herz setzte ganz kurz aus, und ich verpasste die halbe Predigt, weil ich über die alte Dame nachdenken musste. Ich kam zu dem Schluss, dass aufgebrezelte, tätowierte alte Damen in Kirchenbänken meine absoluten Lieblingsmenschen sind. Ich kann es kaum erwarten, selbst eine zu werden.

Und dann die Kirchenglocken. Die Glocken läuten um 9:00 Uhr und dann den Rest des Tages alle drei Stunden. Wir können sie von unserem Vorgarten aus hören, vom Anleger aus und vom Wohnzimmer aus. Ich liebe die Glocken, weil sie wunderschön klingen und weil sie mich alle drei Stunden daran erinnern, aus meinem Trott aufzuwachen und Danke zu sagen. Wenn ich die Glocken höre, dann habe ich das Gefühl, dass Gott ein Auge auf unsere kleine Stadt hat. Oder zumindest, dass unsere kleine Stadt ein Auge auf Gott hat. Es fühlt sich heimelig an. Es fühlt sich an, als ob wir alle, die wir die Glocken hören, gemeinsam unterwegs sind.

Und das Leben hier ist die kleinstädtische *Aufmerksamkeit fürs Detail*. Hier ist es schwieriger, so zu tun, als wären Menschen oder Augenblicke nicht so wichtig. In einer Kleinstadt muss man vorsichtig sein. Wenn jemand einen Hund hat, der ständig bellt, oder wenn jemand zu langsam fährt und dadurch den ganzen Verkehr aufhält, dann sollte man den Hund nicht böse anschauen oder den Langsamfahrer schneiden, weil man dann nämlich für immer und ewig „die Frau, die Hunde böse anschaut und Langsamfahrer schneidet" ist. Es gibt hier keine Anonymität. Die Menschen werden für das, was sie tun, zur Rechenschaft gezogen. Und wenn man seinen Nachbarn nicht mag, dann ist es ratsam, irgendetwas Positives an ihm zu finden, weil hier niemand weggeht. Es gibt einfach nicht genügend Leute, als dass man sich nur die rauspicken könnte, die perfekt zu einem passen. Ich lerne hier, selbst das zu tun, was ich meinen Kindern predige: *Man muss nehmen, was man kriegen kann, und nein, du bekommst jetzt keinen Ausraster.*

Als wir einmal mit dem Auto unterwegs waren, wurde ein Lied von der Durchsage unterbrochen, dass einem kleinen Jungen namens John sein Hund entlaufen sei. Der Hund sei schwarz mit weißen Punkten und höre auf den Namen Rudy. Offenbar war John über diesen Verlust extrem verzweifelt. Ob bitte die Zuhörer die Augen offen halten könnten. Dann war die Suchmeldung zu Ende und das unterbrochene Lied ging weiter. Chase merkte, dass ich ein bisschen weinen musste, und sagte vom Rücksitz aus: „Ist schon gut, Mama. Sie werden Rudy sicher finden."

Ich erklärte ihm, dass ich vor *Freude* weinte, weil ich nicht gewusst hatte, dass es noch Orte auf der Welt gab, wo verlorene Hunde und verzweifelte kleine Jungen eine Programmunterbrechung wert waren.

Ein anderes Mal bat unsere Pastorin Valerie nach dem Gottesdienst unserer kleinen Gemeinde um Aufmerksamkeit für eine Ansage. Eine alte Dame aus dem Chor erhob sich in ihrer leuchtend blauen Robe und hielt einen Löffel hoch. Es war kein besonderer Löffel, sondern ein ganz gewöhnlicher Teelöffel. Und die gepflegte alte Dame sagte sehr bedächtig: „Ich glaube, diesen Löffel hat jemand bei mir vergessen. Wenn er jemandem von Ihnen gehört, melden Sie sich bitte."

Ich bekam große Augen und suchte die Kirche nach genervten oder gar abschätzigen Blicken ab, denn da vergeudete schließlich jemand die kostbare Zeit der Gottesdienstbesucher mit so etwas Banalem wie einem liegen gebliebenen Teelöffel. Aber alle lächelten die Dame aus dem Chor und den Löffel freundlich an, einschließlich der Pastorin, weil sie beide *zu ihnen gehörten* – die Chordame und der Löffel. Und sie verdienten es, respektvoll behandelt zu werden.

Und ich dachte: *Meine Güte, von den Leuten hier kann ich noch viel lernen. Sie wissen, dass Gott im Detail steckt. Sie wissen, dass alte Damen und verlorene Teelöffel unendlich viel wichtiger sind als Zeit.*

Und das Leben hier ist das Land. Hier kann man noch den Zusammenhang zwischen Gottes Schöpfung und unserem Überleben erkennen. Bubba hat uns mit den ortsansässigen Fischern bekannt gemacht, und wir schauen jeden Morgen zu, wie sie mit ihren Booten hinausfahren, um den Fisch zu fangen, den wir dann zum Abendessen essen, den Fisch, den sie verkaufen, um ihre Familien zu ernähren. Chase ist schon ein paarmal mit hinausgefahren, und jedes Mal hat er so viel gefangen, dass es für das Abendessen für eine ganze Woche reichte. Unsere Gefriertruhe ist randvoll mit Blaumaul, und wenn Craig die Fische grillt und sie uns serviert, dann schaut Chase bei jedem Bissen, den wir kauen, mit stolzgeschwellter Brust zu. Er hat auch schon viele Farmer aus dem Ort kennengelernt und ihre Höfe besichtigt, und wenn wir an den Feldern vorbeifahren, sagt er zum Beispiel Dinge wie: „Der Mais sieht noch ein bisschen mickrig aus, Mama. Zu dieser Zeit müsste er eigentlich schon kniehoch sein. Wir brauchen Regen, Mama. Wir brauchen dringend Regen."

Und am Abend betet er dann für Regen für seine Farmerfreunde. Er kennt nun die Leute, die zu Lande und zu Wasser arbeiten, um uns alle zu ernähren. Er lernt, wie alles *funktioniert*. Er sieht, dass echte Menschen und echte Wunder dafür sorgen, dass wir Abendessen auf dem Tisch haben.

In Abwesenheit von riesigen Gebäuden und Autobahnen fällt es mir leichter, daran zu denken, dass Gott für mich sorgt. Hier zu leben ist eine ständige Erinnerung daran, dass Gott alles geschaffen hat und dass das, was er gemacht hat, genug ist. Es genügt, um uns satt zu machen, uns zu beschäftigen und zu befriedigen.

Früher haben mich der Beton und die Autobahnen und die Geschäfte und das Durchorganisierte dazu verleitet zu glauben, dass wir für uns selbst sorgen müssen. Dass wir immer sehr, sehr beschäftigt sein müssen, um alles in Gang zu halten. Aber in Wirklichkeit müssen wir das gar nicht. Wir können ganz einfach unser Tagwerk verrichten und dann zuschauen, wie alles wächst.

Und das Leben hier ist das Wasser. An der Hinterseite unseres Hauses ist eine Glastür, die wie ein Bilderrahmen einen Ausschnitt der Bucht einrahmt. Ich habe schon jedes Familienmitglied dabei beobachtet, wie es dort angehalten hat, hinaus aufs Wasser geschaut und tief geseufzt hat. Sogar Amma seufzt an dieser Tür.

Es ist, als ob unsere Körper dazu geschaffen sind, stehen zu bleiben, loszulassen und zu seufzen, wenn wir auf Wasser blicken.

Es wird hier ziemlich viel geseufzt. Tish liegt auf dem Steg, die Sonne lässt ihr goldbraunes Haar leuchten, das blaue Wasser und der blaue Himmel umgeben sie, und sie sagt: „Aaaahhh! Das ist mein Leben!"

Manchmal schleiche ich mich frühmorgens mit meinem Kaffee und C.S. Lewis auf die Hinterveranda und höre zu, wie die Bucht erwacht. Ich komme dann meistens nicht viel zum Lesen, weil ich selbst merke, wie ich immer wieder wiederhole: „Danke, danke, danke, danke." Wasser hat etwas an sich, das mich dankbar macht, egal, ob es ein Glas Eiswasser ist, eine warme Badewanne oder eben die Bucht.

Am Abend stehe ich in der Küche und schnippele Gemüse aus der Region, während Craig die Kinder durchs Haus jagt. Sie lachen, bis sie umfallen und sich die Bäuche halten und auf dem Küchenboden herumkugeln. Ich schaue zum Hinterfenster der Küche hinaus aufs Wasser und summe den Countrysong mit, der gerade läuft. Ich merke, dass jetzt mein Leben zu meiner Musik passt. Das ist alles, was ich gebraucht habe – nur einen sicheren, schönen Ort, um meinen Glauben, meine Familie und meinen Pony wachsen zu lassen.

Da haben wir's

Aber dann habe ich gemerkt, dass das in Wirklichkeit doch nicht alles war, was ich brauchte.

In den sechs Monaten am Wasser habe ich entdeckt: Die Bucht ist wunderschön und tut mir gut, aber nicht so sehr wie meine Freundinnen Brooke und Amy. Die morgendlichen Geräusche der Bucht beruhigen mich, aber Caseys Augenzwinkern ist noch tröstlicher. Zuzuschauen, wie die Kinder im Wasser planschen ist beglückend, aber nicht so herrlich wie ihre Freudenschreie, wenn sie Jess an der Tür begrüßen. Gott hat wunderschöne Dinge gemacht – und die Bucht gehört auf jeden Fall dazu –, aber es gibt keinen Zweifel, dass Frauen das Allerbeste sind, was er geschaffen hat. Es gibt auf Gottes schöner Erde nichts Besseres als Freundinnen.

Ich habe eigentlich immer das Gefühl gehabt, dass ich nicht sonderlich gut darin bin, Freundschaften zu pflegen. Die Anforderungen einer Freundschaft – beispielsweise sich an wichtige Termine zu erinnern, ans Telefon zu gehen und gruppendynamische Prozesse auszuhalten – fallen mir nicht leicht. Dazu kommt, dass ich auch eine sehr einsiedlerische Seite habe und ich habe Schwester. Diese beiden Tatsachen machen es schwierig, Freundschaften wirklich zu brauchen. Vielleicht *merke* ich dadurch aber einfach auch nur weniger, wie sehr ich Freundinnen brauche.

Dennoch habe ich es geschafft, mir einige beste Freundinnen noch aus College-Zeiten zu bewahren. Sie geben unglaublich gut aufeinander acht und lassen das auch noch völlig mühelos aussehen. Ich habe mich von ihnen zwar immer geliebt und angenommen gefühlt, aber auch immer ein bisschen außen vor. Ich war nie so *ganz dabei*, wie sie es waren. Das lag in erster Linie daran, dass es mir generell schwerfällt, mich überhaupt als wichtigen Bestandteil einer Gruppe zu empfinden – Gruppen sind schwierig, finde ich. Aber auch daran, dass ich für alles, wofür sie sich gegenseitig brauchten – Rat, Hilfe und Unterstützung, eine Schulter zum Ausweinen, eine Shoppingpartnerin – ja schon Schwester hatte.

Doch nach ein paar Monaten in der Kleinstadt an der Bucht wurde deutlich, dass es sehr schwer werden würde, neue Freunde zu finden, und absolut unmöglich, die, die ich bereits hatte, zu ersetzen. Ehe und Elternsein ist noch schwieriger ohne Freundinnen, mit denen man darüber reden kann, wie großartig und wie *schwierig* beides ist.

Also begannen Craig und ich zu überlegen. Unsere Ehe ist eine kurvige Fahrt ohne Karte. Wir probieren das eine aus und dann das andere und entscheiden, was funktioniert und was nicht. Mit jedem neuen Versuch lernen wir einander besser kennen, verändern uns und versuchen, nicht die Geduld zu verlieren. Wir bemühen uns, wirklich unermüdlich zu sein, wenn es um das Herz des anderen geht. Langsam und in mühevoller Kleinarbeit lernen wir, das einigermaßen hinzubekommen.

Am Ende entschieden wir, zurück in die Nähe unserer Freunde zu ziehen, weil klar wurde, dass ich sie *brauchte*.

Als eine, die alle möglichen Süchte durchhat, ist Einsamkeit für mich gefährliches Terrain. Ich weiß nicht genau warum, aber mit anderen in Verbindung zu sein, statt frei im Raum zu schweben wie ein Satellit, ist für mich die beste Absicherung, um nicht wieder in meine Suchtmuster zurückzufallen.

Es gab da diesen einsamen Abend in unserer kleinen Stadt an der Bucht, an dem ich *ein paar Sekunden zu lange* auf die Weinflasche geschaut habe, die oben auf dem Kühlschrank stand, und das hat mir ungeheure Angst eingejagt. Und Craig ist klug genug, um zu wissen: Wenn ich untergehe, geht die ganze Familie mit unter.

Also zogen wir in die Gegend, in der vier meiner besten Freundinnen leben. Wir können die Häuser der anderen jeweils zu Fuß erreichen, und unsere Kinder gehen zusammen zur Schule. Wenn Craig mal später nach Hause kommt, dann rufe ich meine Mädels an und sage: „Kommt sofort rüber." Unsere gefühlten hundert kollektiven Kinder rennen im Haus herum, während wir Mütter reden und Cola Light aus Weingläsern trinken, weil Manals Mutter behauptet hat, dass die so viel besser schmeckt. Und das stimmt wirklich. Wir backen Tiefkühlpizzen auf, und die meisten von ihnen lasse ich verbrennen, und Gena schaut mich über das ganze Chaos hinweg an und sagt: „Ich glaub's einfach nicht. Ich kann nicht glauben, was für ein Glück wir haben. Zwanzig Jahre sind wir nun schon zusammen und jetzt sind wir auch noch zusammen Mamas."

Und wenn ich Gena anschaue, tauchen ganz kurz all die unterschiedlichen Genas vor meinem inneren Auge auf, die ich schon erlebt habe: Ich sehe sie in dem glitzernden Abendkleid, das sie beim Ball in unserem ersten Collegejahr trug. Dann sehe ich sie in ihrem schwarzen Talar bei der Abschlussfeier mit dem Zeugnis in der Hand. Als Nächstes sehe ich sie, wie sie in einem atemberaubenden Brautkleid durch den Mittelgang der Kirche auf ihren Mann zuschreitet. Dann taucht sie vor meinem inneren Auge in einem hellblauen Kliniknachthemd auf, das sie im Krankenhaus nach der Geburt von Tyler anhatte, ihrem ersten Kind. Und schließlich muss ich lächeln, als ich mich an das freche schwarz-weiße Kleid erinnere, das sie bei der spektakulären Party zu ihrem zehnten Hochzeitstag trug.

Und mit einer Gänsehaut denke ich: *Wir werden zusammen erwachsen, wie Schwestern. Wir sind Freundinnen. Ich weiß, dass wir Freundinnen sind, weil ich euch brauche. Ich weiß nicht genau, warum. Aber ich bin einfach dankbar, dass es so ist.*

Als ich mich umdrehe, um zuzuschauen, wie Genas kleine Töchter in ihren Prinzessinnenkostümen meine Töchter die

Treppe hinauf jagen, denke ich: *Ja!!! Ich habe meine Kleinstadt-idylle gefunden. Mein Wasser. Meine Kleinstadt und mein Wasser sind meine Familie und meine Freunde.* Und zum ersten Mal bin ich ganz dabei.

Manchmal muss man erst fortgehen, um zu merken, dass man das Wichtigste zurückgelassen hat.

Ist das Leben, das wir jetzt führen, perfekt? *Du lieber Himmel, nein.* Aber ich habe endlich gelernt, dass ich nirgends vollkommen glücklich sein werde. Wenn ich am Wasser lebe, vermisse ich die Vorstadt. Lebe ich in den Bergen, vermisse ich das Wasser. Wenn ich mir so eine Luxusimmobiliensendung im Fernsehen anschaue, kann es sogar sein, dass mir plötzlich Costa Rica fehlt, obwohl ich noch nie im Leben dort gewesen bin.

Ich habe das Experiment gemacht. Ich bin innerhalb von acht Jahren sechs Mal umgezogen auf der verzweifelten Suche nach Frieden und Freude. Und ich habe immer noch nicht gefunden, wonach ich suche. Mutter sein, das Leben, Freundschaft, Ehe; das alles ist für mich nicht deshalb schwierig, *weil ich am falschen Ort lebe,* sondern weil es eben einfach *schwierig* ist. Ich bin endlich bereit zu akzeptieren, dass es keinen geografischen Ort gibt, der vollkommenen Frieden bietet; denn, wie Bubba es ausdrückt: *Wohin man auch geht, man nimmt sich selbst immer mit.*

Ich glaube, einer der Schlüssel zum Glück liegt darin zu akzeptieren, dass ich nie vollkommen glücklich sein werde. Das Leben ist ungemütlich. Ich kann mich also genauso gut gleich dranmachen und die Leute um mich herum lieben. Ich werde aufhören, so viel Energie in die Frage zu stecken, ob sie die „Richtigen" für mich sind, und stattdessen einfach tief durchatmen und meinen Nächsten lieben.

Ich werde mich um meine Freundinnen kümmern. Ich werde Frieden finden in der Vorstadt. Ich werde auf der Jagd nach dem Glück lange genug stehen bleiben, um zu bemerken, dass es mich direkt anlächelt.

Heilwerden ist Zuhören

Wir können Schweres schaffen.
Wir gehören zusammen.
Die Liebe siegt.

Hallo, leere Seite! Da sind wir also beide wieder. Eine leere Seite ist wie ein neuer Tag, ein Geschenk, das mit Verantwortung verbunden ist. *Was mache ich jetzt mit dir? Du machst mir angst, aber ich liebe dich.* Das Heilige und die Angst gehen immer Hand in Hand.

Heute fühlt sich die leere Seite besonders beängstigend an, weil ich beschlossen habe, auf eine Frage zu antworten, die mir immer wieder gestellt wird: „Glennon", sagen die Leute, „du hast zwanzig Jahre lang Bulimie gehabt, warst zehn Jahre Alkoholikerin, hast geraucht wie ein Schlot, und fünf Jahre lang hast du Drogen genommen. Du hast von alldem einen kalten Entzug gemacht ohne das Zwölf-Schritte-Programm der Anonymen Alkoholiker – das ist sehr ungewöhnlich. Und mir fällt auf, dass du ziemlich dünn bist. Bist du wirklich ganz sicher, dass es dir besser geht?"

Besser ist für mich ein problematisches Wort. *Besser* impliziert eine Wertsteigerung, aber ich glaube, dass ich als Alkoholikerin nach einem Absturz genauso viel wert war wie jetzt als nüchterne, liebevolle, kreative Ehefrau, Mutter, Schwester, Tochter und Freundin.

Ich mag die Umschreibung *im Heilwerden begriffen* lieber. Für mich bedeutet heil werden, mein Denken, meinen Körper und meine Seele in den Rhythmus der Welt einzuschwingen.

Es bedeutet, mich der Strömung hinzugeben und mich von ihr tragen zu lassen, statt ständig verzweifelt dagegen anzuschwimmen. Heil werden bedeutet, mich den wahrsten Regeln zu unterstellen und sie zu befolgen, den Regeln, die von Gott gemacht wurden.

Wenn ich mit Leuten unterschiedlichen Glaubens über Gott spreche, dann ist es immer gut, das Wort *Liebe* zu benutzen, weil die meisten Menschen glauben, dass man der Liebe vertrauen kann.

Es heißt, das Gegenteil von Liebe sei Hass oder vielleicht auch Gleichgültigkeit, aber ich bin davon überzeugt, dass das Gegenteil von Liebe Angst ist. Ich glaube, die Wurzel allen Übels und alles Bösen ist Angst.

Liebe und Angst sind gegensätzliche Stimmen, entgegengesetzte Lebensstile, entgegengesetzte Positionen, von denen aus man seine Alltagsentscheidungen trifft, die Welt betrachtet und sich sein Leben aufbaut. Der Kampf zwischen Liebe und Angst ist das Herzstück meiner Heilung, meiner Wiederherstellung, meiner Fortschritte in Richtung Himmel. Meines *besser*.

Es gibt zwei Stimmen in meinem Kopf. Eine springt auf und ab, wedelt mit den Armen, kämpft um meine Aufmerksamkeit und nervt mich normalerweise zu Tode. Diese Stimme ist die Angst. Zwanzig Jahre lang habe ich nur auf diese Stimme gehört, und deshalb dachte ich, dass die Angst die Wahrheit ist. Ich dachte, die Stimme der Angst sei *meine eigene* Stimme. Sie hat jeden Tag ununterbrochen auf mich eingeredet: *Es ist nicht genug für dich da. Beeil dich. Schnapp dir etwas zu essen, greif nach Geld, greif nach Beachtung und Ruhm und Lob, und dann halte es gut fest und lass es nicht wieder los. Vielleicht bekommst du diese Dinge nie wieder. Und je mehr die anderen davon kriegen, desto weniger bleibt für dich übrig. Hol dir also, so viel du kannst, so lange es geht und horte es und verstecke es.*

Aber eigentlich kannst du das auch vergessen. Nimm dir nichts, denn du hast sowieso nichts verdient. Und halte dich lieber von

Menschen fern. Wenn jemand wüsste, wie du wirklich bist, wäre er entsetzt. Mit dir stimmt etwas ganz gewaltig nicht. Schau dir doch nur mal dein Leben an, deinen Körper, dein Gesicht! Peinlich. Grotesk. Du bist doch nicht zu retten. Du hast nichts zu bieten. Und das Leben hat auch nichts zu bieten – jedenfalls nichts, was du verdient hättest. Das Leben ist furchtbar und vernichtend für Schwächlinge wie dich. Du wirst es nie hinbekommen. Also verhalte dich ruhig und versteck dich bis an dein Ende.

Zwanzig Jahre lang habe ich jede dieser Aussagen und Anweisungen der Angst befolgt. Als ich dann schwanger wurde, war ich sicher, dass es böse enden würde, weil mir die Angst sagte, dass eine wie ich nichts anderes verdient hätte als ein unglückliches Ende. Aber dann kam es ganz anders und endete wunderbar. Ich hielt einen wunderbaren, gesunden kleinen Jungen in den Armen – ein vollkommen unverdientes Geschenk. Und ein liebevoller, großzügiger, toll aussehender Mann beschloss, mich zu heiraten. *Mich!* Und nach den Jahrzehnten, in denen ich meinen Freunden und meiner Familie so viel Kummer und Leid bereitet hatte, waren sie immer noch da und liebten meine kleine Familie und wollten uns helfen.

Und da kam mir der Gedanke, dass die Angst vielleicht etwas Falsches sagte. Ich dachte: *Angst, bist du ein Lügner? Kann man auch anders leben? Gibt es auch eine andere Stimme?*

In dem Augenblick, als ich merkte, dass die Angst nicht die einzige Stimme in mir war, verklang sie im Hintergrund, und es tauchte etwas anderes auf. Dieses Etwas – eine Art Präsenz – war die ganze Zeit still und stabil dagewesen, mit einer Stimme so tief und so groß und so weit wie ein Mammutbaum. Und ich begriff sehr schnell, dass diese Stimme die Liebe war. Ich nenne sie Jesus, und vor meinem inneren Auge sitzt er lächelnd da, still wie ein Fels, und *er weiß Bescheid.*

Ich konnte die Liebe nicht hören, weil ich dazu nie still genug war. Die Angst will nicht, dass man das hört, was in der Stille gesagt wird, denn die Liebe und die Wahrheit sind dort.

Also schreit und springt die Angst ununterbrochen herum wie ein überdrehter Schauspieler in einer Dauerwerbesendung. **Aber die Liebe ist geduldig.** Die Liebe wartet so lange, bis man bereit ist, die Angst auszublenden.

Als ich so weit war, konnte ich hören, was die Liebe sagte, und sie sagte: „Hör auf, nach allem zu greifen, mein Schatz. Hör auf, die Luft anzuhalten. Atme. Es ist genug für alle da. Es ist sogar viel mehr als genug von allem da, was du brauchst und dir wünschst. Ich habe einen Überfluss an Annahme, Aufmerksamkeit, Anerkennung, Freude, Frieden, Geld, Kraft, Kleidung und Essen geschaffen. Ich werde dich nie ohne genug davon lassen. Und es gibt auch nichts, wovor du Angst haben musst – weder ein Gefühl noch irgendwelche Umstände noch Menschen. Das alles kommt und geht, und du kannst es durchstehen, ohne wegzulaufen, dich zu verstecken, dich zu betäuben oder einem anderen meiner Kinder wehzutun. Und wusstest du schon, meine Liebe, dass an dir nie etwas falsch war – nicht einen Tag deines Lebens? Du bist genau die, die du in diesem Moment sein solltest, genau so, wie du bist. Du sollst dich nicht schämen. Du bestrafst dich selbst, aber es gibt keinen Grund dafür. Du machst deine Sache gut. Niemand will, dass du bestraft wirst. Du kannst jetzt damit aufhören.

Du bist frei.

Und jetzt hör gut zu, denn was jetzt kommt, ist wichtig:

Als du geboren wurdest, habe ich ein Stück von mir in dich hineingelegt. Wie einen unzerstörbaren strahlenden Diamanten habe ich etwas von mir selbst in dich hineingelegt. Dieser Teil von dir – ja der Kern deines Wesens – bin ich. Es ist Liebe, es ist vollkommen und es ist unantastbar. Niemand kann es dir nehmen, und du kannst es auch nicht weggeben. Es ist der tiefste, wahrste, echteste Teil von dir, der Teil, der eines Tages zu mir zurückkehren wird. Du bist Liebe. Du kannst durch nichts, was du getan hast oder was dir jemand anders angetan hat, zerstört werden.

Jeder trägt dieses Stück von mir in sich – diese vollkommene Liebe. Ihr seid alle ein Teil von mir, und ich bin ein Teil von euch, und ihr seid ein Teil voneinander. Das tiefste innere Wesen von jedem von euch ist die Liebe.

Deine oberste Aufgabe besteht darin, dich in diesem Wissen treiben zu lassen und darin zu schwimmen, zu glauben, dass die Liebe, der Geist Gottes in dir und in jedem anderen Menschen, ebenso strahlend wie unversehrt ist. Deine zweite Aufgabe besteht darin, anderen Menschen dabei zu helfen, von diesem tiefsten Wesen, ihrer Vollkommenheit, ihrem Kern zu erfahren. Wenn sie aus ihrer Angst heraus mit dir sprechen, dann sprich du an ihrer Angst vorbei direkt zu der Liebe, die in ihnen ist. Irgendwann wird sie hervortreten. Das ist eine meiner Regeln. Hab nur Geduld.

Mach dir keine Sorgen. Komm heraus aus deinem Versteck, weil du diese beiden Aufgaben zu erfüllen hast: Sei still und wisse, und dann hilf anderen, es zu wissen. Weil du mich ja in dir trägst, weißt du, was du tun sollst. Du weißt immer, was als Nächstes dran und richtig ist. Halt inne und frag dich: Was würde die Liebe tun? Und dann werde still, und ich, ich in dir, werde es dir sagen. Du wirst den nächsten richtigen Schritt tun.

Die Liebe wird sich immer einen Schritt nach dem anderen offenbaren, den ganzen Weg bis nach Hause. Und auf dem Weg nimm all das an, was ich dir gebe, und verschenk es großzügig weiter. Du bist sowohl des Nehmens als auch des Gebens würdig. Glaube. Du bist neu, jeden Augenblick neu. Deine Zeit, deine Kraft, dein Denken, die Menschen, die in dein Leben kommen – sie alle sind Geschenke von mir, und sie sind unendlich. Sie gehören dir und allen anderen auch."

Dem englischen Dichter William Blake wird das Zitat zugeschrieben: *„We are put on this earth to learn to endure the beams of love"* (Wir sind auf diese Erde gestellt, damit wir lernen, die Strahlen der Liebe auszuhalten). Liebe auszuhalten brennt am

Anfang. Es ist fast unmöglich, der Stimme der Liebe zu glauben, weil sie einfach zu schön scheint, um wahr zu sein.

Aber ich wünschte mir wirklich, dass die Liebe recht hat, und deshalb gab ich ihr eine Chance. Die Liebe versprach, dass ich nicht mehr zu rennen, mich zu verstecken oder mich zu betäuben bräuchte, um das Leben zu ertragen. Die Liebe sagte mir, dass ich mit ihrer Hilfe alle meine Gefühle würde leben und aushalten können. Und ich beschloss, diese Versprechen eines nach dem anderen zu überprüfen. Ich hörte auf zu rauchen, zu trinken, mich zu überfressen, zu erbrechen und Drogen zu nehmen – und zwar alles auf einmal.

Die Wahrheit macht dich frei – aber vorher kotzt sie dich gewaltig an.

Das habe ich mal irgendwo gelesen und es erwies sich als absolut zutreffend. Ich zitterte und schwitzte und verfluchte die Liebe etwa zwei Wochen lang, aber irgendwann hörte ich auf zu zittern. Die Welt wurde heller und klarer. Ich erlebte seit Jahren meinen ersten Sonnenaufgang in nüchternem Zustand.

Nachdem ich Chase zur Welt gebracht hatte, spürte ich, wie sehr ich mein Baby liebte, wie ich mich ganz an es verschenkte, wie ich mich um seine Bedürfnisse kümmerte, als ob ich ihm wirklich etwas zu geben hätte, aber ich hatte immer noch das Gefühl, als müsste ich so tun, als ob. Also tat ich einfach so, als ob. Und er reagierte darauf, indem er mich liebte und brauchte. *Mich.* Ich war sicher, dass er nichts vortäuschte, weil er ja noch ein Baby war, und Babys kennen die Stimme der Angst noch nicht. Die Liebe zwischen Chase und mir wurde sehr, sehr echt. Also versuchte ich, auch meinen Mann zu lieben. Craig zu lieben, also einen echten, lebendigen Erwachsenen, war schon schwieriger – aber auch er reagierte darauf. Ich merkte, dass er anfing, mich zurückzulieben.

Diese beiden Menschen brauchten mich. *Mich.* Wenn zwei so gute, nette, heile Menschen mich brauchten und wollten und liebten, konnte ich dann wirklich wertlos sein? Und plötzlich kam es mir so vor, als könnte es doch Seiten am Leben geben, die schön und gut waren und die für mich gedacht waren. Der Mistkerl, von dem ich zwanzig Jahre lang Befehle entgegengenommen hatte, wurde mir immer suspekter.

Ich fing an, besser hinzuhören. Ich schaute mir die Menschen und die Natur genauer an, und ich las Bücher über Gott und die Liebe. Ohne das Fressen und Kotzen wurde meine Haut wieder reiner und meine Wangen, die durch viele Jahre geplatzter Blutgefäße aufgedunsen waren, wurden wieder glatter und schwollen ab. Je mehr sich das Nikotin aus meiner Lunge löste, desto tiefer konnte ich wieder durchatmen, und das hatte ich auch bitter nötig.

Ich war traurig, hatte Angst und war wütend, ohne etwas zu haben, womit ich diese heftigen Gefühle betäuben konnte. Und so lernte ich, die Gefühle einfach *da sein zu lassen* – in der Hoffnung, dass sie irgendwann vorübergehen würden. Ich machte die Erfahrung, dass alles vorübergeht; es ist zwar manchmal schwer, das Leben auszuhalten, aber es ist nicht unmöglich. Ich entdeckte, dass es Belohnungen gibt, wenn man sich dafür entscheidet, nicht wegzulaufen: Weisheit und Würde. Ich erlebte, dass die Liebe und ich zusammen auch wirklich schwierige Sachen schaffen konnten.

Als Nächstes überprüfte ich die Behauptung der Liebe, dass ich mich für nichts zu schämen brauchte. Diese Zusage war für mich am schwersten zu schlucken, aber weil die Liebe mich bis jetzt nicht angelogen hatte, musste ich ausprobieren, ob es stimmte. Ich fing an, all die geheimen Gedanken und Gefühle, für die ich nach Aussage der Angst gemieden und verachtet werden würde, aufzuschreiben und zu veröffentlichen. Ich veröffentlichte mein Innerstes *im Internet*.

Wissen Sie, es treiben sich viele, *viele* Menschen im Internet herum, und es sind viele Menschen dabei, die durch die Anonymität im Netz den Mut haben, ganz besonders gemein zu sein. Und trotzdem wurde ich nicht verachtet. Kaum jemand war gemein zu mir. Es stellte sich heraus, dass ich durch das

Mitteilen meiner Geheimnisse von anderen mehr geliebt wurde als je zuvor in meinem Leben. Als ich der Liebe erlaubte, mich durch mein Schreiben zu befreien, entschlossen sich auch viele meiner Leser, sich befreien zu lassen. Und es geschah ein weiteres Wunder: Die Leute schrieben mir, aber nicht, um mir mitzuteilen, dass sie mich verachteten, dass sie angewidert wären oder es sie grauste, sondern sie erkannten sich selbst – ihre eigenen Kämpfe und Triumphe – in dem wieder, was ich erlebt und aufgeschrieben hatte.

Mir wurde klar, dass das Geheimnis meines Schreibens folgendes ist: Die Stimme, deren Worte ich aufschreibe, ist nicht meine eigene Stimme. Es ist die Stimme der Liebe. Ich sage, was sie sagt; ich schreibe, was sie sagt. Und deshalb erkennen Sie die Stimme. Weil Sie dieselbe Stimme in sich haben. Meine Stimme der Liebe spricht direkt zu Ihrer. Wir sind gleich. In unserem Kern sind wir gleich. Wir sind Liebe. Unser Herz freut sich, wenn es die Wahrheit hört. Namaste – *das Göttliche in mir erkennt und ehrt das Göttliche in dir.*

Als Nächstes beschloss ich, die Behauptungen der Liebe über das Geben zu überprüfen. Craig und ich haben zwei Mal unser gesamtes Geld weggegeben. Einmal an ein Waisenhaus und dann noch einmal an ein Kreditinstitut. Als wir nichts mehr hatten, waren wir glücklicher als jemals zuvor. Das ist das Beste daran, alles zu verlieren. Man merkt, dass es einem ohne *alles* gut geht. Zum ersten Mal in unserem Leben fühlten wir uns sicher. Das war ein Wunder!

Wenn man alles weggibt – das Zeugs –, dann macht man die Erfahrung, dass man das, was man wirklich zum Leben braucht, gar nicht verlieren kann. Die Liebe hatte recht. Das, was man wirklich braucht, ist unerschütterlich und unverlierbar. Was man braucht, liegt nicht in Dingen, es ist in einem selbst. Es ist die Liebe.

Je fester ich glaube, was die Liebe sagt, und je entschlossener ich das lebe, was sie verspricht, desto gesünder und stärker und wahrhaftiger werde ich.

Also, für mich ist es keine Frage, ob es mir *besser* geht. Es geht um den täglichen Kampf, darum, auf die Liebe zu hören und die Angst zum Schweigen zu bringen. Auch wenn ich mich jeden Tag wieder für die Liebe entscheide, höre ich den Nachhall der Stimme der Angst wie eine Glocke, die auch noch nachklingt, wenn schon längst jemand den Klöppel angehalten hat.

Im Moment bin ich weder ganz auf der Seite der Angst noch der Liebe, sondern eine, die sich zwischen den beiden entscheidet. Ich habe jedoch das Gefühl, dass ich mich irgendwann, nachdem ich jahrelang die Angst ignoriert und mich auf die Liebe eingestellt habe, selbst in Liebe verwandeln werde. Ich bete darum, dass die Liebe und ich eins werden, dass irgendwann *alle* Worte, die aus meinem Mund kommen, ihre Worte sein werden. Und wenn ich in Gottes Arme hinübergleite, hoffe ich, dass es gar keine Unterbrechung in unserem ewigen Dialog geben wird. Wenn ich sterbe, wird Gott mich ansehen und sagen: *„Wo waren wir eben stehen geblieben, mein Schatz?"*

Aber jetzt, im Augenblick, habe ich das Gefühl, dass ich mich erhebe und aufstehe. Ich bin frei. *Ich heile.*

Es wird so schön sein

Seit Jahren fragen mich Leute immer wieder, woher mein leidenschaftlicher Wunsch kommt, ein Kind zu adoptieren. Ich habe versucht, es auf unterschiedliche Arten zu erklären, habe Statistiken bemüht und Bibelstellen zitiert, in denen steht, dass wir uns um die Waisen kümmern sollen, und irgendwann bin ich entmutigt und defensiv geworden. Nichts von alledem klang für mich so richtig glaubhaft. Es waren alles gute, nachvollziehbare Gründe, aber nicht der *eigentliche, der wahre Grund*. Der lag viel zu tief, um ihn heraufzuholen und in Worte zu fassen.

Und dann las ich eines Tages Ken Folletts Buch „Die Säulen der Erde". In dem Buch gibt es eine Figur namens Tom. Tom ist ein kleiner Handwerker – und besessen von der Idee, eine Kathedrale für Gott zu bauen. Auf seinem Weg zu diesem Ziel verpulvert er seine gesamten Ersparnisse, lässt seine Familie durch die Hölle gehen und verbringt die beste Zeit seines Lebens damit, seinen unerfüllbaren Traum zu verfolgen, zu planen und zu träumen. Nach zwanzig Jahren steht Tom endlich einem Mann gegenüber, der die Mittel hat, ihm zu helfen, und dieser Mann stellt ihm eine einfache, aber bedeutsame Frage: „Warum? Warum willst du unbedingt diese Kathedrale bauen?" Tom zögert kurz und dann sagt er: „Weil sie wunderschön sein wird."

Mir ging das Herz auf, als ich diese Zeilen las. Ja, genau! Weil es schön sein wird!!! *Das* ist die wahrste Antwort auf die Frage, die mir seit Jahren gestellt wird: *Glennon, warum willst du ein Kind adoptieren?*

Weil es wunderschön sein wird.

Ich will adoptieren, weil ich die Überzeugung leben will, dass wir alle zusammengehören – dass wir eine einzige große Familie von Menschen sind; um über den eigenen Tellerrand zu schauen und eines von Gottes Kindern als mein eigenes willkommen zu heißen. Anteil zu haben an der Trauer, Hoffnung und Erlösung jeder Mutter, die ihr Kind liebend gern selbst großziehen möchte, aber nicht die Mittel und Möglichkeiten dazu hat – das ist so ziemlich das Schönste, was ich mir vorstellen kann. Und genau das tue ich: Ich stelle mir das Allerschönste vor, was geht, und versuche dann, es umzusetzen. Das ist eine spannende, aber auch schwierige Art zu leben.

Craig und ich haben sechs Jahre lang versucht, ein Kind zu adoptieren. 2007 haben wir damit begonnen. Chase und Tish waren damals vier und ein Jahr alt, und Craig und ich verbrachten unsere Tage und Abende am Telefon, im Internet und auf den Nerven des jeweils anderen bei dem Versuch, ein Kind aus dem Ausland zu adoptieren. Jedes Mal, wenn wir ganz nah dran waren, kam die gefürchtete Überprüfung des familiären Hintergrundes, und eine Vermittlungsagentur nach der anderen lehnte uns wegen meiner bewegten Vergangenheit, meines nicht ganz blütenweißen polizeilichen Führungszeugnisses und meines Status' als trockene Alkoholikerin ab.

An vielen Abenden weinte ich mich in den Schlaf, und Craig drückte mich an sich und betete zu Gott, er möge doch eine Tür zur Adoption öffnen und mir meine Verzweiflung nehmen. Als uns bei einem der Gespräche wieder Fragen über unsere Vergangenheit gestellt wurden und wir diese Fragen ehrlich beantworteten, merkten wir, wie die Stimme der Sozialarbeiterin plötzlich distanziert und kalt wurde.

Ich sagte: „Ich glaube nicht, dass sie uns ein Baby geben, und du?" Craig schüttelte den Kopf und gestand mir, dass er am liebsten ganz mit diesen Befragungen und Überprüfungen aufhören würde, weil er Angst hatte, dass sie uns vielleicht am Ende noch die Kinder, die wir schon hatten, wegnehmen würden. Ich zweifelte ständig an meinem Wert als Mutter, weil uns wiederholt auf ziemlich drastische Art und Weise gesagt wurde, dass ein Kind in einem Waisenhaus besser aufgehoben wäre als bei uns. Es war unglaublich demütigend und es erschütterte meinen Glauben zutiefst.

Im August schöpften wir dann neue Hoffnung bei einer Vermittlungsagentur, die Adoptivkinder aus Guatemala vermittelte. Die Sozialarbeiterin sagte uns, sie würde eine Möglichkeit finden, uns ein Kind aus ihrem Waisenhaus zu vermitteln. Die Agentur schickte uns Bilder von den Kleinen, und ich verliebte mich auf der Stelle in sie alle. Während unsere Papiere bearbeitet wurden, bereitete ich mich innerlich vor und träumte von der Zukunft mit dem Adoptivkind.

Ich wusste, dass unser Baby ein kleines Mädchen mit dem Namen Maria sein würde. Ich habe keine Ahnung, woher ich das wusste, deshalb ging ich davon aus, dass Gott es mir mitgeteilt hatte. Ich erzählte niemandem, dass ich den Namen des Kindes wusste, denn man darf Menschen nicht überfordern, aber ich wusste es einfach. Damals war gerade ein Countrysong mit dem Titel „My Maria" herausgekommen, und ich fuhr in der Gegend herum, trällerte das Lied und stellte mir vor, wie Craig, Chase, Tish, Maria und ich auf der Willkommensparty für Maria mit der gesamten Familie und den Freunden zu dem Song „My Maria" tanzen würden.

Ende September bekamen wir dann einen Anruf von der Agentur, den Craig entgegennahm. Danach versuchte er mir sehr behutsam beizubringen, dass die Vermittlungsagentur zu dem Schluss gekommen war, wir seien doch zu riskant. Die Tür nach Guatemala war offiziell zugegangen.

Ich saß völlig fassungslos und weinend auf dem Fußboden, als Chase ins Zimmer kam, Craig anschaute und fragte: „Warum?"

Craig antwortete: „Sie ist einfach traurig, mein Schatz. Mama ist einfach traurig." Monate vergingen und ich riss mich halbwegs wieder zusammen.

Dann war Weihnachten. Nach dem Wirbel von Aufregung und Geschenken ließen wir es den Rest des Tages ruhig angehen. Bubba schlief ein und Schwester und Tisha begaben sich in die Küche, um Essen zu machen. Ich ließ mich auf die Couch plumpsen und gratulierte mir selbst dazu, dass ich wieder ein Weihnachtsfest über die Bühne gebracht hatte. Craig kuschelte sich neben mich und überreichte mir ein letztes Geschenk, das er noch in petto hatte. Ich lächelte und packte es aus, und dann hielt ich ein schön gestaltetes Fotobuch in der Hand, das Craig selbst gemacht hatte. In einem quadratischen Plastikrahmen auf dem Einband war das lächelnde Gesicht eines kleinen Mädchens zu sehen, das etwa sieben Jahre alt sein mochte. Es hatte dunkelbraune Augen, lange schwarze Locken und ein strahlendes Lächeln. Unter das Bild hatte Craig mit Klebebuchstaben ihren Namen geschrieben: *Maria Renee.*

Nachdem wir erfahren hatten, dass wir kein Baby aus Guatemala bekommen würden, hatte Craig die Agentur noch einmal angerufen und gefragt, ob wir nicht eine Patenschaft für eines der Kinder in dem Waisenhaus übernehmen könnten. Die Frau in dem Waisenhaus hatte gesagt, sie hätte *genau das richtige kleine Mädchen für uns,* und ihr Name sei Maria. Sie hatte Craig Bilder von Maria geschickt, und er hatte die Fotos in dem Album für mich zusammengestellt.

Ich weinte, bis meine Augen völlig zugeschwollen waren. Alle starrten mich an, aber das war mir total egal. Ich habe nie in meinem ganzen Leben die Gegenwart Gottes so deutlich gespürt wie in diesem Moment, in dem ich mit dem Fotobuch auf dem Schoß neben meinem Mann saß. Ich spürte förmlich, wie Gott sagte: „Ich habe aufgepasst und ich habe tatsächlich zu dir gesprochen. Du hattest recht, es gibt wirklich eine Maria für dich. Hier ist sie."

Weil ich nichts sagen konnte, holte ich mein Tagebuch und zeigte ihnen all die Seiten, auf die ich wie ein liebeskranker Teenager den Namen „Maria Melton" gekritzelt hatte.

Im Laufe des folgenden Jahres verliebten wir uns alle in Maria. Wir schickten ihr Geschenke und Briefe, die meine Mutter ins Spanische übersetzte. Wir sagten ihr, dass Gott sie sehr lieb hätte und wir auch, und wir erklärten ihr, dass wir jeden Abend für sie und ihre Freunde beteten. Als Chase Geburtstag feierte, baten wir die Gäste seiner Geburtstagsparty, statt Geschenken eine Geldspende mitzubringen. Den Gesamtbetrag schickten wir dann Maria, damit sie in diesem Jahr auch eine Geburtstagsparty feiern konnte. Die Leitung des Waisenhauses schrieb uns daraufhin, dass das Geld sogar dafür gereicht hätte, noch die Kinder eines weiteren Waisenhauses zur Geburtstagsparty einzuladen, und dass all die Kinder zum ersten Mal Luftballons und Süßigkeiten bekommen hätten.

Im vergangenen Jahr bekamen wir einen Brief mit der Nachricht, dass Maria von einer anderen Familie in den Vereinigten Staaten adoptiert worden sei. Man hatte uns gesagt, dass die Chancen für Maria, eine Adoptivfamilie zu finden gleich null waren, aber wir wissen, dass bei Gott nichts unmöglich ist.

Ein paar Monate später unternahmen wir dann einen weiteren Versuch, doch noch ein Kind zu adoptieren. Chase schien in Bezug auf diesen Plan nicht so sicher, denn als wir ihm sagten, dass wir es in Vietnam mit einer Adoption versuchen wollten, sagte er: „Ich weiß nicht, Mama. Wir sind doch anscheinend nicht so besonders gut darin. Vielleicht sollten wir einfach eine Autobahn adoptieren."

Wahrscheinlich hätte ich auf ihn hören sollen, denn ein paar Monate später erfuhren wir, dass auch die Vietnamesen uns nicht als Adoptiveltern wollten. Craig und ich kamen zu dem Schluss, dass Gott uns eindeutig aufforderte *loszulassen*. Wir versuchten das, aber wir konnten es nicht. *Ich* konnte es nicht. Eines Tages beschlossen wir dann während einer Autofahrt, dass wir einfach noch einmal eine Erstüberprüfung beantragen würden. Das ist ein langes, intensives Gespräch mit einem Sozialarbeiter, ohne dass es bereits ein konkretes Land oder eine bestimmte Agentur gibt, die uns als mögliche Adoptiveltern angenommen hatte. Wir hofften, dass uns der nächste Schritt gezeigt werden würde, wenn wir im Glauben einfach einen Schritt machten. Einen Sozialarbeiter, der diese Erstüberprüfung vornehmen würde, hatten wir gefunden, und auch das nötige Geld für eine Adoption lag bereit. Wir hatten neue Hoffnung und neue Kraft. Wieder begann ich mir vorzustellen, wie Chase und Tish ihr neues Geschwisterchen im Arm hielten.

Zu Hause ging ich die Post durch und fand darin einen Brief von *All God's Children*, der Agentur aus Guatemala, die versucht hatte, uns bei einer Adoption zu helfen. Der Brief kam aus dem Waisenhaus der Organisation *Hannah's Hope*, in dem Maria gewesen war. Er begann folgendermaßen: *„Wir machen gerade die schwerste Zeit seit Bestehen von Hannah's Hope in Guatemala durch. Es bricht mir das Herz, wenn ich an all die Kinder denke, die wir abweisen müssen. Es sind Kleinkinder, die in Müllbergen herumstreunen, Sechsjährige, die um Essen betteln müssen, zehnjährige Mädchen, die ganz allein für Geschwister im Säuglingsalter verantwortlich sind."*

Weiter wurde in dem Brief beschrieben, wie ein vierjähriges Mädchen namens Marielos von der Polizei in das Waisenhaus gebracht worden war, nachdem der Freund der Mutter es mehrfach vergewaltigt hatte. Sie habe die erste Woche in *Hannah's Hope* *„entweder weinend oder sprachlos"* verbracht. Heather, die Leiterin des Waisenhauses, schrieb weiter, sie sei *„viele Nächte mit Marielos aufgeblieben, habe sie einfach nur festgehalten, während das Kind leise weinte."*

Heather berichtete, dass es Marielos nun durch die liebevolle Betreuung in *Hannah's Hope* langsam besser gehe, aber dass das Waisenhaus aufgrund fehlender finanzieller Mittel jeden Tag traumatisierte Kinder wie Marielos abweisen müsse. Der Brief enthielt die Bitte um kleine Spenden, um das Weiterbestehen des Waisenhauses zu sichern. Um mich begann sich alles zu drehen, als ich sah, welchen Betrag das Waisenhaus brauchte: Es war fast genau die Summe, die Craig und ich für die Adoption gespart hatten.

Ich spürte, wie eine Stimme, die eine etwas ruhigere Version meiner eigenen war, vorschlug: *Also bitte, was willst du denn noch? Willst du wirklich meinen Waisenkindern helfen oder willst du eigentlich nur ein Kind adoptieren? Vielleicht ist das ein Unterschied.* Ich stand völlig fassungslos und schwitzend in unserer Küche. Und der Vorschlag der Stimme ging noch weiter: *Du hast um eine Einladung von mir gebettelt und jetzt hältst du sie in der Hand.*

Zunächst erwog ich, Craig nichts von dem Brief und der Stimme zu erzählen. Nicht, weil ich mir Sorgen machte, dass er mich für übergeschnappt halten könnte – worüber ich mir sonst meistens Sorgen mache –, sondern weil ich Angst hatte, dass er sofort wissen würde, was richtig war und es dann auch würde tun wollen. Aber dann erzählte ich es ihm doch, und er las den Brief, und dann wurde er sehr still. Er sagte: „Du weißt aber schon, dass dann kein Geld mehr für eine Adoption da ist, wenn wir das hier machen, oder?"

Ich sagte: „Ja, wahrscheinlich müssten wir alle Ersparnisse dafür hergeben."

Wir gingen an diesem Abend früh ins Bett und sprachen nicht mehr über die Sache. Uns war sehr bewusst, dass wir uns auf heiligem Boden bewegten.

Ich schickte Craig am nächsten Morgen eine E-Mail ins Büro, in der stand, dass ich die Entscheidung nicht treffen könne, weil ich zu stark von meinen eigenen Wunsch nach einem Baby beeinflusst sei. Ich bat ihn, die Entscheidung zu treffen. Am Abend kam er dann nach Hause und sagte sehr ruhig, er sei ganz sicher, dass *Hannah's Hope* das Geld gehöre. Er habe das Geld, das wir für eine Adoption gespart hatten, bereits dorthin überwiesen. Der Betrag machte zwei Drittel des Gesamtbetrags aus, der gebraucht wurde, um den Fortbestand des Waisenhauses zu sichern, und es war alles, was auf unserem Sparkonto war. Es folgte Stille, noch ein paar Tränen und dann nur noch Ehrfurcht ... und Frieden.

Bei mir hält Frieden allerdings in der Regel allerhöchstens 20 Minuten an. An diesem Punkt könnte man nun vielleicht meinen, dass ich die Sache endlich auf sich beruhen lassen und mich auf all den Segen konzentrieren würde, den wir ja bereits direkt vor der Nase hatten. Aber das ist nun mal so gar nicht meine Art.

Als Schwester für die Menschenrechtsorganisation *International Justice Mission* in Ruanda arbeitete, half sie jeden Sonntag in einem Waisenhaus der Missionarinnen der Nächstenliebe, des Ordens von Mutter Teresa, und kümmerte sich um die Kleinen dort. Stundenlang hielt sie vier Kinder gleichzeitig, die sich an ihr festklammerten, weil sie sich so sehr nach Berührung, Zuwendung und Kontakt sehnten. Schwester erzählte uns, dass es dort Kinder gäbe, die unbedingt adoptiert werden müssten.

Craig und ich waren uns darüber einig, dass dies einfach die Einladung sein *musste,* auf die wir nun schon so lange gewartet hatten. Wir begannen also wieder von vorn. Sechs Monate lang sprangen wir wieder durch einen anstrengenden Reifen nach dem anderen, um die Anerkennung als Adoptiveltern für ein Kind aus Ruanda zu bekommen. Ein „Zeichen" nach dem anderen drängte uns, weiterzumachen, signalisierte, dass wir auf dem richtigen Weg waren: eine gute Beurteilung des familiären Umfeldes, eine Freigabe durch das FBI (!) und schließlich die endgültigen Papiere, die uns die Eignung als Adoptiveltern bescheinigten. Eine der Damen, die das Waisenhaus leiteten, hatte Schwester sogar schon gesagt, welches Baby wir bekommen sollten – einen fünf Monate alten Jungen, den wir Hills (Hügel) nannten. Ruanda wird auch „Das Land der tausend Hügel" genannt, und wir fanden, dass Hills auch passend war, um den Weg zu beschreiben, den wir hinter uns hatten. Mein Name, Glennon, bedeutet „Tal" oder „Rastplatz zwischen den Hügeln". Ich glaubte, dass unser kleiner Mann ein wunderbares Leben bei uns haben würde, allerdings keines ohne Herausforderungen. Ich wollte sein Tal sein, sein Rastplatz zwischen den Hügeln des Lebens.

Wir warteten nur noch auf ein einziges Dokument, nur noch ein einziges, dann würden wir unser vollständiges Dossier nach Ruanda schicken und unseren Platz in der Warteschlange der Adoptionswilligen einnehmen.

Doch dann wurden wir eines Morgens durch einen Anruf von Schwester geweckt. Sie sagte, dass Ruanda ab sofort keine Auslandsadoptionen mehr zuließ. Jede Familie, deren vollständige Papiere nicht *bis zum Ende dieses Tages in Ruanda eingetroffen* waren, könnte nicht mehr adoptieren. Ich war fassungslos und wütend. Unser *Baby*! Craig und ich sahen einander an. *Verdammt. Nein!!!*

Wir setzten die Mädchen morgens um 6:00 Uhr bei Freunden ab und fuhren dann mit Chase nach Washington D.C. Wir fanden die ruandische Botschaft, stellten uns vor und erklärten freundlich, aber bestimmt, dass wir erst wieder gehen würden, wenn das letzte Dokument, das bei den Adoptionspapieren noch fehlte, unterzeichnet war und wir von der Neuregelung der Adoptionsbestimmungen ausgenommen waren.

Dann setzten wir uns in die winzige Eingangshalle der Botschaft, wo schon drei weitere angstvoll dreinblickende Paare warteten, die aus demselben Grund da waren wie wir. Sie waren mit dem Flugzeug aus Texas gekommen, als sie die Neuigkeiten erfahren hatten, und auch sie wollten erst gehen, wenn ihre Forderungen erfüllt waren.

Es begann eine tränenreiche Vorstellungsrunde. Ich wandte mich an einen der Männer namens Mark und sagte: „Hallo, ich bin Glennon. Das hier ist mein Sohn Chase." Chase streckte ihm seine kleine Hand hin, und als Mark sie drückte, kamen ihm die Tränen. Ich war ein wenig besorgt. Mark fragte mich, ob er ein Foto von Chase machen könne, um es seiner Frau zu schicken. Meine Besorgnis nahm zu, aber ich willigte trotzdem ein. Nachdem Mark seiner Frau das Bild geschickt hatte, erklärte er, dass seine Frau und er versuchten, ein Kind zu adoptieren, seit sie durch eine späte Fehlgeburt ihren Sohn verloren hatte, der ebenfalls Chase hieß. Mark schickte das Foto von unserem Chase seiner Frau zusammen mit folgender Nachricht: *„Alles wird gut, mein Schatz. Ich bin gerade in der Botschaft angekommen, und Chase ist auch hier."*

So ein Tag war das.

Die Botschaft von Ruanda ist ungefähr so groß wie ein begehbarer Kleiderschrank, und mit der Zeit wurde es für alle immer unangenehmer. Die zuständigen Botschaftsangestellten sagten uns immer wieder sehr freundlich, dass sie nichts für uns tun könnten, dass es sich bei den neuen Bestimmungen um eine Anordnung der Regierung handele und wir lieber gehen sollten, weil wir nur unsere Zeit vergeudeten, wenn wir weiter warteten.

Wir gingen zwar, kamen aber mit Mittagessen für uns selbst und die Botschaftsangestellten wieder zurück. Wir erklärten ihnen freundlich, dass wir nicht gehen könnten, weil das nämlich bedeuten würde, unsere Babys im Stich zu lassen. Und so saßen wir zwölf Stunden lang da und weinten und lachten zusammen. Um 17:00 Uhr sollte das Büro der Botschaft schließen. Um 16:45 Uhr merkte ich, dass mir die Tränen kamen.

Das Ende nahte. Um 17:15 Uhr kam eine ruandische Frau die Treppe herunter und gab jedem von uns ein Dokument, auf dem stand, dass unsere vier Familien von der Neuregelung der Adoptionsbestimmungen ausgenommen seien. Wir würden unsere Babys bekommen. Die Frau sagte: „Sie sind hergekommen. Sie sind wegen der Kinder gekommen, deshalb tun wir das jetzt für Sie."

Das war eine wichtige Lektion: Komm immer persönlich vorbei. Man weiß nie, was alles passieren kann, wenn man persönlich vorbeikommt, und man kann nie wissen, *was alles möglich gewesen wäre*, wenn man persönlich erschienen wäre.

Wir waren fertig. Es blieb nichts weiter zu tun, als auf unseren „Marschbefehl" zu warten, das Kinderzimmer einzurichten und mit unseren Freunden zu feiern, und das taten wir.

Zwei Monate später bekamen wir dann einen Brief, in dem stand, dass Adoptionen aus Ruanda auf unbestimmte Zeit ausgesetzt seien. Es war vorbei. Hills würde nicht zu uns nach Hause kommen. Er war also doch nicht unser Kind.

Tish hat vor Kurzem dieses Gedicht geschrieben:

> *Wüüüürdes du das Uuuuniversum noch liebhaben,*
> *wenn der Himmel wär nich blau?*
> *Ich wüürde das Uuuuniversum immer noch toll finden,*
> *du auch?*

Ich musste darüber lange nachdenken. Aber ich kam auch zu einem Ja. Ja, das würde ich. Ja, ich würde das blöde Uuuniversum immer noch lieben.

Nein, ich habe nicht bekommen, was ich mir gewünscht habe. Ich habe mein Baby nicht bekommen, und da mein Gesundheitszustand sich nicht mehr bessern wird, ist es eher unwahrscheinlich, dass es noch jemals dazu kommen wird. Es ist offiziell: Ich habe nicht das Leben bekommen, das ich mir gewünscht habe. Ich bin keine Adoptivmutter geworden, ich bin nicht auf eine große Reise gegangen, um das Kind im Arm zu halten, das Gott mir zugedacht hat, ich habe keine Weihnachtskarten mit der frohen Nachricht über den Familienzuwachs verschickt.

Aber wenn das Wunder nicht so geschieht, wie man es geplant hat, dann wird es umso wichtiger, nach Randwundern Ausschau zu halten. Das sind Wunder, die nicht direkt vor der Nase stattfinden, sondern an der Peripherie unserer Wahrnehmung. Sie sind nicht die Wunder, auf die man so schrecklich fokussiert war. Um Randwunder zu sehen, muss man den Kopf ein bisschen drehen.

Ich war so sehr darauf fokussiert, meinen kleinen Altar zu bauen, mit gesenktem Kopf, schwitzend und fluchend, unter Stress, mit kaputtem Werkzeug, dass ich die Welt der Kathedralen, die Gott um mich her errichtet hatte, gar nicht bemerkte. Als ich endlich in der Lage war, den Kopf zu heben, sah ich die Gemeinschaft von Menschen, die sich um mich gesammelt hatte. *Meine Familie* – meine drei gesunden Kinder und mein starker Mann. Meine kleine Amma, die es vielleicht gar nicht gäbe, wenn wir ein Kind adoptiert hätten. Und ich sah, dass das Instrument, das ich als Ventil für meinen Schmerz und meine Verwirrung wegen der Adoption und meiner Gesundheit benutzt hatte – mein Blog –, zu einer Gemeinschaft von Tausenden und Abertausenden von Menschen geworden war, die etwas aus meiner Reise *lernten*.

Also drehte ich meinen Kopf wie eine Eule hierhin und dorthin. Und ich sah Tara und Isaac, die ich damals in der ruandischen Botschaft kennengelernt habe und die nun ihren Sohn Zane im Arm halten. Sie haben ihr Baby bekommen. Und ich sah Mark und Chelsea, das Ehepaar, das seinen Chase verloren hatte, die ihr ruandisches Baby Gabe im Arm halten. Und ich sah Schwesters Sohn Bobby, den ich jeden Tag meines Lebens im Arm halten kann, aber für den ich nie Studiengebühren bezahlen muss. Und ich schaute nach unten und sah einen Verlagsvertrag für ein Buch in meinen Händen und Stapel von Einladungen von Leuten, die mich bitten zu kommen und über Hoffnung und Liebe zu sprechen.

Ihnen macht es nichts aus, dass sich meine Träume nicht erfüllt haben. Ihnen ist nur wichtig, dass ich meinen Träumen treu geblieben bin. Dass ich nie die Hoffnung verloren habe. Dass ich das alles mitgeteilt habe. Und obwohl ich nicht bekommen habe, was ich mir so gewünscht habe, konnte ich sehen – wirklich sehen –, dass ich bekommen habe, was ich brauchte.

Ich hatte versucht, ein Kind zu adoptieren, *einem kleinen Kind* Hoffnung zu geben, und stattdessen gab Gott mir

Tausende von Menschen, vor denen ich über meine unlogische und ewige Hoffnung sprechen kann.

Es gibt nur zwei Leben, die wir leben können: unseren Traum oder unsere Bestimmung. Manchmal ist beides identisch, manchmal aber auch nicht. Natürlich sind unsere Träume nur ein Weg zu unserer Bestimmung. Mein Traum war es, Adoptivmutter zu werden, aber meine Bestimmung ist es, meinen drei Kindern Mutter zu sein und außerdem Ehefrau, Freundin und Tochter ... und mutig von Hoffnung zu sprechen.

Meine Bestimmung ist es, Sie daran zu erinnern, lange genug von den Sandburgen aufzublicken, die Sie bauen, um die Kathedralen zu bemerken, die Gott um Sie herum errichtet hat – ohne Sie, ohne Ihren Schweiß, ohne Ihre Tränen, ohne Ihre Zustimmung. Während Sie Ihre Träume träumen, ist er damit beschäftigt, Ihre Bestimmung zu bauen. Und Ihre Bestimmung ist ganz genau so schön wie Ihr Traum.

Lassen Sie los und glauben Sie daran, dass es schön sein wird.

PS: Wir haben tatsächlich ein Stück Autobahn adoptiert. Und wir werden uns um es kümmern wie um unser eigen Fleisch und Blut!

Bei Gott, da wird Tanzen sein

Ich sitze in meinem stillen Schlafzimmer mit Gott zusammen. Wir sind allein – nur wir beide. Ich sitze auf der Kante des Himmelbetts und lasse meine Beine baumeln. Gott sitzt in einem Schaukelstuhl auf der anderen Seite des Zimmers und strickt. Es stellt sich also heraus, dass Gott strickt. Sie fährt auch eine Harley, aber nie, während sie strickt.

Ich bin sauer auf Gott, also starre ich sie wütend an, während sie schaukelt und strickt. Sie wird mich nicht fragen, was los ist. Ich warte darauf, dass sie mich fragt. Ich will unbedingt, dass sie mich fragt. Ich seufze. Ich hole geräuschvoll tief und mit so viel Drama wie möglich Luft. Aber sie reagiert nicht darauf. Nichts stört ihren Frieden, nichts stört ihre Konzentration. Sie ist nicht neugierig.

Also fange ich einfach an.

Ich werde nicht wieder gesund werden, nicht wahr? Du wirst mich nicht heilen, oder? Und ich werde nie mehr ein Baby bekommen, nicht wahr? Und meine Ehe. Was ist mit meiner Ehe? Wird sie auch kaputtgehen? Du wirst mich krank und mit leeren Händen und am Hungertuch nagend zurücklassen, nicht wahr? Nicht wahr? Ich weiß, dass du das tun wirst.

Bitte tu es nicht. Wenn du das tust, dann war es das mit uns beiden. Ohne Quatsch jetzt. Ich werde dann aufhören, mir Mühe zu geben, um mich nicht wie eine Idiotin aufzuführen. Ich werde aufhören zu schreiben. Ich werde aufhören, mit dir zu reden und mich um andere Leute zu kümmern und so viel zu lächeln. Ich werde all mein Geld für schickes Makeup ausgeben und für Sofas, und ich werde meine Zeit damit verbringen, „Frauentausch" und „Shopping Queen" im Fernsehen zu gucken. Das hast du dann davon. *Ich meine es ernst. Die Freundschaft mit dir ist einfach zu anstrengend. Ich werde dich aufgeben müssen, und zwar aus Prinzip und aufgrund äußerster Verwirrung. Wenn du es dieses Mal nicht für mich durchziehst, dann heißt das für mich Atheismus.* Atheismus. *Das meine ich absolut ernst.*

Gott strickt weiter. Dann lächelt sie und hält bei einer Masche einen Augenblick inne. Mit sanftem Blick schaut sie mich an und sagt: *Du bist so wütend, mein Schatz. Ich verstehe das. Ich liebe dich so sehr. Möchtest du, dass ich aufhöre zu stricken, damit wir über das alles reden können?*

Ich überlege einen Moment und schaue auf das Strickzeug auf ihrem Schoß. Ich schaue auf den Teil, der schon gestrickt ist. Es ist atemberaubend schön. Blau und grün und knallpink und golden und silbern. Erst erscheinen die Farben wie ein wildes Durcheinander, aber dann erkenne ich plötzlich ein Muster. Das Muster bin ich. Ich bin schön. Wirbelnd, wild, schön.

„Nein", sage ich. „Hör nicht auf. Strick weiter."

Natürlich, weil sie mein Leben strickt. *Ich* bin es, woran sie mit ihren Händen arbeitet. Und ich möchte, dass sie sich ganz darauf konzentriert. Ich vertraue ihr immer noch – was soll ich denn auch sonst tun?

„Gott?", sage ich. „Ich werde tanzen. Während du strickst, werde ich einfach tanzen."

Gott blickt noch einmal auf und sagt: *Das ist alles, was ich mir je von dir gewünscht habe, mein Schatz. Du tanzt und ich stricke weiter. Es wird wunderschön, mein Schatz. Das verspreche ich dir.*

Danksagungen

Danke, Familie und Freunde, dass ihr meine Lebensgeschichte mit all ihren Verwicklungen und Wendungen weiterlest und dafür, dass ihr sicher seid, dass sie ein gutes Ende nehmen wird. Danke, Monkees, dass ihr mir geholfen habt, mein zweites Zuhause zu schaffen und dafür, dass ihr dort mit mir zusammen lebt. Danke dem Monkee See-Monkee Do-Vorstand – Allison, Amanda, Amy, Lou und Liz – ihr seid Kämpferinnen für die Liebe. Dank auch an Trena Keating, Sally Wofford-Girand und Jill Gillett – danke, dass ihr glaubt und den Rest der Welt so stark und gekonnt ermutigt, ebenfalls zu glauben. Und Dank auch an Whitney Frick – Lektorin und Freundin. Wir haben es geschafft! Wir haben es wirklich geschafft, oder?

Schwester-Maktub[3]. Gott sei Dank.

---

3 Maktub: arabisch für „Alles ist geschrieben".

Über Momastery und Monkee See-Monkee Do

Glennon Doyle Melton hat den Blog „Momastery.com" im Jahr 2009 als Teil ihres Heilungsprozesses begonnen. Momastery entstand aus der Idee, dass die Mutterschaft ein bisschen wie das Klosterleben ist: ein heiliger Ort, abgeschieden von der Welt, wo Suchende herausfinden können, worum es im Leben geht und eine Ahnung von Gott bekommen. Momastery sollte ein sicherer Hafen sein, eine Begegnungsstätte für einen Online-Orden voller unandächtiger Schwestern. Es ist ein Ort geworden, an dem man üben kann, größer, mutiger und wahrhaftiger zu leben. Bitte schauen Sie doch mal auf www.momastery.com vorbei und sehen Sie selbst.

Aus all der Großzügigkeit und dem Mitgefühl, das auf Momastery entstanden ist und gefunden wurde, wurde Monkee See-Monkee Do geboren. Wir sehen die Bedürfnisse um uns herum und wollen etwas tun. Unsere Arbeit – die berüchtigten Liebes-Flashmobs eingeschlossen – beruht auf Mutter Teresas Philosophie, dass wir keine großen Dinge tun können – nur kleine mit großer Liebe. Wir durften erleben, dass kleine Geschenke einen riesigen Unterschied machen, wenn man die Kraft einer erfüllten Gemeinschaft konzertiert einsetzt. Dieser Unterschied bewegt die Herzen der Geber und der Welt um uns herum. Auch hier kommen Sie doch mal vorbei: www.monkeeseemonkeedo.org